Ravensburger Holzwerkstatt
Band 6

Richard Raffan
Drechseln

Drechseln

Richard Raffan

Otto Maier Ravensburg

Die Reihe **Ravensburger Holzwerkstatt** umfaßt folgende Bände:

Band 1: Bruce Hoadley, **Holz als Werkstoff**
(erscheint voraussichtlich im September 1990)

Band 2: Tage Frid, **Holzverbindungen**
Bestellnummer: 3-473-42558-3

Band 3: Tage Frid, **Holz formen**
Bestellnummer: 3-473-42550-8

Band 4: Tage Frid, **Möbel entwerfen und bauen**
(erscheint voraussichtlich im Januar 1991)

Band 5: Adolf Lörch, **Relief- und Kerbschnitte**
Bestellnummer: 3-473-42559-1

Band 6: Richard Raffan, **Drechseln**
Bestellnummer: 3-473-42547-8

Band 7: Richard Raffan, **Schalen drechseln**
Bestellnummer: 3-473-42549-4

Zusätzlich in gleicher Ausstattung:
Richard Bütz, **Das große Buch vom Schnitzen**
Bestellnummer: 3-473-42548-6

CIP-Titelaufnahme der Deutschen
Bibliothek

Ravensburger Holzwerkstatt. –
Ravensburg : Maier.
Bd. 6. Raffan, Richard : Drechseln. –
1990

Raffan, Richard:
Drechseln / Richard Raffan. [Übers.:
Betha Sauter]. – Ravensburg : Maier,
1990
  (Ravensburger Holzwerkstatt ; Bd. 6)
  Einheitssacht.: Turning wood with
  Richard Raffan ⟨dt.⟩
  ISBN 3-473-42547-8

Die Originalfassung erschien 1985
in den Vereinigten Staaten von Amerika
bei Taunton Press, Inc., unter dem Titel
»Turning wood with Richard Raffan«
© 1985 by Taunton Press, Inc.
© der deutschen Textfassung:
Ravensburger Buchverlag Otto Maier GmbH
Übersetzung: Betha Sauter
Redaktion: Lothar Beyer
Umschlag: Ekkehard Drechsel BDG
Gesamtherstellung: Appl, Wemding
Printed in Germany

93 92 91 90   4 3 2 1

ISBN 3-473-42547-8

Inhalt

Einleitung

Am 1. Januar 1970 zog ich mich vom Londoner Großstadtleben zurück und gab meine gutbezahlte Stellung im mittleren Management auf. Nachdem ich eine Weile dem Übergriff der Technik auf mein Berufsleben zugesehen hatte, dachte ich, daß es höchste Zeit würde, eine praktische, eher handwerklich ausgerichtete Tätigkeit zu erlernen. Aber es mußte eine Arbeit sein, die nicht besser von einer Maschine ausgeführt werden konnte. In den sechs Monaten zuvor hatte ich mir Alternativen überlegt, die mir die Rückkehr in meine Heimat Westengland erlaubten. Die Herstellung von Bilderrahmen oder Bleiverglasungen, das Töpferhandwerk oder der Möbelbau wären solche Möglichkeiten gewesen. Aber aus einer Laune heraus entschloß ich mich schließlich für das Drechseln.

Ich wußte so gut wie nichts von diesem Handwerk, außer daß man dazu Drechselbänke und Werkzeuge mit langen Holzgriffen benötigt. Ich wählte das Drechseln nicht wegen meiner alten Vorliebe für Holz oder Bäume, sondern weil ich das unbestimmte Gefühl hatte, die Grundtechniken schneller als jedes andere Handwerk erlernen zu können. (Eine innere Stimme trieb mich zu diesem Entschluß.) Meine Intuition hat sich als richtig erwiesen. Während der fünfmonatigen Arbeit in einem kleinen Laden auf dem Land lernte ich so viel, daß ich eine ordentliche Schale, einen Lampenfuß oder einen Eierbecher drechseln konnte. Ich hatte auch das Glück, etliche Gegenstände direkt nach ihrer Herstellung an Kunsthandwerksläden, an Galerien und an Geschenkläden verkaufen zu können. So kratzte ich mühsam meinen Lebensunterhalt zusammen. Ich hatte damals relativ wenig Geld, mein Einkommen war um 90% geschrumpft. In weiser Voraussicht hatte ich mich weder von meinem kleinen Haus, von meinem Auto noch von anderen lebensnotwendigen Dingen getrennt, so daß ich mit einer geringen Barschaft auskam. Ich änderte auch meine Gewohnheiten: Ich ging nicht mehr ins Restaurant und gab kein Geld mehr für Unterhaltung aus. Ich fuhr umher und verkaufte meine gedrechselten Sachen aus der Hecktür meines Wagens. (Eigentlich tue ich dies noch immer, nur bin ich seit den vergangenen zehn Jahren nicht mehr auf neue Kundschaft angewiesen.) Während ich mich ganz auf die Sicherung meines Lebensunterhaltes konzentrierte, stellte ich mit großer Überraschung fest, daß ich bei den Erweiterungen meiner handwerklichen Kenntnisse und Fertigkeiten riesengroßen Spaß hatte und äußerste Befriedigung empfand.

Wenn ich je ein Problem hatte, dann lag das in meiner isolierten Arbeitssituation: Es gab keinen Lehrmeister, den ich hätte um Rat fragen können. Und ich mußte einiges Lehrgeld zahlen, wenn ich jämmerliche Posten Holz kaufte, fast fertige Schalen verpfuschte und dergleichen mehr. Andererseits hielt mir niemand ständig meine Fehler vor. So fand ich ungehindert Zugang zu der Materie, und ich verfolgte nur die Techniken, die ich für die besten hielt. Wenn eine Technik fehlschlug, versuchte ich eine andere. In der Tat muß ich wohl jede erdenkliche Art von Schneiden, Schaben oder Drauflos-Hacken ausprobiert haben. Oft flogen Holzstücke durch die Gegend (was gelegentlich heute noch vorkommt), aber im großen und ganzen habe ich in dieser Experimentierphase sehr viel gelernt.

Die in diesem Buch beschriebenen Techniken, Werkzeuge und Arbeitsabläufe wende ich heute an. Sie sind das Ergebnis einer 14jährigen Odyssee; sie haben sich durch Versuch und Irrtum hindurch bewährt. Ich komme gut damit zurecht, sie werden aber sofort einer Modifizierung unterzogen, sobald sich etwas Besseres findet. In all den Jahren habe ich – so darf ich sagen – die meisten Probleme an der Drechselbank (meine persönlichen ebenfalls) gelöst und habe schnelle, effektive und relativ sichere Methoden herausgefunden. In den letzten drei Jahren leitete ich Workshops für Anfänger, Fortgeschrittene und Halbprofis. Es ist mir ein Anliegen, die dabei am häufigsten aufgetretenen Schwierigkeiten an dieser Stelle zur Sprache zu bringen. Wenn ich mich also im Text wiederhole, dann geschieht das bewußt, weil ich weiß, welche Dinge in der Hitze des Gefechts oft vergessen werden.

Dies ist in erster Linie ein Handbuch für Drechseltechniken. Ich versuche zu erklären, wie man Innenoder Außenflächen schneidet und mit welchen Problemen und Risiken man dabei rechnen muß. Damit man die Übungsaufgaben beim schnellen Durchblättern leichter findet, wurden die Ränder der Schritt-für-Schritt-Serien rot unterlegt. Anfänger sollten die Übungen im Lang- und Querholzdrehen der Reihe nach durcharbeiten. Sie können dabei die Schneidetechniken zur Anwendung bringen, ihre Kontrollmöglichkeiten verfeinern oder sich einfach über die vielen Holzspäne freuen. Ich hoffe, daß auch Fortgeschrittene in diesem Buch Neues und Nützliches finden und einen Einblick in die Praxis eines Profis bekommen.

Ich bin sicher, das Drechseln wird Ihnen gefallen. Die Formen entwickeln sich in Sekunden – so schnell, wie die Späne davonfliegen. Glauben Sie mir, die Möglichkeit, in Windeseile so viel Holz entfernen zu können, wirkt auf die destruktiven Kräfte in uns ausgleichend und beruhigend.

Richard Raffan

1

Die Drechselbank

Ich beginne mit den Qualitätsmerkmalen, auf die Sie beim Kauf einer Drechselbank achten sollten, und mache Vorschläge zur Veränderung von im Handel erhältlichen Modellen, um ihre Leistung zu steigern. Die Ratschläge basieren auf meiner eigenen Erfahrung und auf dem, was ich in meiner Werkstatt als nützlich und wesentlich erachte. Drechselbankzubehör wie Spitzen, Planscheiben und Einspannfutter werden in Kapitel 2 (S. 18) beschrieben. Schneidewerkzeuge wie Röhren, Schrotstähle, Flachmeißel und Abstechstähle werden eingehend in Kapitel 3 (S. 37) behandelt. In Kapitel 4 (S. 49) geht es um Sicherheitsvorkehrungen. Die Darstellung einer typischen Drechselbank auf S. 10 zeigt Ihnen, wo die einzelnen Maschinenteile zu finden sind.

Die Holzdrehbank ist das Herzstück einer Drechslerwerkstatt: Auf dieser Maschine wird das Holz gedreht. Wenn Sie sich ernsthaft für das Drechseln interessieren, sollten Sie viel Sorgfalt bei der Auswahl (oder dem Bau) dieses wichtigsten Werkzeugs verwenden. Es wird Ihnen in den folgenden Jahren zugute kommen. Nichts ist frustrierender, als sich mit einer schlecht konzipierten oder ungenügend ausgestatteten Drechselbank herumzuschlagen.

Obwohl Drechselbänke immer wieder spezifischen Bedürfnissen des Marktes angepaßt worden sind, gibt es dennoch für alle Typen gemeinsame Merkmale. Der Antriebsteil der Drechselbank heißt Spindelkasten. Das ist ein feststehendes Gehäuse mit einer riemengetriebenen Stufenscheibe auf einer Drehspindel. Die Kraftübertragung vom Elektromotor zum Spindelkasten erfolgt über einen Keilriemen auf die Riemenscheibe. Der Motor befindet sich gewöhnlich unter oder hinter dem Spindelkasten und ist aus Sicherheitsgründen in den Rahmen oder in die Basis der Maschine eingelassen. Die Riemenscheibe dreht die Spindel entgegen dem Uhrzeigersinn. Eine Mitnehmerspitze, eine Planscheibe oder ein Einspannfutter, die in eines der beiden Gewinde der Drehspindel geschraubt wurden, überträgt die Bewegung auf das Werkstück. Mit der Stellung des Keilriemens auf der Riemenscheibe kann die Drehgeschwindigkeit variiert werden. Der Reitstock kann entlang des Bettes bis zum Spindelkasten verschoben werden. In ihm sitzt die Körnerspitze. Der Reitstock läßt sich an jedem beliebigen Punkt entlang des Bettes befestigen. Drechselbänke sind so konstruiert, daß links der Spindelkasten und rechts der Reitstock sitzt.

Der maximale Drehdurchmesser eines Werkstückes hängt ab von der Spitzenhöhe, dem Abstand zwischen Mitnehmerspitz (am Spindelkasten) und der Bettoberkante. Drechsler beschreiben diese maximale Spitzenhöhe auch mit dem Drehdurchmesser (= doppelte Spitzenhöhe); z. B.: auf einer Drehbank mit einer Spitzenhöhe von 150 mm läßt sich ein Werkstück mit 300 mm Durchmesser abdrehen. Die maximale Länge eines Werkstückes richtet sich nach dem Abstand zwischen Mitnehmer und Körner (Spitzenweite), wenn der Reitstock ganz nach rechts ausgefahren wurde.

Es gibt zwei Kategorien von Drechselarbeiten: das Langholzdrehen und das Querholzdrehen. Die meisten Leute verbinden mit Langholzdrehen Stuhlbeine und Leitersprossen, Geländerpfosten oder andere lange, dünne Gegenstände, die man zwischen den Spitzen abdreht. Beim Querholzdrehen wird das Werkstück auf einer Planscheibe gedrechselt. Schalen oder Teller sind Beispiele dafür. Bei den Einspannmöglichkeiten gibt es jedoch häufig Ausnahmen, auf die ich in Kapitel 2 näher eingehe. Maßgeblich für die Bezeichnung »Lang- oder Querholzdrehen« ist eigentlich nur die Ausrichtung der Maserung im Werkstück, nicht seine Befestigung auf der Drechselbank. Beim Langholzdrehen verläuft die Maserung der Länge nach durch das Werkstück, also parallel zur Rotationsachse, während sie beim Querholzdrehen im Winkel von 90° zu dieser Achse liegt.

Für die meisten Langholzarbeiten reicht ein Drehdurchmesser von 300 mm und eine Spitzenweite von 700–1100 mm aus. Für Querholzdrehen sollte die Spitzenhöhe 250 mm betragen, damit eine Scheibe von 510 mm Durchmesser abgedreht werden kann. Um eine Drehbank mit Kurzbett von ca. 450 mm Länge kann man sich mit dem Werkzeug in der Hand gut herumbewegen und in jedem Winkel zur Oberfläche arbeiten.

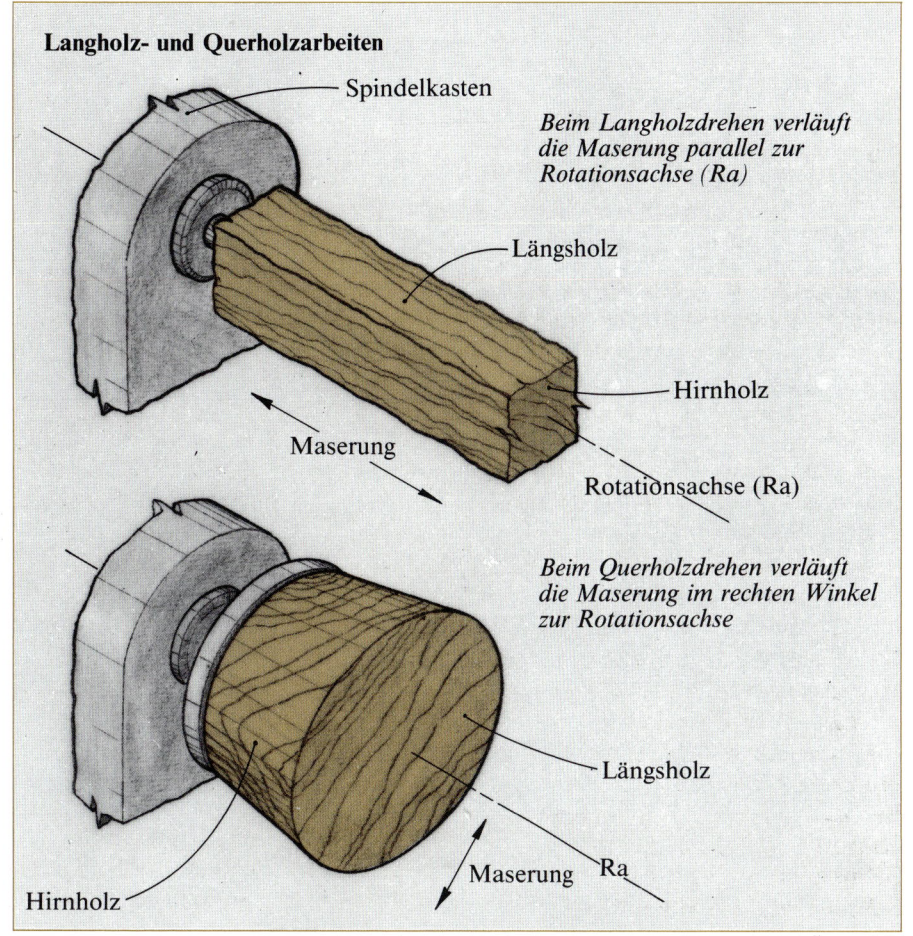

Langholz- und Querholzarbeiten

Spindelkasten

Beim Langholzdrehen verläuft die Maserung parallel zur Rotationsachse (Ra)

Längsholz

Hirnholz

Maserung

Rotationsachse (Ra)

Beim Querholzdrehen verläuft die Maserung im rechten Winkel zur Rotationsachse

Längsholz

Hirnholz

Maserung   Ra

Das Problem, das sich aus den unterschiedlichen Erfordernissen für Langholz- und Querholzarbeiten ergibt, kann man klassisch lösen, indem man eine Planscheibe für große Durchmesser auf die Außendrehvorrichtung (linkerhand) des Spindelkastens aufschraubt, während man Langholzarbeiten innen (rechterhand) abdreht. Werkstücke mit großem Durchmesser können auf diese Weise ungehindert aufmontiert und bearbeitet werden. Ich selbst arbeite jedoch nicht gerne an der Außendrehvorrichtung. Ganz abgesehen davon, daß ich Rechtshänder bin, fühle ich mich am sichersten, wenn ich die Drehbank (und damit das rotierende Holzstück) immer vom selben Winkel aus angehe. Auch sind viele meiner Werkzeuge speziell für die Arbeit an der Innendrehvorrichtung geschliffen. Statt des Handrads habe ich an die Außendrehspindel eine Planscheibe mit 100 mm Durchmesser montiert. Ich drehe sie manuell zur eingehenden Überprüfung eines Werkstückes bei abgeschaltetem Motor. Ich kann damit die Maschine auch abbremsen. Gelegentlich ist das Bett einer Drehbank im Bereich um den Spindelkasten gekröpft, wie die Zeichnung der Drechselbank zeigt, um damit ein Abdrehen größerer Durchmesser im Innenbereich zu ermöglichen. Eine herausnehmbare Bettbrücke findet sich meist nur bei extrem schweren Ausführungen.

Dies ist meine Harrison-Union-Graduate-Kurzbett-Bank. Sie ist ideal für Querholz- und kurze Langholzarbeiten. Sie hat einen Drehdurchmesser von 480 mm und eine Spitzenweite von 405 mm. (Solche Kurzbettmaschinen sind bei uns äußerst selten; Anm. d. Ü.)

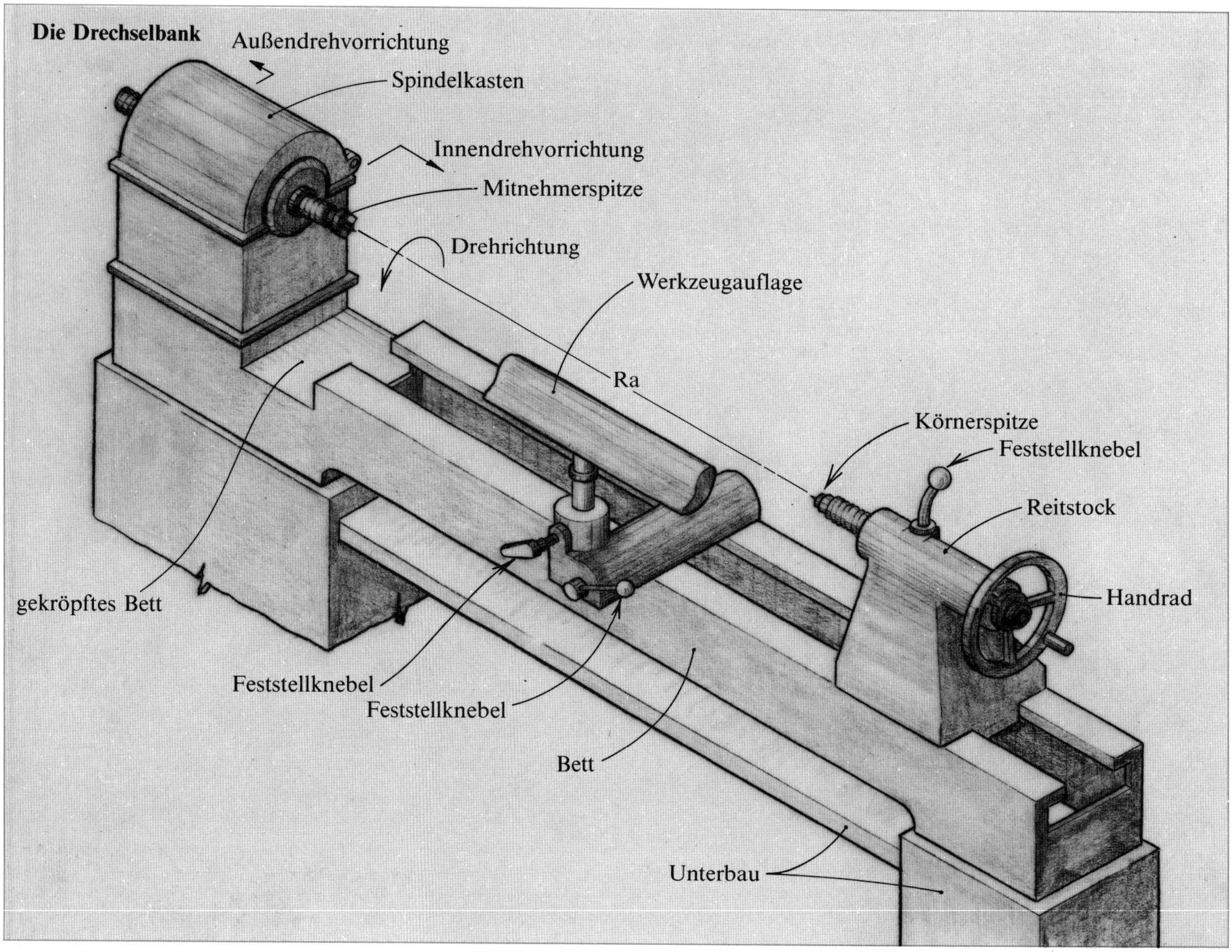

Die Drechselbank Außendrehvorrichtung

Spindelkasten

Innendrehvorrichtung

Mitnehmerspitze

Drehrichtung

Werkzeugauflage

Ra

Körnerspitze

Feststellknebel

Reitstock

Handrad

gekröpftes Bett

Feststellknebel

Feststellknebel

Bett

Unterbau

Der Spindelkasten

Ich empfehle Ihnen eine Spindelwelle von ca. 300 mm Länge und
einem Durchmesser von ca.
38 mm, die auf beiden Seiten in
75-100 mm-Rollen- oder Kugellager gelagert wird. Gleitlager, die bei
billigen Maschinen eingebaut werden, sind nicht befriedigend, da sie
besonders bei kleinen Drechselbänken mit einer Spindelwelle von
weniger als 25 mm Durchmesser zu
viel Spiel brauchen. Die robusteren
Kugellager fangen Unwuchten
unförmiger Holzblöcke besser auf
und verzeihen auch Stöße gegen die
Achse oder gegen das Ende der
Spindel, was beim Einspannen
eines Langholzstückes der Fall
kann. Mit einem 1-PS-Motor und
dieser Kombination von Spindel-

welle und Kugellager ausgerüstet,
kann man leicht einen Block von
35 kg bewältigen. Das Mindestmaß
eines Spindeldurchmessers sollte
25 mm, das der passenden Kugellager 75 mm betragen. Eine Spindelwelle, deren Durchmesser mehr als
38 mm oder 50 mm beträgt, ist

*Diese Harrison-
Drechselbank mit
langem Bett wird vor-
wiegend für Lang-
holzdreharbeiten
benutzt. Sie hat einen
Drehdurchmesser von
300 mm und einen
äußeren von
510 mm. Die Spit-
zenweite beträgt
1370 mm.*

wesentlich schwerer und benötigt
einen stärkeren Motor (2-3 PS) mit
langsameren Anlauf- und Brems-
geschwindigkeiten und höherem
Energieverbrauch.
  Spindelwelle und Lager sollten in
massiven Gehäusen verankert sein,
ähnlich den Graugußkonstruktio-

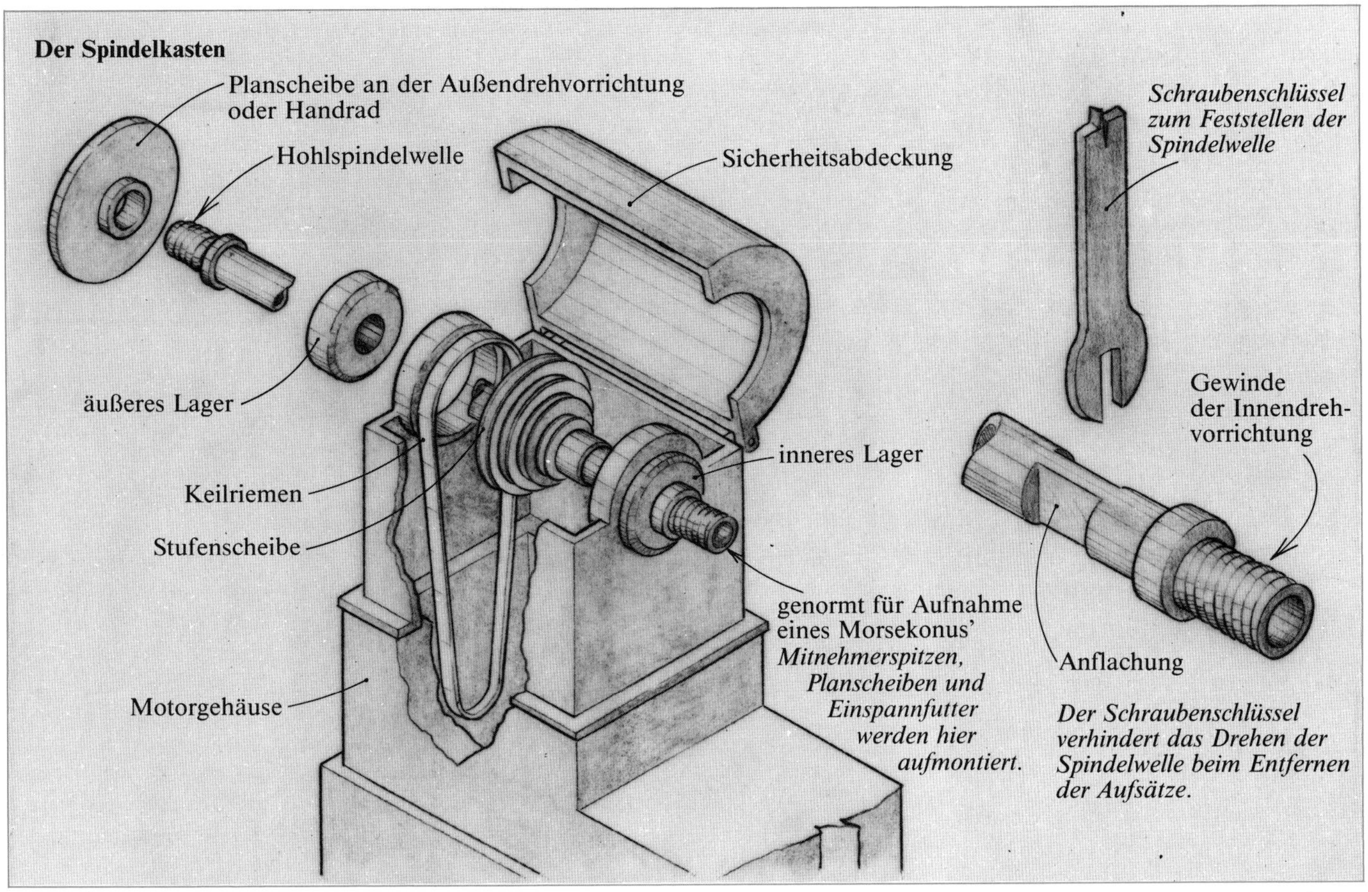

Der Spindelkasten

Planscheibe an der Außendrehvorrichtung oder Handrad

Hohlspindelwelle

Sicherheitsabdeckung

Schraubenschlüssel zum Feststellen der Spindelwelle

äußeres Lager

Keilriemen

Stufenscheibe

Motorgehäuse

inneres Lager

genormt für Aufnahme eines Morsekonus' *Mitnehmerspitzen, Planscheiben und Einspannfutter werden hier aufmontiert.*

Gewinde der Innendrehvorrichtung

Anflachung

Der Schraubenschlüssel verhindert das Drehen der Spindelwelle beim Entfernen der Aufsätze.

nen auf den Fotos der Seiten 9 und 10. Die Unwucht, die durch einen nicht zentrierten Lauf der Spindelwelle oder durch eine Lagerung mit zu viel Spiel entsteht, vergrößert sich immer mehr, bis zu der Stelle, wo geschnitten wird. Das macht nicht nur eine feine Bearbeitung unmöglich, sondern führt auch zu gefährlichen Vibrationen. Wenn die Lager ausgefressen sind, muß man sie aus Sicherheitsgründen ersetzen. (Sie werden feststellen, daß neue Lager auch schneller laufen.)

Die Drehspindel sollte hohl und für die Aufnahme einer Spitze mit Morse-Konus (MK) genormt sein (siehe S. 19). Auf massiven Spindelwellen kann man die Spitze mit MK entfernen, indem man eine Kragenmutter, die zuvor auf der Drehspindel angebracht wurde, aufschraubt. Ich mag eine hohle Drehspindel lieber, weil ich mittels einer Stange die Spitzen schnell herausstoßen kann. Zusätzlich kann man die Hohlspindel als Einschlagfutter für kleinere Arbeiten verwenden (siehe S. 106).

Spindelwellen haben normalerweise an beiden Enden ein Gewinde für die Befestigung von Planscheiben und Einspannfutter. Da die Rotationsbewegung entgegen dem Uhrzeigersinn verläuft, muß das Gewinde der Außendrehvorrichtung umgekehrt sein wie das Rechtsgewinde der Innendrehvorrichtung. So schraubt sich der Aufsatz durch die Rotation der Maschine von allein fest. Wären beide Gewinde rechtsdrehend, würden sich Aufsätze auf der Außendrehvorrichtung von selbst lockern. (Einige Drehbänke sind mit einer Polumschaltung, d. h. Vor- und Rücklauf, für Schleif- und Finisharbeiten ausgerüstet. Es ist besondere Vorsicht geboten, daß sich Futter oder Planscheibe nicht aufschrauben, siehe S. 148.)

Um das Auswechseln der Aufsätze zu erleichtern, müssen Sie einen Gegendruck auf die Spindel ausüben können. Setzen Sie einen Schraubenschlüssel an einer dafür vorgesehenen Anflachung der Spin-

Unter der Sicherheitsabdeckung sind Stufenscheibe und Keilriemen zum Verändern der Drehgeschwindigkeit sehr gut zugänglich. Um Planscheiben oder Bakkenfutter abzunehmen, müssen Sie die Spindel festhalten. Setzen Sie dazu einen Schraubenschlüssel an einer Anflachung an oder stecken Sie einen Stab in ein Loch in der Spindel.

del an oder stecken Sie einen stabilen Stahlstift in ein Loch in der Spindel. Allerdings verbiegt sich ein Stift leicht, im Gegensatz zu einem Schraubenschlüssel.

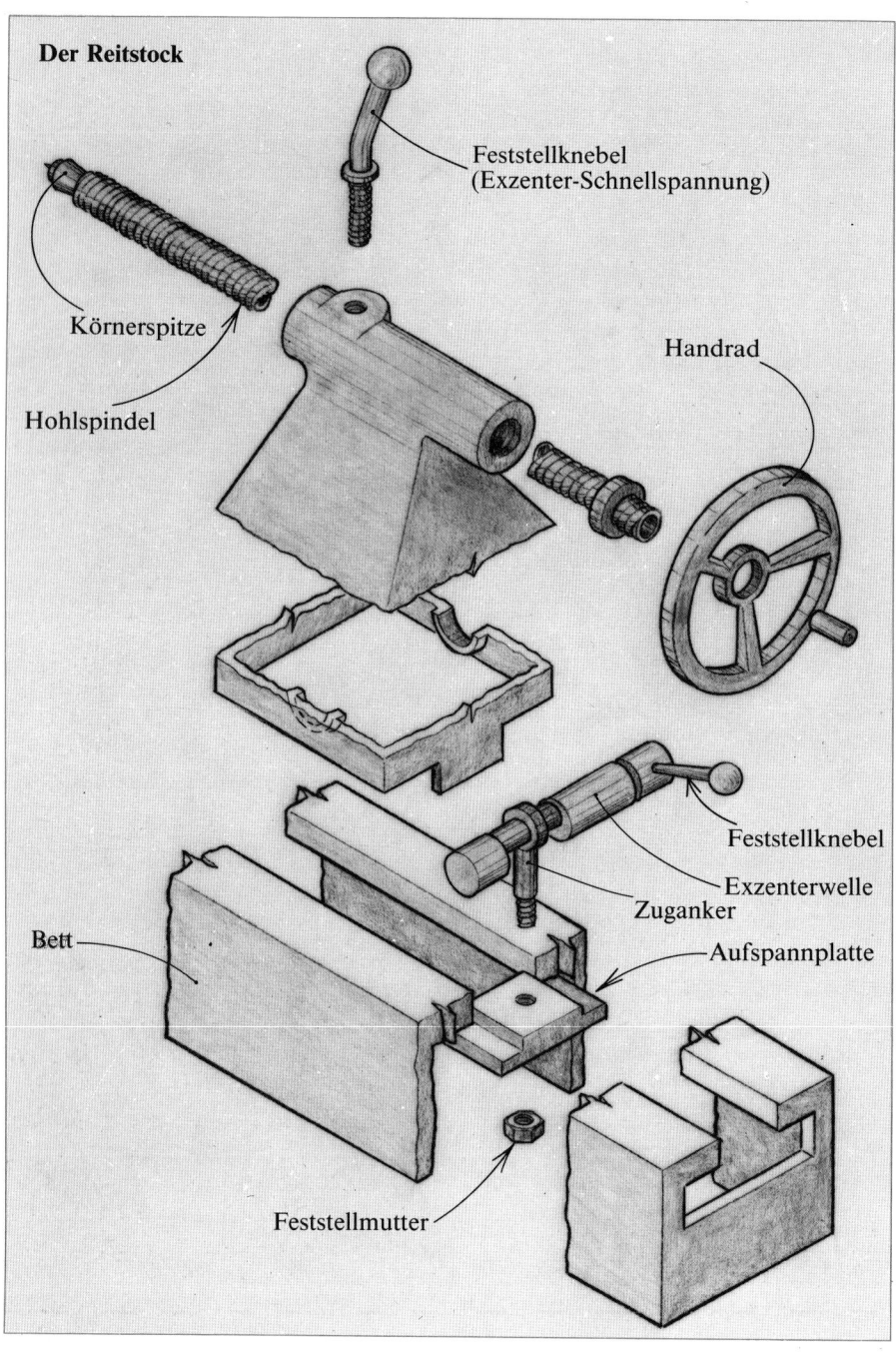

Der Reitstock

Feststellknebel
(Exzenter-Schnellspannung)

Körnerspitze

Hohlspindel

Handrad

Feststellknebel

Exzenterwelle

Zuganker

Aufspannplatte

Bett

Feststellmutter

Die Welle des Reitstockes sollte denselben Durchmesser haben wie die des Spindelkastens. Sie sollte ebenso hohl und für die Aufnahme von Körnern mit MK genormt sein, so daß auch hier Einführen und Herausnehmen einfach vonstatten gehen.

Spitzen

Mitnehmer und Körner müssen exakt auf derselben Linie liegen; nach meiner Erfahrung ist das bei den meisten Holzdrehbänken nicht der Fall. Das macht nichts aus, wenn das Holz zwischen Spitzen abgedreht wird (d. h. zwischen Mitnehmer und Körner), ist aber wichtig, wenn Sie ein mittels Planscheibe oder Einspannfutter befestigtes Werkstück durch den Reitstock unterstützen wollen. Wenn die Körnerspitze nicht genau im Zentrum liegt, werden sich die auf einer Ebene befindlichen Befestigungsschrauben lockern. Es gibt zwei Möglichkeiten, die exakte Zentrierung der Körnerspitze zu überprüfen. Erstens: Setzen Sie eine Mitnehmerspitze in die Drehspindel ein und schieben Sie den Reitstock so weit nach vorne, bis die beiden Spitzen voreinander liegen. Wenn die Spitzen nicht aufeinandertreffen, justieren Sie die Körnerspitze, indem Sie den Reitstock so lange mit Ausgleichsscheiben unterlegen, bis es stimmt. Zweitens: Sie können auch eine Scheibe Holz auf eine Planscheibe oder in ein Futter montieren und die Körnerspitze bis ans Holz heranfahren. Dann drehen Sie die Scheibe von Hand. Eine unzentrierte Spitze beschreibt auf dem Holz einen Kreis; eine zentrierte Spitze hinterläßt nur einen Punkt. Unterlegen Sie den Reitstock wiederum mit Unterlegscheiben, bis die Spitze auf den Kreismittelpunkt trifft.

Der Reitstock

Der Reitstock läßt sich entlang dem Bett verschieben und wird festgeklemmt, bevor die Körnerspitze ins Werkstück hineingedreht wird. Diese Handgriffe sollten schnell und leicht auszuführen sein. Ein Exzenter-Schnellspannhebel ist besser als Schraube und Mutter, weil sie extra Schraubenschlüssel benötigen. Durch Drehen des Handrades wird die Pinole herangefahren. Ein Hubweg der Spitze von mindestens 100 mm ist von Vorteil, damit das Ein- und Ausspannen eines Werkstückes ohne Betätigung des Feststellknebels und ohne Verschieben des Reitstockes vor sich gehen kann. Das Handrad sollte zwecks einfacher Handhabung einen Durchmesser von mindestens 150 mm oder einen Halteknauf haben.

Bett und Unterbau

Gewöhnlich liegt die Ursache von Vibrationen, besonders bei kleineren Drehbänken, im Unterbau der Maschine. Der beste Spindelkasten oder Reitstock taugt nichts, wenn er nicht auf einem massiven Bett aus Gußeisen oder Stahl oder auf Holzwangen, die mit einem schweren Rahmen verbunden sind, ruht. Das Beste wäre wohl ein großer Betonblock. Eine solide, gute Ausführung einer Drechselbank fängt jede Vibration auf. Das Drehen wird dadurch einfacher. Eine größere Sorgfalt ist möglich und die Qualität der Ergebnisse ist höher.

Viele Standardausführungen mit Graugußbett und -unterbau bieten einen guten und festen Stand. Solche können Sie bedenkenlos kaufen. Andere Ausführungen mit gutem Spindelkasten und Reitstock kranken an einem schwachen Bett. Dies besteht zumeist aus runden oder viereckigen Stahlschenkeln, die die Vibrationen weniger effektiv dämpfen können als Wangen aus Gußeisen und Gußstahl. Ein Schenkel mit 915 mm Länge und einem Durchmesser von 50 mm vibriert so stark, daß die Maschine außer Kontrolle gerät und zu einem Sicherheitsrisiko wird. Leichtgewichtige Betten aus Gußaluminium oder Stahlblech sind genauso schlecht; es bedarf schon einiger Kunstfertigkeit und Entschlossenheit, um auf solchen Maschinen annehmbare Resultate zu erzielen. Die einzige Lösung wäre, das Bett durch 200 mm starke Stahlträger in I- oder U-Form oder durch 100 × 300 mm starke Holzwangen zu ersetzen, wie die Zeichnung rechts zeigt. Auf ein solches Bett kann der Reitstock dann mit einem Zuganker oder einem Maschinenbolzen angebracht werden, wie Sie aus der Zeichnung rechts außen entnehmen können.

Viele gute kleine, mit solidem Spindelkasten und Reitstock ausgestatteten und in gußeisernem Bett verankerten Drechselbänke werden auf einem Unterbau aus Metallblech angeboten. Die starken Vibrationen machen diese Drechselbänke

Das Bett einer Drechselbank

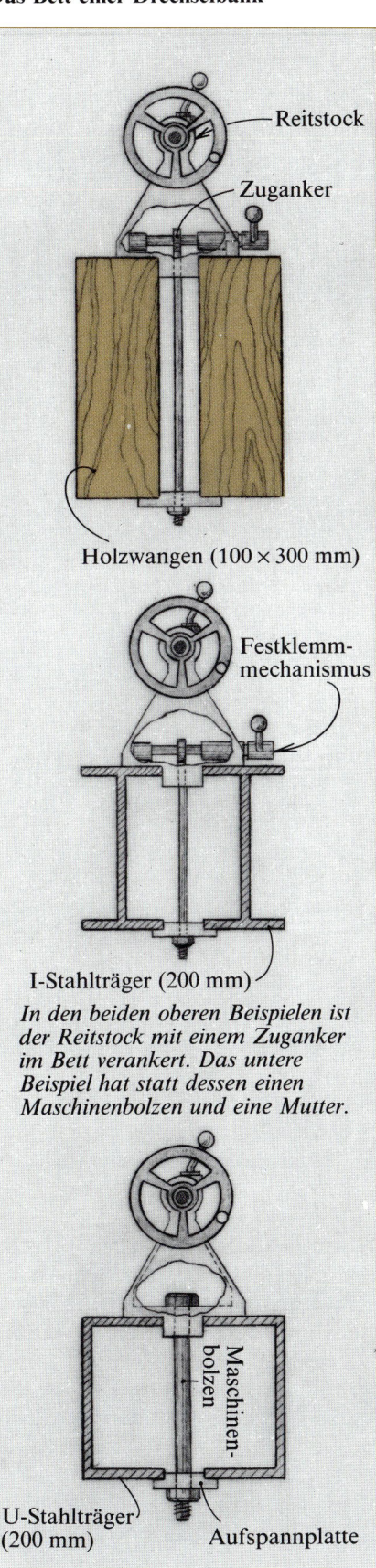

In den beiden oberen Beispielen ist der Reitstock mit einem Zuganker im Bett verankert. Das untere Beispiel hat statt dessen einen Maschinenbolzen und eine Mutter.

Befestigungsteile

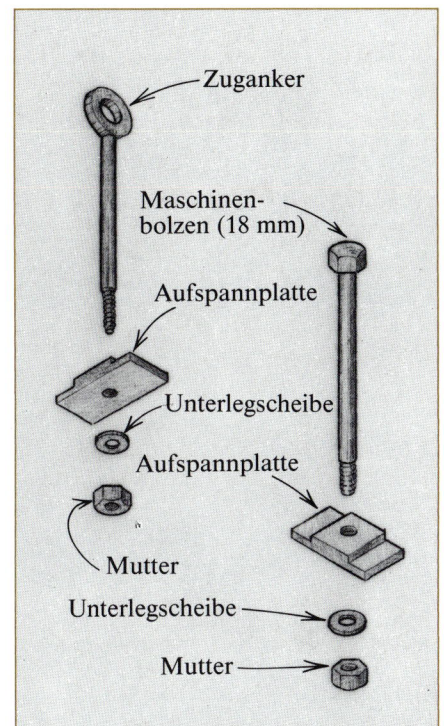

praktisch unbrauchbar. Als ich 1977 Australien besuchte, wurde ich mit solch einer Drechselbank auf schwachem Unterbau konfrontiert. Selbst als sie mit dem Boden verschraubt war, stellte sie eine Gefahr dar. Ich entfernte die schwache Standkonstruktion und montierte die Drechselbank auf einen Kubikmeter Beton. Danach funktionierte sie hervorragend.

Sie können eine Drechselbank auch ohne Unterbau kaufen und selbst einen stabilen Rahmen aus 50 mm starken Eisenträgern bauen (75 mm Stärke wären noch besser). Der verschweißte oder verschraubte Rahmen wird im Boden verankert. Falls Ihre Drechselbank hin- und herrüttelt, verstärken Sie ihren Unterbau mit Querträgern. Falls dies auch nichts nützt, montieren Sie ihn zur Stabilisierung auf einen weiteren Unterbau aus schwerem Holz oder Stahl, der mit dem Boden verschraubt ist. Eine Drechselbank kann nicht fest genug verankert sein.

Seitlich montierter Motor mit Keilriemen. Die Riemenspannung wird erhöht, indem man Keile zwischen die Konsole spannt und die Flügelmutter zudreht – sehr einfach, aber wirkungsvoll. Der Treibriemen dieser Anordnung eignet sich zum Umspannen, sollte aber während des Laufs unter einer Schutzvorrichtung sein.

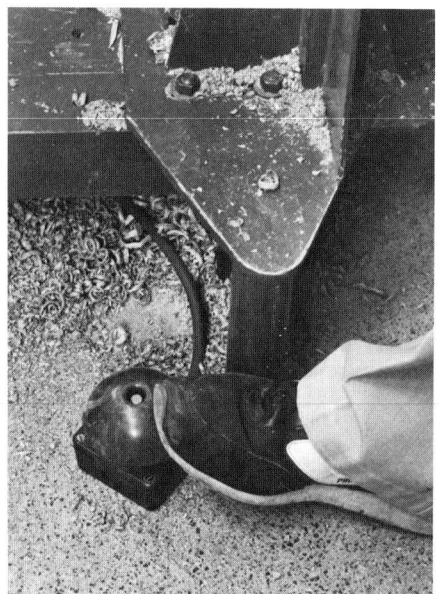

Ein Fußschalter bietet optimale Sicherheit und schnelle Bedienung.

1 Sekunde. Ich habe auch schon Drechselbänke benützt, die 1–12 Sekunden für die Erzielung ihrer maximalen Drehzahl benötigt haben. Dies ist zeitraubend und kostspielig, wenn ich die Maschine häufig anhalten will, um das Werkstück zu kontrollieren.

Drehzahlen

Ein weiterer Punkt beim Kauf einer Drechselbank ist die einfache Regulierung der Geschwindigkeit. Wenn Sie zum Beispiel ein unregelmäßiges Stück Holz bearbeiten oder die Bearbeitungsart wechseln wollen, müssen Sie die Drehzahl verlangsamen können. Auf den meisten Drechselbänken wird der Treibriemen manuell verstellt, um die Laufgeschwindigkeit zu verändern. Achten Sie also darauf, daß Treibriemen und Spannvorrichtung gut zugänglich und leicht zu bedienen sind, wie auf dem Foto links. Normalerweise sind vier bis fünf Geschwindigkeiten im Bereich von 400–2500 U/Min. erhältlich. Dies sollte eigentlich für Drechsler, die nicht so oft die Drehzahl ändern wollen, genügen. Die genauen Drehzahlen werden auf S. 83 für Langholzarbeiten und auf S. 117 für Querholzarbeiten angegeben.

Stufenlos einstellbare Systeme sind besser, aber natürlich teurer. Sie laufen auf konischen Riemenscheiben und ermöglichen eine Drehzahlveränderung per Knopfdruck. Einige Motoren gehen von 0 U/Min. an aufwärts, andere liegen im Bereich 1:4 (d. h. 400–1600 U/Min. oder 200–800 U/Min.). Die Vorteile eines stufenlos verstellbaren Antriebs liegen in der Drehzahlveränderung ohne Anhalten der Maschine und in der Wahl der exakten Geschwindigkeit, ohne sich zwangsläufig auf eine zu hohe oder zu niedrige Drehzahl festlegen zu müssen. Aus Sicherheitsgründen sollten Treibriemen und Riemenscheiben hinter einer Schutzvorrichtung laufen.

Schalter und Motoren

Es ist wichtig, daß man die Drechselbank in einem gefährlichen Moment sofort abschalten kann. Achten Sie auf ein Schaltergehäuse mit einem großen roten Ein-Aus-Knopf. Den Knopf sollte man nur leicht berühren müssen, um die Maschine zu stoppen. Ein Fußschalter, wie auf dem Foto links, ist ebenfalls erhältlich. Am besten ist eine Schalteranlage beiderseits des Spindelkastens, so daß Sie im Notfall nicht über die Rotationsachse des Werkstücks greifen müssen.

Ich benütze schon seit jeher einen einstufigen, gegen Staub abgedichteten 1-PS-Motor. Er liefert genug Kraft für Blöcke bis zu 35 kg. Wenn Sie voraussichtlich nichts Größeres als eine Schale mit 300 × 100 mm oder einen Geländerpfosten drechseln wollen, reicht Ihnen auch ein 0,75 PS-Motor; ich würde Ihnen aber grundsätzlich den stärkeren empfehlen. Meine Drechselbank mit einer 38-mm-Spindel und einem 1-PS-Motor startet und stoppt in

Die Arbeitshöhe

Da ich meiner Arbeit zusehen will, ohne mich krümmen zu müssen, liegt meine Arbeitshöhe bzw. Mitnehmerspitze bei Langholzarbeiten nicht unterhalb meines Ellbogens oder höchstens 50–75 mm darüber. Beim Querholzdrehen habe ich die Spitze lieber 25–50 mm tiefer. Wenn mehrere Menschen dieselbe Maschine benützen, stellt man die Position der Mitnehmerspitze am besten hoch ein – sagen wir in 1400 mm Höhe vom Boden – und baut den kleineren Leuten lieber Podeste, als daß die größeren Kreuzschmerzen bekommen. Ich nehme dazu feuchte Bretter, die ich trocknen will und die mir sowieso Platz versperren. So verfahre ich nicht nur mit kleinen Leuten, sondern auch, um meine eigene Arbeitshöhe auf unterschiedliche Arbeitsvorgänge abzustimmen. Sie werden vielleicht bemerkt haben, daß Hersteller von Drechselbänken nur mit einer Körpergröße von 157 cm rechnen. Diesen Mißstand gleiche ich aus, indem ich meine Maschinen auf 200 mm hohe Stahlträger stelle.

Werkzeugauflagen

Die Werkzeugauflage ist Bestandteil jeder Drechselbank. Man braucht sie zum Aufstützen des Werkzeugs während der Bearbeitung des Holzes. Sie sollte mindestens 13 mm ober- und unterhalb der Position der Mitnehmerspitze höhenverstellbar sein und an jedem beliebigen Punkt des Bettes fixiert werden können. Die leichte Verstellbarkeit ist wichtig, da die Auflage häufig neu justiert werden muß. Je weiter die Auflage von der Schneidekante des Werkzeugs entfernt ist, desto größer ist die abwärtsgerichtete Krafteinwirkung des sich drehenden Holzes auf die ungestützte Spitze des Drehstahles (mehr über die Hebelwirkung auf S. 58). Die Werkzeugauflage muß mit einem Handgriff fest arretiert werden können.

Werkzeugauflagen werden in verschiedenen Ausführungen angeboten. Ich benütze solche mit zwei Schnellverschlüssen (Exzenter-Schnellspannung); ein Knebel regelt die Höhe und den Arbeitswinkel, der andere die Position auf dem Bett. (Vermeiden Sie Vorrichtungen, die mit Schraubenschlüsseln befestigt werden. Man braucht meistens vier Hände dazu. Zeitverschwendung!) Meine Auflagen kann ich 20 mm über und unter der Mitnehmerspitze festklemmen. Um Außen- und Innenarbeiten an einer großen Schale, die auf einer Planscheibe montiert ist, auszuführen, schwenke ich die Auflage in die erforderliche Position (siehe Fotos). Darauf sollten Sie achten, denn nicht bei jeder Drechselbank ist dies möglich.

Achten Sie auf eine vollkommen drehbare Werkzeugauflage. Sie muß in jeder beliebigen Position in und um eine Schale, die auf einer Planscheibe montiert ist, verstellbar sein. Auf den meisten Drehbänken stellt dies ein Problem dar, aber auf dieser Harrison-Kurzbett-Bank kann die 355 mm lange Auflage in jede Position geschwenkt werden. Die beiden Feststellknebel erleichtern ein schnelles Anbringen der Auflage direkt im Funktionsbereich.

**Vier Werkzeugauflagen
im Profil**

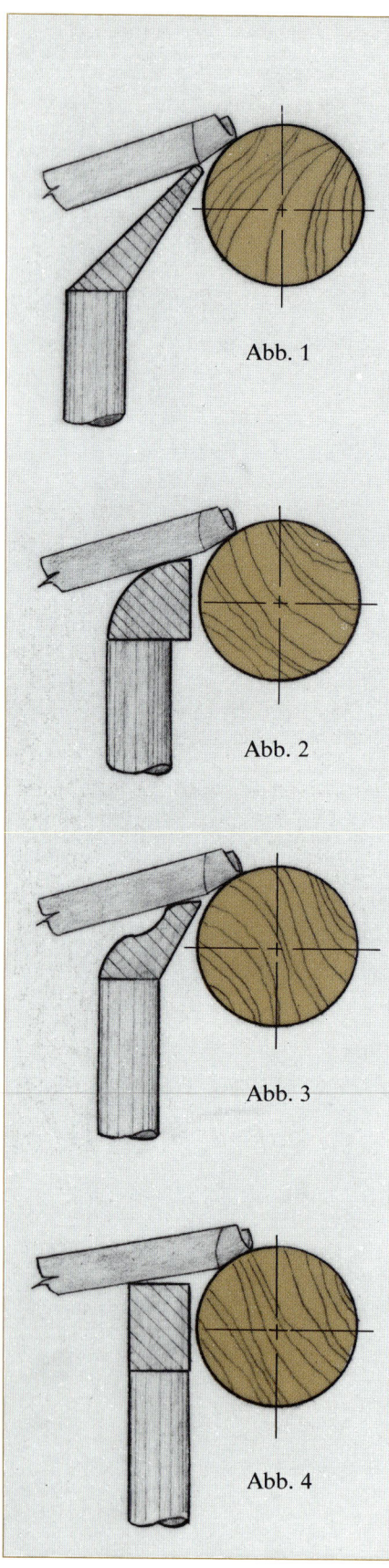

Abb. 1

Abb. 2

Abb. 3

Abb. 4

Die Auflage in Abb. 1 auf der Zeichnung links zeigt die Form, die ich normalerweise verwende. Ihre Enden kann man ins Werkstück hineindrehen und darunter ist noch Platz für die Finger. Die Hebelwirkung wird auf ein Minimum reduziert und gewährt dem Drechsler mehr Kontrollmöglichkeiten. In Abb. 2 und 3 wandert der Stützpunkt des Hebels weiter nach hinten, sobald das Werkzeug zum Schnitt etwas nach oben geneigt wird. Die Hebelwirkung auf die Kante vergrößert sich. Abb. 3 bietet den Vorteil einer Fingermulde, durch die der Abstand der Schneidekante von der Auflage leichter kontrolliert werden kann. Vermeiden Sie die rechteckige abgeflachte Auflage von Abb. 4; sobald das Werkzeug im Schneidewinkel angesetzt wird, wandert der Stützpunkt zu der vom Werkstück am weitesten entfernten Kante. Dies vergrößert die Hebelwirkung und verringert die Kontrolle.

Die Werkzeugauflage muß solide gebaut sein. Der vertikale Schaft sollte 20 mm Durchmesser nicht unterschreiten, damit ein sicherer Halt der horizontalen Auflage gewährleistet ist. Nur wenige angebotenen Auflagen sind robust genug, mit Ausnahme derjenigen von großen Modellschreiner-Maschinen. Ganz schlecht sind Ausführungen aus gewalztem Stahlblech. Sie sind zu labil und deshalb gefährlich. Falls Ihre Drechselbank mit einer solchen Auflage ausgerüstet ist, könnten Sie zur Verstärkung des horizontalen Teiles einen Bolzen aufschweißen. Am besten wäre jedoch eine neue Auflage aus massivem Material. Damit Sie den Drehstahl auf der Auflage ebenmäßig hin- und herbewegen können, müssen Sie ab und zu Unebenheiten glätten. Verwenden Sie dazu eine Feile.

Im allgemeinen arbeitet man am leichtesten, wenn das Werkzeug direkt über dem vertikalen Schaft schneidet. Vibrationen bleiben so auf ein Minimum beschränkt. Ich besitze zwei Auflagen mit den Längen 180 mm und 350 mm. Ausreichend ist auch eine Auflage von 125–180 mm Länge, aber Sie müssen sie häufiger nachstellen. Eine längere Werkzeugauflage ist ganz bequem, speziell für das Drechseln von Holzspindeln und breiten, flachen Scheiben (wie z. B. Servierplatten). Für extrem lange Langholzarbeiten montiert man Auflagen mit zwei oder mehr Schäften, um Vibrationen zu vermeiden. Außerdem muß man sie nicht so oft neu einstellen. Es gibt auch balkonartig geschwungene Auflagen für das Innenausdrehen von bauchigen Gefäßen. Diese sind meistens oben abgeflacht. Für die Arbeit mit dem Schrotstahl, der ja flach auf der Auflage liegt, sind sie deshalb besser geeignet als für die Röhre. Meine Standardausführungen haben mir jedoch immer gute Dienste geleistet, so daß ich mir nie eine abgerundete Auflage kaufen mußte.

Die Wahl einer Drechselbank

Klein, funktionsgerecht und solide sollte die Drechselbank gebaut sein, die den Ansprüchen der meisten Drechsler nachkommt. Nehmen Sie eine Drechselbank mit maximalem Drehdurchmesser von 300 mm – das bedeutet eine Spitzenhöhe von 150 mm – und einer Spitzenweite von 1000 mm. Überprüfen Sie, ob sie den oben genannten Qualitätsanforderungen entspricht. Kaufen Sie keine leichte Heimwerkerausführung. Diese haben zu dünne Spindelwellen – weniger als 25 mm Durchmesser –, zu schwache Auflagen aus Metallblech und instabile Betten und Unterbauten, die dem Drechsler keine Chance lassen. Die Hersteller übersehen oft die materielle Beanspruchung während des Drechselns und die Vibrationen auf Grund der sehr viel höheren Drehzahlen als beim Metalldrehen.

Bis jetzt bin ich hauptsächlich auf kleine Drechselbänke eingegangen. Es gibt sie natürlich auch in größerer Ausführung. Halten Sie Ausschau nach gebrauchten Modellschreiner- oder Metalldrehbänken. Sie wiegen oft mehr als eine Tonne und schließen damit so gut wie jede Vibration aus. Allerdings benötigen Sie genügend Platz und die Kraft und Erfindergabe, sie zu bewegen.

Jede Drechselbank hat Vor- und Nachteile, die man abwägen muß. Die großen Ausführungen sind ideal für Abdreharbeiten langer, schwerer und unregelmäßiger Stücke, können aber oft auf Modellanfertigung oder Maßarbeit umgerüstet werden. Der 3-PS-Motor und die kräftig dimensionierte Spindelwelle lassen sich leicht durch einen 1-PS-Motor und durch eine 38-mm-Spindelwelle ersetzen.

Falls Sie keine passende Maschine bei Ihrem Werkzeughändler oder in Fachkatalogen finden, können Sie es noch in einer Maschinenfabrik versuchen; vielleicht kann man dort die Einzelteile zum Preis eines Markenartikels herstellen. Solch eine Drechselbank

Diese lange Werkzeugauflage hat zwei Halterungen. Man benötigt sie für das Abdrehen langer Werkstücke.

sieht wahrscheinlich nicht elegant aus, leistet aber womöglich bessere Dienste als eine fertig gekaufte Maschine. Ich empfehle Ihnen, auf einem kleineren Modell zu üben und sich erst dann zu vergrößern, wenn Sie die Ausgaben und den körperlichen Aufwand absehen können.

Hier ein Beispiel eines hervorragenden maßgerechten Drechselbankunterbaus. Der Rahmen aus verschweißten Stahlträgern ist aus Stabilitätsgründen im Boden verankert. Die Konsole zur Riemenspannung am Motor ist leicht zugänglich. Der Ein/Aus-Schalter läßt sich gut bedienen.

2

Spitzen, Planscheiben und Einspannfutter

Ich will hier nicht auf alle Arten von Zubehör eingehen. Über die Jahre habe ich vieles ausprobiert und das im folgenden Beschriebene als tauglich empfunden.

Die Einspannvorrichtungen für das Holz werden in drei Kategorien eingeteilt: Spitzen, Planscheiben und Einspannfutter. Eine Mitnehmerspitze benötigt immer die Unterstützung durch eine Körnerspitze im Reitstock. Die Drehbewegung wird mittels kantiger, ins Holz eingreifender Zacken übertragen; das Werkstück wird durch die Körnerspitze eng auf diese Zacken gedrückt. Planscheiben sind flache Metallscheiben, die auf die Drehspindel aufgeschraubt werden. Das Holzstück wird mit einer oder mehreren Schrauben auf der Planscheibe befestigt. Einspannfutter gibt es in vielen verschiedenen Arten: Mechanisch ausspreizbare Futter greifen in oder um das Werkstück; aus Holz gedrehte Klemmfutter nehmen ein Werkstück auf, indem man es in seine Rillen klemmt oder hineintreibt; bei Klemmfutter aus Metall muß das Holz paßgenau gedrechselt werden. Überzeugen Sie sich jeweils davon, daß jedes Futter und jede Planscheibe bis zum Anschlag auf die Drehspindel aufgeschraubt ist, bevor Sie die Maschine anschalten. Wenn nicht, schraubt sich der Vorsatz so fest, daß die Entfernung sehr viel Zeit, Anstrengung und Erfindergabe erfordert.

Die meisten in diesem Kapitel beschriebenen Einspannelemente sind vielseitig verwendbar. Zum Beispiel gibt es einige Futter zum Lang-holzdrehen, die das Werkstück nur an einer Seite halten, so daß die andere Seite bearbeitet werden kann (typische Arbeiten sind Eierbecher, Kelchbecher und kleine Dosen). Oft ist es praktischer, Schalen anstatt auf der Planscheibe zwischen Spitzen grob abzudrehen. Als Regel läßt sich festhalten, Langholzdreharbeiten

Aufschrauben einer Planscheibe

Planscheibe — Hirnholz

Richtig: *Planscheiben nur für Querholzarbeiten verwenden, da die Schraube quer zur Maserung besser greift.*

Hirnholz

Planscheibe

Falsch: *Für Langholzarbeiten nie die Planscheibe verwenden – Schrauben greifen im Hirnholz sehr schlecht.*

(die Maserung verläuft parallel zur Rotationsachse der Drechselbank) werden zwischen Mitnehmer und Körner oder mit einem besonderen Futter gemacht. Für Querholzdreharbeiten (die Maserung verläuft im rechten Winkel zur Rotationsachse) verwendet man die Planscheibe oder ein Einspannfutter. Versuchen Sie bitte nicht, Langholz auf einer Planscheibe zu drehen. Die Schrauben greifen im Hirnholz nicht gut, wie in der Zeichnung rechts zu sehen ist. Planscheiben dienen ausschließlich zum Querholzdrehen, weil nur dabei der Maserungsverlauf den Schrauben den nötigen Halt bietet.

Es ist immer ratsam, ein Stück Holz in Anlehnung an seine spätere Form zurechtzusägen, bevor es auf der Drechselbank eingespannt wird. Für Querholzarbeiten schneiden Sie Scheiben, für Langholzarbeiten vier- oder achteckige Stücke. Falls Sie keine Bandsäge oder Stichsäge haben, schneiden Sie das Querholz mit möglichst vielen Seiten zu, so daß es annähernd rund ist. Viereckige Holzblöcke knattern wie Propeller und sind gefährlich.

Vor Einschalten der Drechselbank sollten Sie unbedingt das Werkstück von Hand drehen, um sicherzugehen, daß es frei läuft und weder an der Handauflage noch am Bett streift. Bei großen Blöcken sollten Sie den Gleichgewichtstest machen. Wenn eine Stelle bei angehaltener Maschine nach unten zieht, muß der Block neu zurechtgesägt oder eine sehr langsame Drehzahl gewählt werden, um die Vibrationen niedrig zu halten.

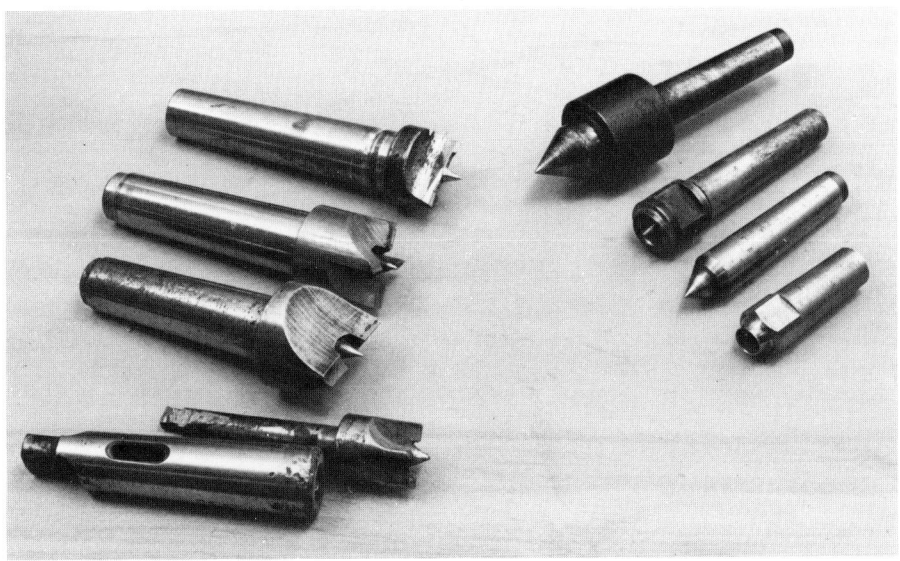

Setzen Sie den konischen Schaft der Mitnehmerspitze in die Hohlspindelwelle ein.

Links sind Doppelmitnehmerspitzen und Vierzacke abgebildet. Unten links sehen Sie einen Vierzack mit MK1 und eine Hülse; rechts vier Typen von Körnerspitzen für Langholzdrehen. Von oben nach unten: mitlaufende Körnerspitze, Körnerspitze mit Druck oder Stützring, starre Körnerspitze, hohler Körner.

Die Spitzen

Das Einspannen zwischen Mitnehmerspitzen stellt die einfachste und gebräuchlichste Art der Einspannung von Langholz dar. Die Zacken greifen ins Holz und halten im Hirnholz sehr gut, benötigen aber den Gegendruck durch die Reitstockspitze. Die Mitnehmer- und Körnerspitzen mit Morse-Konus sind in den Größen MK1-MK4 (klein-groß) erhältlich. Hat Ihr Mitnehmer einen kleineren Konus, als für die Drehspindel vorgesehen ist, kaufen Sie sich eine Hülse als Adapter, damit Sie den kleineren Konus im größeren Innendurchmesser der Drehspindel verwenden können. Sie können sich auch eine Hülse aus Holz drechseln. Prüfen Sie, ob sich die Mitnehmerspitze leicht entfernen läßt. Bei einer Hohlspindel stoßen Sie die Spitzen mit einem Eisenstab heraus. Ausführungen mit Massivwellen haben wahrscheinlich eine große Kragenmutter, die auf die Spindel gedreht wird, bevor der Mitnehmer eingesetzt wird. Um ihn zu entfernen, halten Sie die Welle mit einem Schraubenschlüssel oder Sperrbolzen an und schrauben die Mutter auf. Hat Ihre Maschine keine Abziehmutter (übrigens können Sie eine passende kaufen), halten Sie wiederum die Welle fest und lokkern Sie mit einer Greifzange die Mitnehmerspitze durch Drehbewegungen.

Mitnehmer gibt es als Doppel- oder Vierzack mit einer Zentrierspitze, die genau ins Zentrum des Werkstücks greift. Die Zentrierspitze muß sehr spitz sein und etwa 3-6 mm über die Zacken hinausstehen. Die Zacken sollten ebenfalls scharf und einseitig ca. im 45°-Winkel angeschliffen sein. Ist der Winkel zu spitz, wie bei der Fase eines Flachmeißels, zersplittern die Zacken das Holz durch den Gegendruck des Reitstocks. Die Doppelmitnehmerspitze benütze ich lieber als den Vierzack. Dieser benötigt eine plane, winkelrechte Holzoberfläche, um fest greifen zu können, während ein Doppelmitnehmer in fast jeder Oberfläche Halt findet. Ich sehe den Hauptvorteil einer Doppelmitnehmerspitze darin, daß ich beim groben Vordrehen einer Schalenaußenseite zwischen Spitzen das Holz mit einer Kippbewegung

Die Doppelmitnehmerspitze greift auch in ungleichmäßigen Oberflächen gut, während der Vierzack eine flache, im rechten Winkel zur Drehachse liegende Fläche benötigt, um optimal greifen zu können.

Zum Einspannen von Langholz auf eine Mitnehmerspitze halten Sie das eine Ende des Werkstückes auf die Zacken und klopfen mit dem Klüpfel dagegen. Stützen Sie dabei Ihre Hand auf der Werkzeugauflage ab. Dann drehen Sie die Körnerspitze in den Mittelpunkt des Werkstückes.

der Fall, als Mitnehmer und Körner nicht absolut zentriert auf derselben Linie laufen. Ein Tropfen Öl oder etwas Schmierfett auf der Spitze verringert die Reibung, aber dennoch schlägt das Holz aus und man muß den Reitstock ständig nachspannen. Ich persönlich mag die mitlaufenden Körner lieber, deren Spitze im Kugellager läuft. Die Spitze dreht sich mit dem Werkstück. Reibungswärme und Lockerung der Fixierung treten erst gar nicht auf. Aber auch Kugellager in mitlaufenden Körnerspitzen können anfressen und Spiel entwickeln. Falls dies eintritt, nützt es gar nichts, den Reitstock neu zu spannen, denn das Spiel befindet sich im Kugellager. Achten Sie also beim Kauf einer neuen mitlaufenden Körnerspitze auf deren Qualität. Ich benütze nun seit zehn Jahren eine günstige tschechoslowakische Ausführung ohne Probleme. Es gibt auch mitlaufende Körner mit einem Sortiment auswechselbarer Spitzen für verschiedene Zwecke. Wie viele Zubehörteile leiden auch jene an einer mangelhaften Ausführung. Die auswechselbaren Spitzen laufen schnell aus und bekommen Spiel. Und häufiger als die normale Körnerspitze stecken sie beim Ausspannen der Arbeit fest im Holz.

Mitlaufende Körnerspitzen mit Druck- oder Stützring und hohle Körner, wie auf dem Foto S.19, oben links, sind modifizierte Spitzen. Erstere greifen auf einer größeren Fläche ins Hirnholz; der Ring verhindert ein Zersplittern des Holzes, wenn zuviel Druck durch den Reitstock ausgeübt wird. Der hohle Körner hat nur einen Stützring ohne Spitze. Man braucht ihn, um z. B. lange Bohrlöcher in Lampenfüße zu bohren.

Sie können ein Langholz zwischen Spitzen einspannen, indem Sie es entweder auf die Mitnehmerspitze klopfen, damit sich die Zacken ins Holz eingraben, oder Sie üben Druck durch Heranfahren des Reitstockes aus. Die erste Möglichkeit ist mir lieber, es geht etwas schneller und setzt das Holz nicht so großen Spannungen aus. Ein

gegen die Zacken verschieben kann, um den Maserungsverlauf nachträglich noch zu verändern oder die Randebene für einen freien organischen Rand neu auszurichten.

Der Körner hat die Funktion, die rechte Seite des Werkstückes zu halten und Gegendruck auf die Mitnehmerspitze auszuüben. Körner haben in der Regel ebenfalls einen Morse-Konus, der in die Pinole paßt. Es gibt sie als mitlaufende oder starre Körnerspitzen. Starre Körnerspitzen sind unbeweglich und tendieren dazu, das Holz auszuschlagen und sich einzubrennen. Die Fixierung lockert sich und es entsteht Spiel. Dies ist um so eher dünnes Stück Holz biegt sich möglicherweise unter allzu großem Druck des Reitstockes durch. Halten Sie ein Ende des Holzes an die Mitnehmerspitze und klopfen Sie mit dem Klüpfel dagegen. (Die Werkzeugauflage dient dabei Ihrer Hand als Stütze.) Drehen Sie die Körnerspitze so weit wie möglich hinein und verringern Sie dann den Druck um einen Bruchteil. (Das Laufgeräusch der Drechselbank verrät Ihnen, wenn Sie die Körnerspitze nachstellen müssen; ändert sich die Tonhöhe, kann das bedeuten, daß die Spitze enger heran oder weiter weg muß.)

Professionelle Langholzdrechsler lassen ihre Maschine oft ununterbrochen laufen. Sie haben eine Methode, Werkstücke auf eine sich drehende Drechselbank einzuspannen. Das eine Ende des Rundstabrohlings wird auf die Zentrierspitze des Mitnehmers gehalten, und die Körnerspitze wird zur Unterstützung leicht eingedreht. In dieser Stellung verursacht die entstehende Reibung ein Drehen des Werkstükkes, obwohl dies die Zacken des Mitnehmers noch nicht berührt. (Bei dieser Methode ist wichtig, daß die Zentrierspitze mindestens 5 mm aus den Zacken herausragt.) Falls das Holz in diesem Stadium nicht zentriert läuft, kann man es von Hand leicht anhalten und rundlaufgenau einstellen. Nach der Zentrierung wird mit Druck auf die Körnerspitze das Holz in die Zacken getrieben. Ist der Rundstab abgedreht, kurbelt man den Körner zurück und nimmt das fertige Stück mit einem Ruck weg.

Ein Problem taucht allerdings – hauptsächlich bei schweren Blökken – beim Einspannen zwischen Spitzen auf: Die Spitze läuft nach dem Einschalten des Motors schneller als das Holzstück. Dies hat zur Folge, daß die Zacken das Hirnholz nur eindrücken, aber nicht greifen. Ein auf der Hirnholzseite 2 mm tief eingesägter Schlitz, in dem die Zakken greifen können, verhindert dies. Eine Doppelmitnehmerspitze benötigt nur einen Schnitt mit der Bandsäge, ein Vierzack braucht

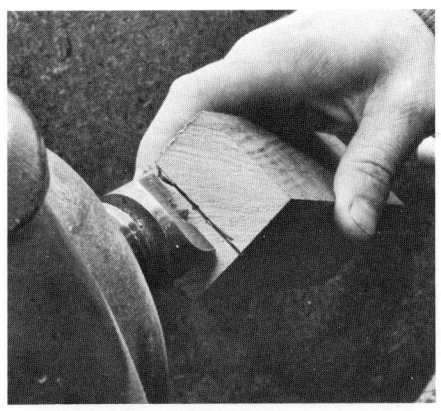

Ein 2 mm tiefer Schnitt mit der Bandsäge verhindert, daß die Zacken das Hirnholz nur eindrücken (oben). Für guten Halt der Backen im Querholz sorgt eine Einkerbung mit einem Stechbeitel.

zwei. Eine andere Möglichkeit wäre, Sie drehen das Werkstück zu sich her, wenn Sie den Motor einschalten, damit es leichter in die Geschwindigkeit des Motors einfindet. (Lassen Sie ja die Hand nicht am Holz!) Auf diese Art greifen die Zacken schneller als aus dem Stillstand und übertragen die Bewegung aufs Holz, ohne es einzudrücken.

Der größte Nachteil des Drechselns zwischen Spitzen ist, daß an den jeweiligen Haltepunkten das Holz nicht bearbeitet werden kann. Dies spielt z. B. bei Stuhlbeinen keine Rolle, wo die Enden in Zapfenlöcher eingepaßt und rauh belassen werden. Wollen Sie jedoch eine glatte Oberfläche, müssen Sie sie von Hand schleifen.

Viele Drechsler kommen gar nicht auf die Idee, Querholz zwischen Spitzen einzuspannen, nicht einmal, um die Außenform anzulegen. Aber bei vielen Arbeiten wird der Nachteil, daß die Seite der Körnerspitze nicht uneingeschränkt bearbeitet werden kann, von den Vorteilen überwogen. Es geht schnell und einfach, einen Holzblock zwischen Spitzen einzuspannen, besonders wenn er noch Rindenstücke oder eine rauhe und unebene Oberfläche aufweist. Solche unregelmäßigen Stücke laufen sicherer zwischen Spitzen als auf einer Planscheibe. Der Hauptvorteil

liegt aber in der Möglichkeit der präzisen zentrischen Ausrichtung: Ein wesentlicher Punkt, wenn Sie während des Drechselns der Außenform die Lage einer Maserungszeichnung innerhalb Ihrer Schale noch verändern wollen. Es ist ein leichtes, die Drechselbank anzuhalten und die Achse des Werkstückes neu festzulegen. Die Verlagerung der Position der Körnerspitze reicht schon aus. Ist die grobe Außenform fertig, wird das Werkstück zum Aushöhlen in ein Einspannfutter gespannt. Um ein tadelloses Greifen der Zacken im Querholz und ein Eindrücken des Holzes zu verhindern, stechen Sie mit Stechbeitel und Klüpfel einen schmalen Schlitz in die Mitte ein.

Auch Querholz läßt sich zwischen Spitzen drehen. Die Blöcke lassen sich schnell und präzise einspannen. Unregelmäßige Stücke wie der 240 × 125 mm große Schalenrohling aus Stechpalme laufen zwischen Spitzen viel sicherer als auf einer Planscheibe.

Planscheiben

Planscheiben sind flache Metallscheiben mit zwei oder mehreren Schraubenlöchern zum Befestigen des Werkstückes. Sie werden auf das Gewinde der Außen- oder Innendrehvorrichtung geschraubt. (Meine Beispiele zeigen nur innen aufgeschraubte Planscheiben.) Weil Schrauben im Hirnholz nicht gut halten, benütze ich für Langholzarbeiten keine Planscheiben, sondern nur Einspannfutter. Querholzarbeiten, bei denen die eingedrehten Schrauben quer zur Maserung liegen, halten dagegen schon mit der Befestigung an einer Seite. Die Körnerspitze ist nicht nötig, so besteht freier Zugang zur Innenseite einer Schale oder einer Servierplatte.

Es gibt zwei Arten von Planscheiben: das Scheibenfutter mit Holzschraube und die gewöhnliche Planscheibe. Das Scheibenfutter hat eine einzelne Zentrierschraube. Scheibenrohlinge werden auf das bereits auf die Spindelwelle aufgeschraubte Scheibenfutter aufmontiert. Planscheiben haben zwei oder mehrere Schraubenlöcher und werden zuerst auf das Holz geschraubt, bevor sie an der Drechselbank befestigt werden. Das Holz ist nur an einer Seite auf der Planscheibe befestigt. Es treten deshalb Gefahren auf, die auf einem physikalischen Grundgesetz beruhen: Jede Kraft erzeugt eine gleich große, entgegengesetzte Reaktionskraft. Wenn Sie sich z. B. auf eine Seite einer Wippe setzen, geht die andere Seite nach oben, in dem Maße, wie Sie nach unten gehen. Übertragen heißt das: Wenn ein Werkzeug parallel zur Drehachse mit starkem Druck auf der Kante einer großen Holzscheibe, die auf einer kleinen Plan-

In diese Planscheibe (auf die Spindelwelle aufmontiert) sind schon viele Schraubenlöcher jeweils für spezielle Arbeiten wie z. B. Küchenbretter oder Uhrengehäuse gebohrt worden.

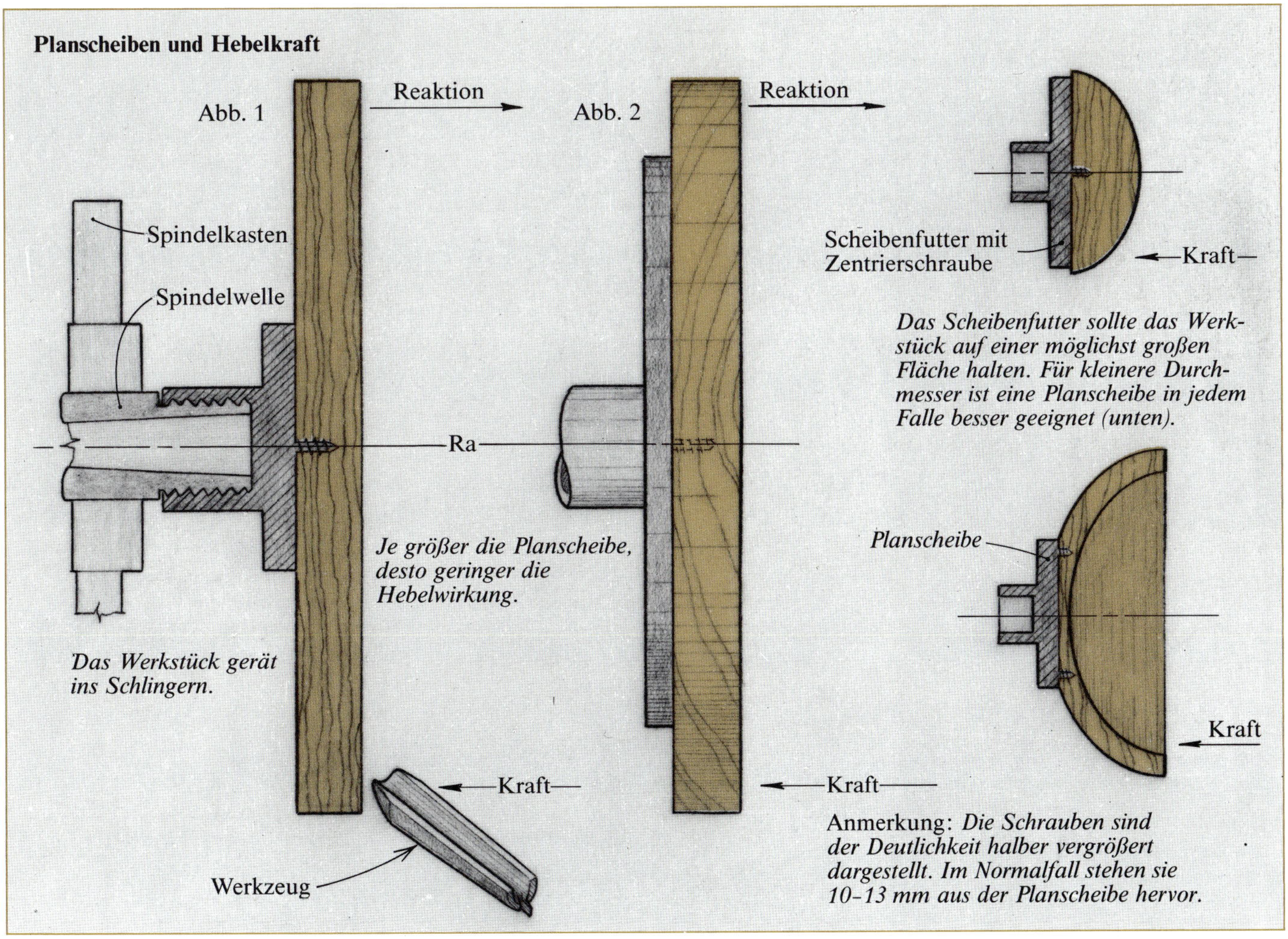

Planscheiben und Hebelkraft

Abb. 1   Reaktion →

Spindelkasten

Spindelwelle

Ra

Je größer die Planscheibe, desto geringer die Hebelwirkung.

Das Werkstück gerät ins Schlingern.

← Kraft

Werkzeug

Abb. 2   Reaktion →

← Kraft

Scheibenfutter mit Zentrierschraube

← Kraft →

Das Scheibenfutter sollte das Werkstück auf einer möglichst großen Fläche halten. Für kleinere Durchmesser ist eine Planscheibe in jedem Falle besser geeignet (unten).

Planscheibe

← Kraft

Anmerkung: *Die Schrauben sind der Deutlichkeit halber vergrößert dargestellt. Im Normalfall stehen sie 10–13 mm aus der Planscheibe hervor.*

Montage einer Holzscheibe auf einem Scheibenfutter (oben rechts): Halten Sie die Schraube an das vorgebohrte Loch. Schrauben Sie nun entweder bei angehaltener Drehspindel die Scheibe auf die Schraube oder drehen Sie am Scheibenfutter, damit sich das Holz von selbst festschraubt.
Wenn Sie das Werkstück im Lauf einspannen wollen, halten Sie es in der flachen Hand an das Scheibenfutter (oben). Ein leichter Stoß mit dem Handballen, und die sich drehende Schraube zieht das Holz heran (unten).

scheibe sitzt, geführt wird (Abb. 1 in der Zeichnung S. 23), so lockert sich die Holzscheibe und eiert auf der kleinen Planscheibe herum. Bei größerem Planscheibendurchmesser (Abb. 2) erhält die Holzscheibe mehr Stützkraft, und die Gefahr des Lockerns wird gebannt. Verwenden Sie also grundsätzlich eine Planscheibe, die möglichst viel Fläche am Werkstück abdeckt. Eine Holzscheibe mit einem Durchmesser von 250 mm und einer Stärke von 50 mm kann problemlos auf ein 180-mm-Scheibenfutter mit einer 12er- oder 14er-Zentrierschraube von 10–13 mm Länge montiert werden. Dagegen böte ein 100-mm-Scheibenfutter weit weniger Stützkraft und bräuchte eine stärkere und längere Schraube.

Es gibt zwei gebräuchliche Methoden, um eine Holzscheibe auf einem Scheibenfutter zu befestigen. Zuerst bohrt man ein Loch in das Zentrum der Scheibe (Finden des Mittelpunkts siehe S. 72). Das Loch ist etwas kürzer als die Zentrierschraube, hat aber denselben Durchmesser. Bei abgeschaltetem Motor halten Sie nun die Spindelwelle fest und schrauben die Holzscheibe auf die Zentrierschraube. Sie können auch mit der einen Hand die Scheibe an die Schraube

halten und mit der anderen Hand am Handrad drehen, bis die Holzscheibe satt auf der Oberfläche des Scheibenfutters aufliegt.

Eine flache oder leicht konkave Unterseite der Holzscheibe ist sehr wichtig, damit sie nicht um die Zentrierschraube schlingert. Die Reibung zwischen Holzunterseite und Metallscheibe erzeugt bei sattem Aufliegen den festen Halt. Falls sich irgendwo ein Spalt bildet, durch den das Holz Spiel bekommt, stecken Sie einen kleinen Holzkeil hinein. Das ist jedoch kein Ratschlag für Anfänger, weil sich die Keile lockern und wegkatapultiert werden können!

Erfahrene Drechsler montieren manchmal die Holzscheiben bei laufendem Motor auf das Scheibenfutter; ein Schnellverfahren, das ich oft anwende. Aber dies ist ebenfalls keine Methode für Anfänger! Halten Sie die Holzscheibe gegen das Scheibenfutter und peilen Sie mit der Schraube den versenkten Mittelpunkt an. Fassen Sie dabei die Scheibe nicht mit den Fingern an, sondern legen Sie sie locker in die flache, offene Hand. Die Fotos oben zeigen diesen Handgriff. Versetzen Sie der Scheibe mit Ihrer Handfläche einen leichten Stoß, sobald die sich drehende Schraube ins Loch hineinreicht. Das Gewicht des Holzes und der Druck Ihrer Hand verlangsamen zunächst die Drehung des Holzes gegenüber dem Scheibenfutter, so daß sich die Schraube richtig ins Holz hineinwindet und die Holzscheibe an das Futter heranzieht.

Mit einiger Übung ist eine Holzscheibe in Sekundenschnelle fliegend aufmontiert, wobei ich aber nur Scheiben von maximal 300 mm Durchmesser in dieser Weise aufschraube. Das Gewicht einer größeren Scheibe hätte zur Folge, daß die Schraube im Loch schlingert und nicht richtig greifen kann; solche Scheiben muß man bei ausgeschalteter Maschine anbringen. Sehr kleine, leichte Scheiben kann man ebenfalls fliegend aufmontieren, jedoch benötigen sie mehr Druck durch die Handfläche. Sie halten häufig schon auf einer sehr kurzen Schraube von 3 mm Länge.

Ich habe drei Scheibenfutter mit einem Durchmesser von 100 mm, 180 mm und 200 mm, jeweils mit einer 12er-Holzschraube, die 13 mm heraussteht. Ich benütze 3 mm, 6 mm und 10 mm starke Sperrholzscheiben als Unterlegscheiben zwischen Werkstück und Scheibenfutter, um die effektive Länge der Schraube auf minimal 3 mm verkürzen zu können. Die Zwischenscheiben haben ein Mittelloch, das locker auf die Zentrierschraube paßt. Mit dieser Methode drechsle ich Holzscheiben von 250 × 40 mm auf einem 180-mm-Scheibenfutter, wobei die Zentrierschraube ca. 10 mm übersteht. Das bedeutet, daß ich einen dünnen Boden drechseln kann. (Eine länger überstehende Schraube würde mehr Holz in der Standfläche erfordern.) Falls das Ganze einen Schlag bekommt und sich die Scheibe lockert, kann ich immer noch die Sperrholzplatte entfernen und die Schraube tiefer eindrehen. Dies würde zwar eine dikkere Standfläche bedeuten, aber die Arbeit wäre nicht umsonst.

Eine sicherere Methode ist das Einspannen von Querholz auf einer Planscheibe. Nehmen Sie die Planscheibe von der Drechselbank und

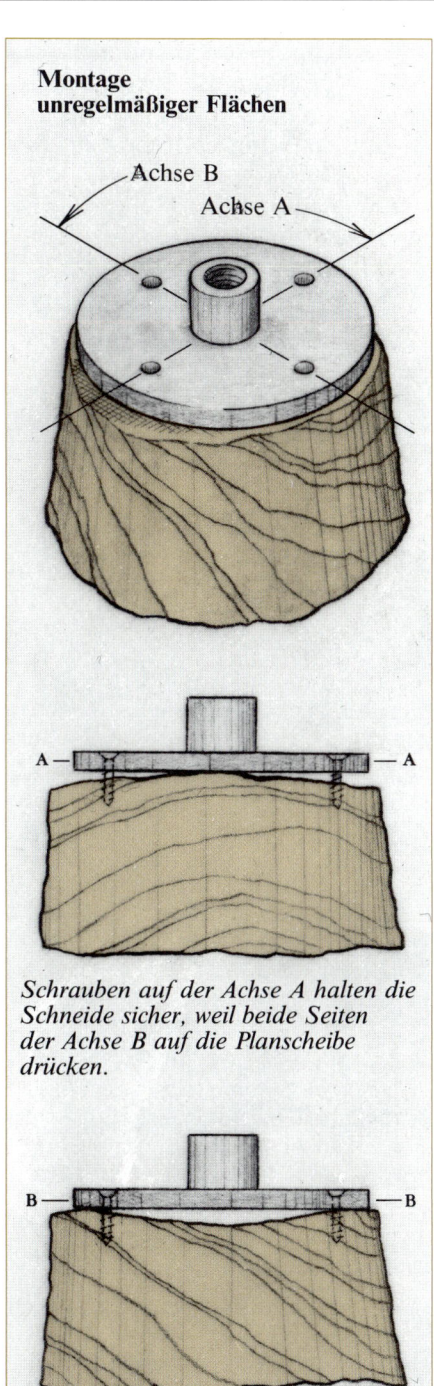

Montage unregelmäßiger Flächen

Achse B

Achse A

Schrauben auf der Achse A halten die Schneide sicher, weil beide Seiten der Achse B auf die Planscheibe drücken.

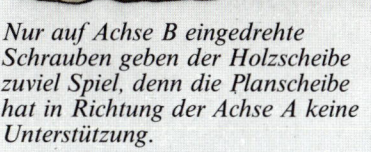

Nur auf Achse B eingedrehte Schrauben geben der Holzscheibe zuviel Spiel, denn die Planscheibe hat in Richtung der Achse A keine Unterstützung.

Entfernen Sie die Planscheibe aus der Drehspindel, um die Schrauben anzubringen. Bohren Sie Schraubenlöcher vor (oben), damit es keine Splitter gibt. Montieren Sie unter die Schraubenköpfe Unterlegscheiben, um ihren Schaft zu verkürzen.

Getrocknetes Holz

Drehen Sie die Schrauben quer zur Maserung ein. Dies verhindert Rißbildung.

Feuchtes Holz

Drehen Sie die Schrauben längs der Maserung ein. So verändern sie ihre Position beim Schwinden nicht.

schrauben Sie zwei oder mehr Holzschrauben von hinten ins Holz hinein. Ich verwende dafür 10er-Schrauben, die exakt in die Löcher der Planscheibe passen. Meistens reichen zwei Schrauben aus, sowohl für 380 × 150 mm wie für 460 × 150 mm große Blöcke. Beim groben Vordrechseln größerer Stücke nehme ich längere Schrauben, die etwa 15 mm ins Holz hineinreichen. Noch größere Blöcke, z. B. 460 × 150 mm, benötigen sicherheitshalber vier Schrauben. Ist die Grobform abgedreht, spanne ich das Werkstück neu ein, dieses Mal mit Unterlegscheiben, um die effektive Länge der Schrauben zu verkürzen (siehe Fotos S. 25).

Eine unebene Holzoberfläche ist auf der Planscheibe weniger problematisch als auf dem Scheibenfutter. Die Schrauben können beiderseits einer erhabenen Stelle liegen, wie die Zeichnung S. 25 (Mitte) zeigt. Schrauben auf der Achse A halten die Scheibe sicher, indem sie die hohen Punkte der Achse B an die Scheibe heranziehen. Nur auf Achse B angebrachte Schrauben ohne Befestigung auf der Achse A bieten keinen sicheren Halt an der Planscheibe.

Falls das Gewicht oder die äußere Form einer Holzscheibe eine Unwucht erzeugen, sollte man sicherheitshalber mehr Schrauben anbringen. Testen Sie grundsätzlich einen schweren oder unregelmäßigen Block, indem Sie ihn von Hand zu sich her drehen und ihn frei ausschwingen lassen. Beobachten Sie, wo er zum Stehen kommt. Falls die Unwucht ihn sofort und immer in derselben Position zum Stehen bringt, stellen Sie eine niedrigere Drehzahl ein und überprüfen Sie den Sitz der Schrauben. Große herumfliegende Blöcke stellen ein Sicherheitsrisiko dar.

Beim Abdrehen von getrocknetem Holz werden die Schrauben quer zum Maserungsverlauf eingedreht (siehe Zeichnung S. 25), um das Splittern des Holzes möglichst zu verhindern. Beim Abdrehen von feuchtem Holz, das in getrocknetem Zustand erneut bearbeitet werden

soll (z. B. grob vorgedrechselte Schalen), müssen die Schrauben entlang der Maserung eingedreht werden, weil dort der Schwund des Holzes am geringsten ist.

Ich möchte Sie noch einmal darauf hinweisen, daß Sie während der Arbeit mit der Planscheibe immer auch die Körnerspitze einsetzen

Ein Dreibackenfutter ist ideal, um unregelmäßige Formen aufzunehmen. Allerdings sind die hervorstehenden Backen gefährlich.

können, um eine zusätzliche Sicherung und Stütze zu haben. Aber die Anordnung muß zentriert sein. Man ist dann zwar im Gebrauch der Werkzeuge etwas eingeschränkt, aber die Arbeit mit schweren Blöcken ist sicherer, so lange, bis der Hauptteil des überschüssigen Materials entfernt ist.

Einspannfutter

Sehr viele Einspannfutter, die auf dem Markt sind, sehen zwar wunderschön aus, taugen aber nicht viel. Manche sind völlig nutzlos, andere haben einen eingeschränkten Einsatzbereich. Weil meistens an Amateur- oder Gelegenheitsdrechsler verkauft wird, scheint das Hauptinteresse der Hersteller darin zu liegen, die Preise innerhalb des Wettbewerbs möglichst niedrig zu halten. Darunter leidet die Qualität, und die Futter verfehlen ihren eigentlichen Zweck. Nichts ist ärgerlicher, als ein untaugliches Werkzeug. Ein wirklicher Profi benützt nur ausgereiftes, qualitativ hochwertiges Zubehör, dessen höhere Anschaffungskosten sich schnell amortisieren.

Viele, selbst qualitativ gute Einspannfutter setzen der Gestaltung

der Form enge Grenzen. Ich persönlich verlange vom Futter in erster Linie einen möglichst großen gestalterischen Freiraum, damit ich kleine Veränderungen noch nachträglich vornehmen kann. Die meisten im Handel erhältlichen Einspannfutter haben sich - wie es scheint - gerade dagegen verschworen. Ich warte sehnsüchtig darauf, daß ein paar Hersteller mit einem gesamten Programm an Zubehör auf den Markt kommen, das dem Drechsler größte Flexibilität und schnellen und effektiven Einsatz der einzelnen Systeme erlaubt. Doch im Moment sind Sie damit noch auf sich alleine gestellt.

Backenfutter

Das Backenfutter kommt aus der Metalldreherei, findet aber auch beim Drechseln von Holz einen großen Anwendungsbereich. Es hat zwei Sätze von austauschbaren Backen, Innenklemmen und Außenklemmen, die mit einem Spannschlüssel festgestellt werden. Der Hauptnachteil: Es ist ziemlich gefährlich - die exponierten Klemmen erfassen Kleidungsstücke und reißen Knöchel auf (meist eine blutige Angelegenheit). Weil das Backenfutter das Holz nur an drei bzw. vier Punkten berührt, hält es lange nicht so gut wie das Zangenspannfutter (S. 28) oder das Klemmfutter (S. 32), die das Werkstück völlig umfassen. Schläge haben hier eine fatale Wirkung. Das Holz fliegt Ihnen um die Ohren, denn die Befestigung ist im Grunde doch recht schwach. Aber die meisten der mir bekannten Drechsler benützen das Backenfutter häufig; Fleischwunden gehören schließlich zum Berufsrisiko. Von Vorteil ist sein schneller und problemloser Einsatz; es greift selbst unregelmäßige Formen (z. B. Schalenfüße, die sich beim Trocknen geworfen haben, oder kleine vorgedrechselte Scheiben), und es bleiben keine Schraubenlöcher auf der Oberfläche zurück.

Ich bearbeite auf Grund der Fliehkraft keine Blöcke, die länger sind als 100 mm, ohne die Unterstützung durch eine Körnerspitze. Lange Zylinderformen drehe ich im Dreibackenfutter mit Unterstützung des Körners. Backenfutter greifen gut. Probleme wie bei den Mitnehmern, die das Holz oft nur eindrücken, gibt es hier nicht. Für das Abdrehen ganz schlanker Rundstäbe nehme ich ein Zahnkranzbohrfutter, wie auf dem Foto oben. Eine Mitnehmerspitze wäre für den viereckigen 6 mm-Rohling zu groß. Er würde durch den Druck der konischen Spitze bersten.

Sowohl Drei- als auch Vierbackenfutter - beide selbstzentrierend - sind sehr gebräuchlich und in verschiedenen Spannweiten erhältlich.

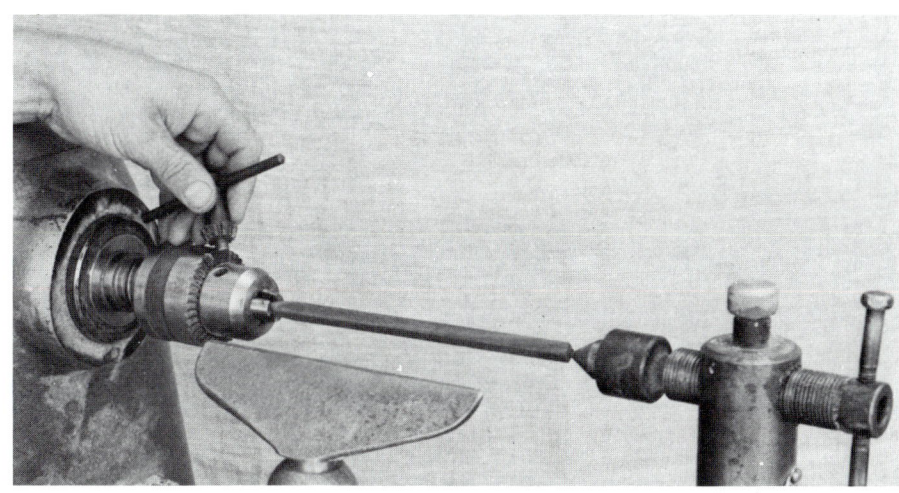

Nur das Zahnkranzbohrfutter greift so feine Werkstücke wie diesen 6-mm-Rohling für einen Mikadostab. Der Reitstock hat lediglich unterstützende Funktion.

Ich habe zwei Dreibackenfutter mit einem Spanndurchmesser von 100 mm und 140 mm. Die Vierbackenfutter sind besser, aber auch teurer. Backenfutter eignen sich für alle Arten von Dreharbeiten sehr gut. Seit jedoch das wesentlich sicherere Zangenspannfutter auf dem Markt ist, benütze ich Backenfutter nur noch zum Langholzdrehen. Davor habe ich alle meine kleineren Dosen mit einem Durchmesser von ca. 50-75 mm auf meinem 100-mm-Backenfutter gedreht. Das Foto S. 28 zeigt einen Deckelrohling, der gedrechselt werden soll. Aus dem Stumpf wird später vielleicht ein länglicher Halteknauf. Beim Einspannen kann es leicht passieren, daß die Holzfasern aus dem Hirnholz herausgepreßt werden. Deshalb steche ich eine Nut an den Anfang des Stumpfes ein, wie rechts in der Zeichnung gezeigt wird.

Im allgemeinen sind Backenfutter für das Drechseln von Schalen am zweckmäßigsten. Ich drehe die Form zwischen Spitzen grob vor und lasse einen Fuß dran, wie die Abbildungen auf S. 30-31 zeigen. Während des Aushöhlens wird die Schale am Fuß im Backenfutter gehalten. Die Backen greifen nur auf einer ganz kleinen Fläche, deshalb muß man vorsichtig schneiden - zuviel Druck auf die Backen, und das Werkstück wird herausgeschleu-

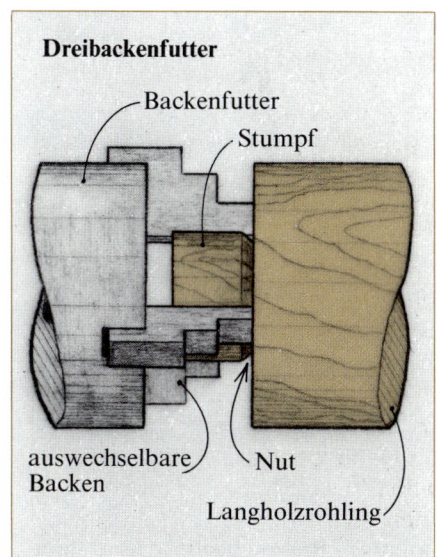

Dreibackenfutter

Backenfutter

Stumpf

auswechselbare Backen

Nut

Langholzrohling

Hier wird ein selbstzentrierendes Dreibackenfutter gespannt. Aus dem Stumpf drehe ich später vielleicht einen Knauf für den Deckel der Dose.

dert. Je weniger die Backen am Holz greifen, desto größer das Risiko, besonders wenn Sie in größerer Entfernung zum Backenfutter arbeiten. Ist die Innenseite fertig, spanne ich die Schale auf die Innenbacken und bearbeite die Standfläche. Ich lasse eine Schulter auf der Innenseite der Schale als Anstoßlinie für die Backen stehen, wie auf dem Foto 3, S. 30 zu sehen ist. Während des Spannens der Backen auf der Innenseite biegt sich das Holz leicht nach außen. Dies bietet eine Sicherheitsmaßnahme gegen das Splittern. (Sobald Sie mit dem Druck nachlassen, geht es in die alte Form zurück.) Wenn aber die Form während des Drechselns verbogen ist, bearbeite ich nur den Fuß und die untere Wandwölbung. Den Rand und die obere Wandkurve lasse ich unbearbeitet, bis die Schale wieder umgekehrt zum abschließenden Drechseln und Finish aufmontiert wird.

Ein Backenfutter ist ebenfalls für das Einspannen unregelmäßiger Holzstücke mit kleinem Durchmes-

ser sehr vorteilhaft. Auf diese Weise kann man schnell eine Oberfläche drechseln, die in ein anderes Futter paßt. Ich verwende diese Methode, wenn ich eine größere Anzahl von kleinen Schalen abdrehen will, deren Durchmesser weniger als der maximale Spanndurchmesser meines 140-mm-Backenfutters beträgt.

Zangenspannfutter

Obwohl Zangenspannfutter ursprünglich zum Langholzdrehen von Behältern konstruiert wurden, eignen sie sich hervorragend für kleine Platten und Schalen oder für andere Querholzarbeiten. Ein Zangenspannfutter besteht aus einem Spannfutterkörper, einer Spannzange und einem Spannring. Dieser Ring wird mit einem Schlüssel angezogen. Zunächst wird ein Zapfen im erforderlichen Durchmesser an den Rohling gedreht (es genügt bereits eine Zapfenlänge von

2 mm). Dieser Zapfen wird dann in die Spannzange gesteckt; anschließend läßt sich die Zange mittels des Schraubrings im Spannfutterkörper arretieren. Beim Festschrauben wird die Zange gespannt und das Werkstück fest und rundlaufgenau fixiert. Zangenspannfutter werden bei uns mit den Spannbereichen 26–31 mm und 18–23 mm angeboten.

Das Zangenspannfutter eignet sich gut für Langholzarbeiten, weil in diesem Falle das Längsholz von der Spannzange aufgegriffen wird. Beim Querholzdrehen ist es etwas schwieriger, weil die Maserung im rechten Winkel zur Rotationsachse liegt. Da die Spannung auf einem Stumpf mit relativ kleinem Durchmesser lastet, splittert das Holz gerne ab. Rohlinge mit höherem Gewicht können auf diesem Futter nicht bearbeitet werden. Ein 38-mm-Futter verträgt höchstens einen 150 × 65 mm großen Rohling, ein 50-mm-Futter höchstens 200 × 75 mm. Selbst das größere Futter wird dem kleinsten Schlag oder Druck während des Schneidens nicht standhalten. Das Holz würde am Stumpf abbrechen.

Der Hauptvorteil des Zangenspannfutters liegt darin, daß es kaum Spuren im Holz zurückläßt. Andererseits muß man den Stumpf bzw. Zapfen sehr akkurat drechseln, da der Spannbereich des Futters keine großen Abweichungen zuläßt. Der Durchmesser muß so groß wie möglich gedreht werden, denn je weiter man die Spannzange ins Holz eindrücken muß, desto größer ist die Verletzungsgefahr des Holzes und desto größer das Risiko bei Querholz, daß das Holz abbricht, sobald die Krallen ins Hirnholz des Stumpfes eingreifen.

Ich verwende Zangenspannfutter häufig in Verbindung mit dem Dreibackenfutter, um Schalen bis zu einem Durchmesser von 300 mm abzudrehen. Ich drechsle die Schalen auf dem Dreibackenfutter nahezu fertig und setze sie dann in das Zangenspannfutter, um die untere Wölbung und den Fuß zu drechseln. Diesen Vorgang zeigen

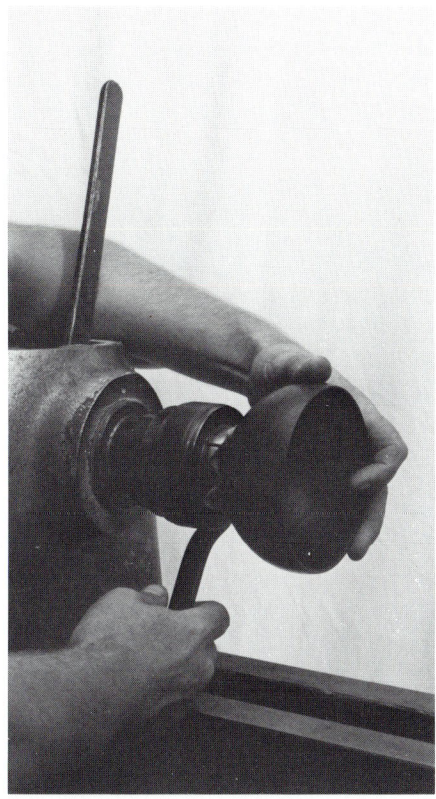

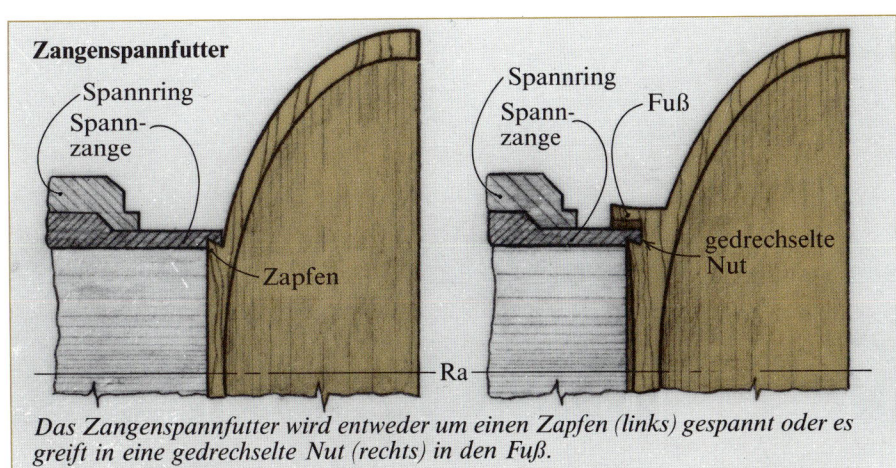

Zangenspannfutter

Spannring
Spannzange
Zapfen
Spannring
Spannzange
Fuß
gedrechselte Nut
Ra

Das Zangenspannfutter wird entweder um einen Zapfen (links) gespannt oder es greift in eine gedrechselte Nut (rechts) in den Fuß.

Mit einem Schraubenschlüssel stellen Sie die Drehspindel fest, mit einem anderen spannen Sie das Zangenspannfutter. Legen Sie einen Wollappen zwischen das Futter und den fertigen Fuß, damit die Schale nicht beschädigt wird.

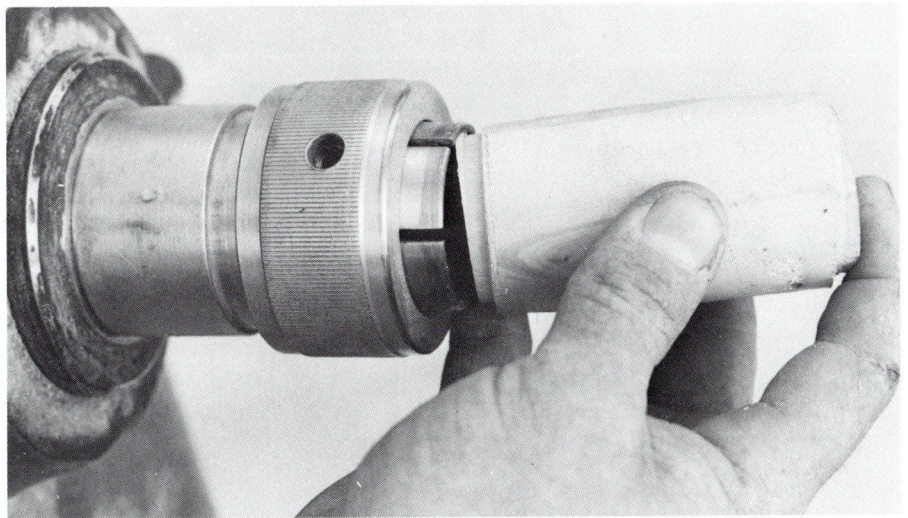

Wenn man einen Dosenrohling in ein Zangenspannfutter einspannen will, muß der gedrechselte Zapfen möglichst genau in den Durchmesser der Spannzange eingepaßt werden.

die Fotos auf den Seiten 30 und 31. Dies erlaubt mir größte Freiheit in der Gestaltung des Fußes. Bei kleinen Schalen bis zu einem Durchmesser von 100 mm finishe ich bereits den Fuß, während ich die Außenform der Schale abdrehe. Anschließend wird sie ins Zangenspannfutter gespannt, um die Innenseite zu bearbeiten. Mit einem Stück Stoff (ein wollenes Unterhemd) zwischen Futter und Fuß schütze ich die gefinishte Oberfläche. Zangenspannfutter sind sicher in ihrer Anwendung. Ich möchte sie nicht mehr missen.

**Anwendungsbeispiele
für Einspannfutter**

1. Sie können eine Schale auf einem Dreibackenfutter vordrehen und sie dann in ein Zangenspannfutter umspannen, um die Form fertigzuarbeiten.

2. Die Außenseite dieser Schale (150 × 75 mm) aus Falscher Akazie wurde auf einer Planscheibe gedrechselt. Der Fuß wurde dann zum Aushöhlen in ein Dreibackenfutter eingespannt.

3. Ist die Innenseite grob vorgedrechselt, wird sie umgekehrt eingespannt, damit man den Fuß drechseln kann. Beachten Sie die Schulter auf der Schaleninnenseite als Anstoßlinie für die Backen. Dies verspricht einen sicheren Halt.

4. Die Endbearbeitung des Randes erfolgt erst später, da die ausspreizbaren Backen des Futters die Form der Schale leicht verformen.

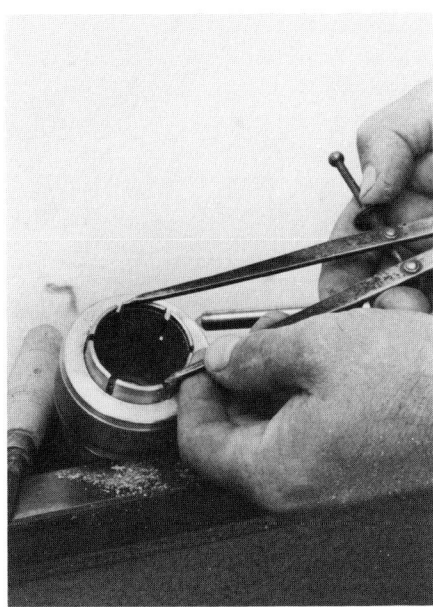

5. Messen Sie den Durchmesser der Spannzange mit einem Zirkel.

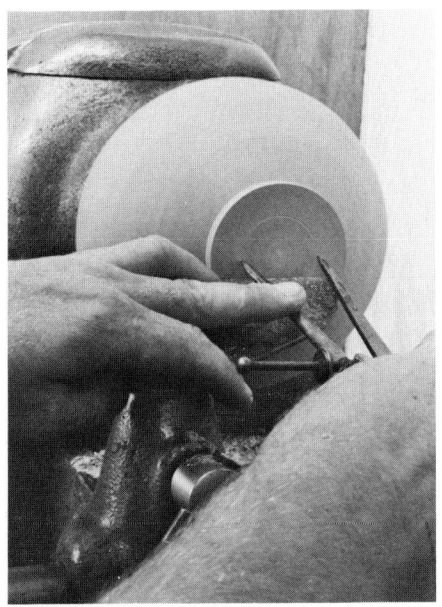

6. Übertragen Sie das Maß auf die Standfläche der Schale, die noch ins Bakkenfutter eingespannt ist. Nur die linke Spitze des Stechzirkels sollte das Holz berühren (Beschreibung S. 78). Die Zirkellinie ist zentriert, sobald beide Spitzen auf der Markierung liegen.

7. Stechen Sie mit einem gerade angeschliffenen Schrotstahl eine ca. 3 mm breite Nut entlang der Markierung ein.

8. Dann spannen Sie die Schale in das Zangenspannfutter ein, um Innen- und Außenflächen zu drechseln und fertigzuarbeiten. Da das Zangenspannfutter bereits auf einem 2 mm langen Stumpf greift, können Sie die Basis sehr dünn halten und sie der Gesamtgestaltung der Schale anpassen.

Der Rand der Schale greift tief in die konisch verlaufende Rille des Futters. Ein kleines Vakuum entsteht, wenn die Schale in die ausgestochene Rille eingeklopft wird.

Klemmfutter für Langholzarbeiten werden aus Abfallstücken früherer Dreharbeiten hergestellt. Der Rand des Werkstückes sollte ganz auf das Futter stoßen, damit die Form zentriert läuft. Der leicht konische Flansch auf diesem Futter wurde so lange abgenommen, bis der Innendurchmesser der Dose exakt gepaßt hat.

Eine Schale aus Esche (300 mm Durchmesser) wird in ein Klemmfutter gespannt, um die Standfläche fertigzuarbeiten. Zum Vordrehen der Außenform war die Schale auf eine Planscheibe montiert. Dann wurde ihr Fuß in ein Dreibakkenfutter gespannt, ausgehöhlt und fertiggearbeitet (bis auf den Fuß). Die Kombination mehrerer Backenfutter bietet unbegrenzte Möglichkeiten für die Gestaltung der Standfläche.

Klemmfutter

Ich habe Dutzende von Klemmfuttern in Gebrauch, um gelegentlich Standflächen von Schalen und Dosen und Schöpflöffelgriffe zu drehen. Die Querholzfutter werden aus unbrauchbaren Holzscheiben, aus mißlungenen Schalen oder Tellern hergestellt. Die links abgebildete Scheibe ist ein typisches Exemplar. Klemmfutter für Langholzarbeiten entstehen aus kleinen Holzstümpfen, die beim Langholzdrehen übriggeblieben sind, wie auf dem Foto links unten am Beispiel der Dose zu sehen ist.

Ich fertige mir Klemmfutter dann an, wenn ich sie für spezielle Arbeiten benötige. Der Rand des Werkstücks paßt genau in eine in das Futter eingedrehte Rille. Die Rillen laufen ganz leicht konisch zu (ca. 1° oder 2°), um einen guten Sitz zu garantieren. Obwohl ich ab und zu das Werkstück nur auf einen Schulterkonus klemme, weil es schneller geht, sollte man lieber das Werkstück in einer gedrechselten Rille im Futter einpassen. Bei den Querholzschalen A und C und bei den Langholzformen E und F in der Zeichnung auf der gegenüberliegenden Seite greift das Futter um die Form herum, es drückt nicht nur von innen an die Form heran; dadurch wird das Werkstück sicher gehalten. Bei den Formen, die paßgenau auf einem Schulterkonus sitzen (B und D), splittert der Rand häufig ab, wenn das Werkstück auf einen Konus mit zu steilem Winkel geklopft wird. Darüber hinaus lockern sich Werkstücke während des Schneidens oder Schleifens. Ist der Rand von beiden Seiten umschlossen, rasselt es zwar etwas in der Rille des Futters herum und wird möglicherweise leicht beschädigt, bleibt aber ansonsten unversehrt. (Solch ein leichter Schaden wird später von Hand abgeschliffen.) Wenn das Werkstück über einen Schulterkonus gestülpt wird, fehlt der Rückhalt von außen, die Zentrifugalkraft kann es nach außen schleudern, und es geht möglicherweise kaputt. Als zusätzliche Sicherheitsmaßnahme arretiere ich die Auflage während des Drehens vor dem Werkstück, wie auf dem Foto auf der S. 32, unten rechts, oder halte eine Hand davor, während ich schleife.

Klemmfutter für Langholzarbeiten werden ihrerseits in Zangenspann-, Einschlag- oder Backenfutter eingespannt. Querholzklemmfutter werden auf Scheibenfutter oder Planscheiben befestigt. Meine kleineren Klemmfutter bis zu einem Durchmesser von 300 mm passen auf ein Scheibenfutter, so daß das Auswechseln schnell geht. Dies ist dann besonders wichtig, wenn eine Schale so fest eingeklemmt ist, daß eine »Geburtshilfe« nötig wird. In diesem Fall schrauben Sie das Scheibenfutter von der Drechselbank ab (nicht die Zentrierschraube lockern!) und klopfen Sie gegen den Rand des Klemmfutters. (Ich nehme dazu einen leichten Hammer oder einen Schraubenschlüssel.) Dann sollte die Schale eigentlich herausfallen. Ein wirklich guter Sitz ist gewährleistet, wenn ein Vakuum entsteht, sobald die Schale ins Futter gedrückt wird. Es hört sich zwar riskant an, ist aber sehr stabil. Erinnern wir uns, ein ganz leichter Konus bietet die beste Paßform. Ein zu steiler konischer Zuschnitt verursacht Absplitterungen oder das Werkstück klemmt sehr schnell fest, fällt aber genauso schnell wieder heraus.

Vielen Leuten fällt es schwer, einen Gegenstand in ein Klemmfutter einzuspannen, so daß er zentriert läuft und nicht eiert. Dies ist natürlich eine Sache der Übung. Das Klemmfutter befindet sich auf der Drechselbank. Dann wird das Drehgut eingepaßt. Zuerst muß es sich leicht überstülpen lassen. Je weiter Sie es hineinklopfen, desto schwerer geht es. Beim Aufmontieren von kleinen Langholzarbeiten, wie der Dose (75 × 50 mm) auf dem Foto unten links auf der vorhergehenden Seite, lasse ich die Drechselbank laufen und drücke das Werkstück behutsam auf den Konus, bis es der Stumpf mitnimmt und dreht. Mit einer oder mit bei-

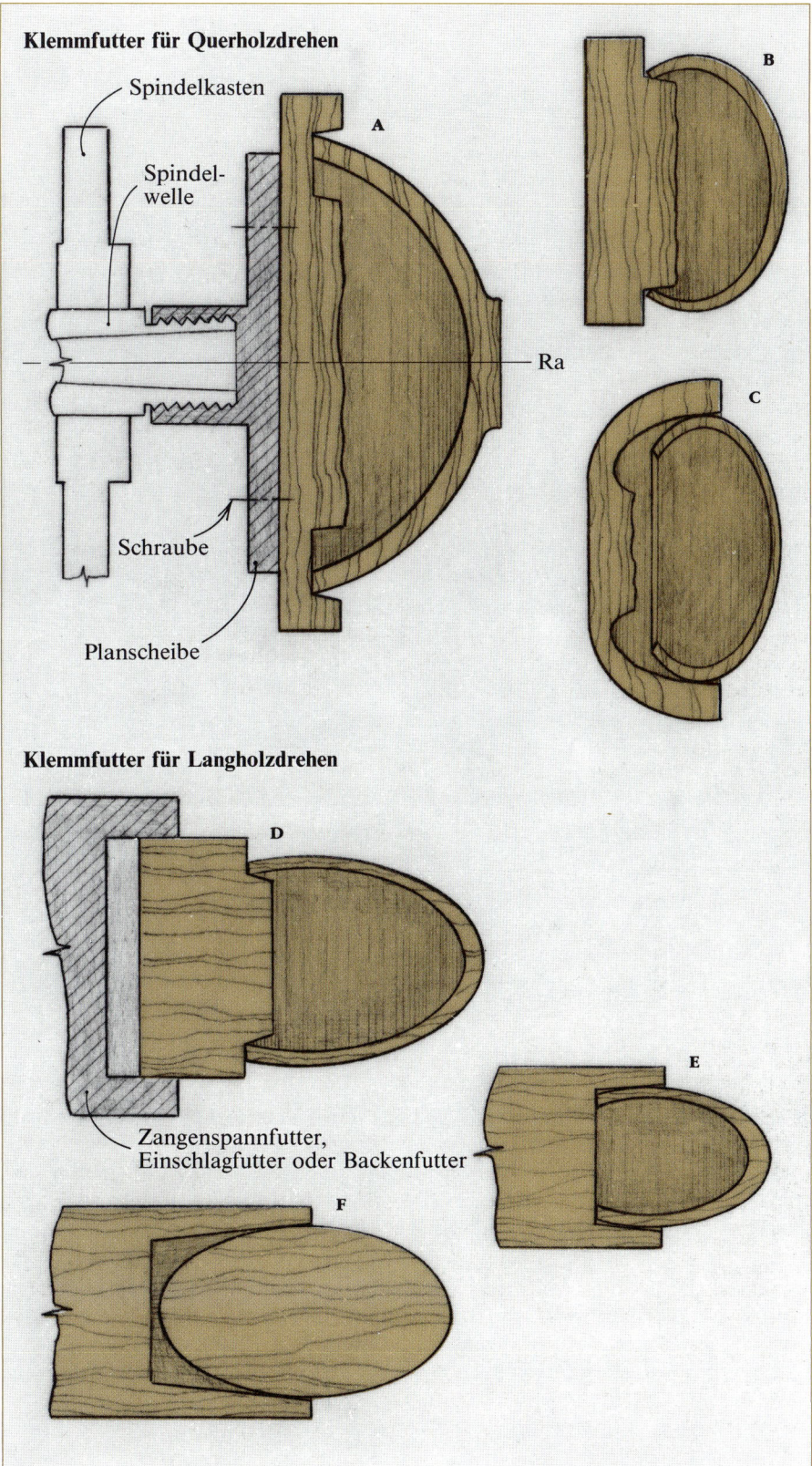

Klemmfutter für Querholzdrehen

Spindelkasten

Spindelwelle

A

B

Ra

C

Schraube

Planscheibe

Klemmfutter für Langholzdrehen

D

Zangenspannfutter, Einschlagfutter oder Backenfutter

E

F

Anmerkung: *Die Winkel der konischen Formen wurden der Deutlichkeit halber übertrieben dargestellt. Klemmfutter sollten nur gering konisch zulaufen (1° – 2°).*

den Händen zentriere ich das Werkstück und drücke es tiefer auf den Konus, bis es auf der Schulter anstößt. Dabei gehe ich sehr vorsichtig vor, damit nichts absplittert. Wenn der Rand des Werkstückes nicht bis an die Schulter reicht, kann ich es ruckartig von der sich drehenden Maschine abziehen, vom konischen Stumpf noch etwas abnehmen und das Ganze erneut ausprobieren.

Größere Gegenstände wie Salatschalen sind schwieriger zu zentrieren. Wenn der Rand auf der Schulter anstößt, wie in A, B, D und E auf der Zeichnung auf S. 33, läuft es theoretisch rundlaufgenau. In der Praxis ist das jedoch schwieriger, weil Sie ja nicht hineinsehen können. Solche Fälle (A, C, E und F) müssen bei angehaltener Maschine eingepaßt werden. Ist dies geschehen, drehe ich das Futter von Hand und kann jegliches Abweichen vom Mittelpunkt feststellen, während ich den Umriß absehe. Jede höhere Partie klopfe ich mit der Hand tiefer in die Rille. Manchmal schlüpft dadurch ein anderer Teil wieder heraus, so daß ich diesen auch wieder hineinklopfen muß. Schließlich ist die Form zentriert. Ein weiteres Problem kann auftauchen, wenn eine Schale, die bis auf die Standfläche fertig gearbeitet ist, in ein Klemmfutter eingespannt werden soll. Das Schleifen macht oft die Form leicht oval, weil das Längsholz schneller abgeschliffen wird als das Hirnholz. So eine Schale paßt niemals mehr genau in ein Klemmfutter und läuft auch nicht mehr absolut zentriert. Passen Sie sie so knapp wie möglich in das Futter ein und gleichen Sie neue und alte Oberfläche während des Schneidens an. Leichte Rundlaufungenauigkeiten kann man später kaum mehr wahrnehmen.

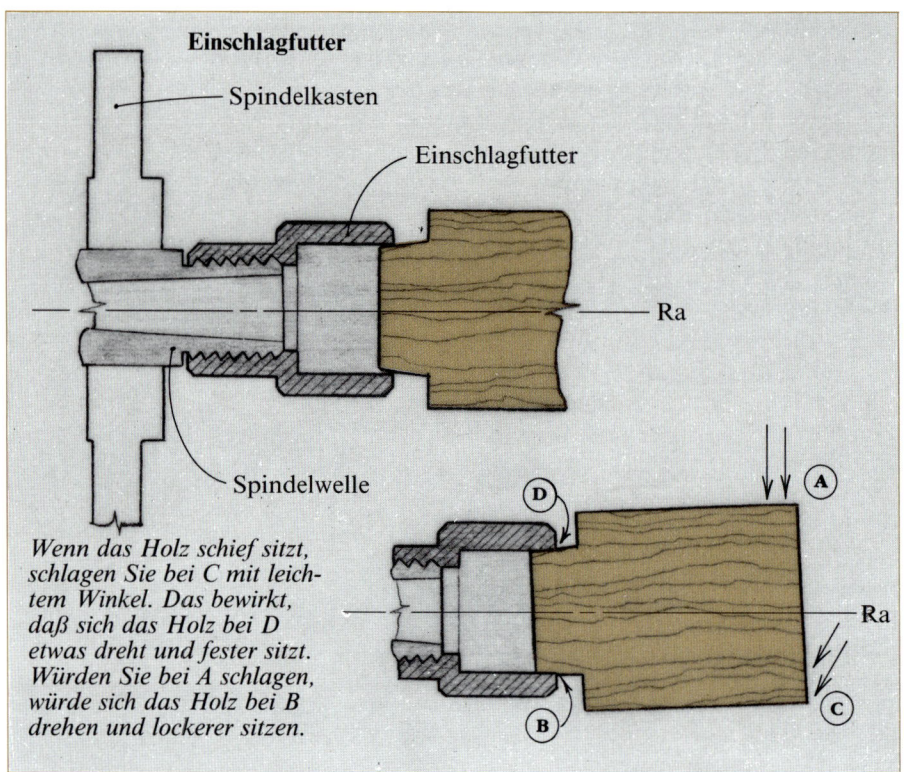

Einschlagfutter

Wenn das Holz schief sitzt, schlagen Sie bei C mit leichtem Winkel. Das bewirkt, daß sich das Holz bei D etwas dreht und fester sitzt. Würden Sie bei A schlagen, würde sich das Holz bei B drehen und lockerer sitzen.

Einschlagfutter

Das Einschlagfutter besteht aus einem Metallstück mit zylindrischer Ausbohrung. Es ist nur für Langholzarbeiten geeignet, bei denen die Maserung parallel zur Rotationsachse verläuft. Benutzen Sie das Einschlagfutter keinesfalls für Querholzarbeiten; quer zur Achse liegende Maserung bricht beim geringsten Druck gegen das Werkstück auseinander. Nicht einmal auf einem 50 mm langen Stumpf würde ich einen Schalenrohling von 150 × 75 mm im Einschlagfutter einspannen. Der Schalenkörper splittert leicht vom Zapfen ab, wenn er nicht perfekt eingeschlagen wird. Einschlagfutter sind sicher, denn im Gegensatz zu Backenfutter haben

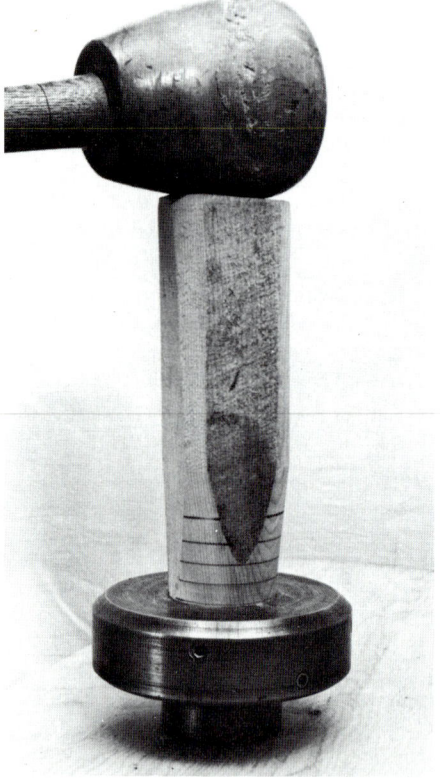

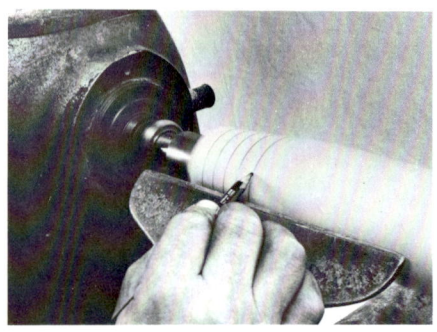

Bringen Sie eine Reihe von Markierungslinien auf dem grob gedrechselten Konus an (links). Treiben Sie das Holz in das Futter, so daß die Linien parallel zur Futteroberkante liegen (oben).

Zum Einspannen eines Werkstücks in einem Einschlagfutter drehen Sie einen Konus an das Ende des Rohlings und treiben es in das Futter. Die Gewindestäbe an diesem Futter bringen zusätzlichen Halt für größere Blöcke.

sie keine hervorstehenden Teile, die Finger und Kleider erfassen können.

An die Rohlinge dreht man einen konischen Stumpf, der in das Futter paßt. Man schlägt sie mit einem Klüpfel ein. Das Futter bleibt währenddessen auf der Drehspindel. Der tatsächliche Halt rund um den Umfang ergibt sich aus der Quetschung des Holzes auf einer Länge von ca. 6-13 mm.
Mein Verfahren,die Blöcke auf der Drechselbank in die Einschlagfutter zu schlagen, wird ohne Zweifel so manches Entsetzen hervorrufen, aber während der letzten zehn Jahre habe ich es tausendmal auf meinen beiden Kurzbett-Drechselbänken praktiziert. Und die Originallager der beiden sind noch immer in guter Verfassung. Im übrigen bin ich der Meinung, daß gute Lager das aushalten müssen. Die Einspannung braucht keine Unterstützung des Reitstockes. Bei einer hohlen Drehspindel kann man den unbrauchbaren Zapfen nach dem Abstechen des Werkstückes mit einer Stange herausstoßen, ohne daß man das Futter von der Drehbank nehmen muß. Wenn Ihr Spindelkasten nicht besonders stabil ist, nehmen Sie vorsichtshalber das Futter von der Drehbank und schlagen Sie den Rohling auf der Werkbank oder auf dem Boden ein. Markieren Sie als Zentrierhilfe eine Reihe von Linien, indem Sie einen Bleistift auf den roh gedrechselten, sich drehenden Holzkonus halten, wie das Foto unten links zeigt.

Dann treiben Sie ihn in das Futter und achten darauf, daß die Markierungen parallel zur Oberkante des Futters liegen.

Ich habe zwei Einschlagfutter, die ein Werkstück von 150 mm und 38 mm Durchmesser aufnehmen können. Das größere hat noch Gewindestifte, die man seitlich ins Holz drehen kann. Dieses benütze ich nur für Werkstücke, die länger als 200 mm und größer als 100 mm im Durchmesser sind.

Ganz kleine Kanthölzer kann man auch in die Hohlspindel einschlagen, die dann als Miniatur-Einschlagfutter fungiert (siehe S. 106). Das einzige Problem liegt darin, daß schon der kleinste Schlag das Holzstück dezentriert oder durch die Luft schleudert. Meine Produktion von Salzlöffeln und Getreideschaufeln habe ich auf diese Weise aus einem Vierkantrohling von 22 × 75 mm Größe hergestellt. Eine Hohlspindel ist sehr wichtig; das Drehgut kann mit einer Stange schnell herausgestoßen werden.

Aufspreizbares Spannfutter

Diese Futter haben Spreizsegmente, die sich innerhalb eines 6 mm tiefen Einstichs, der in den Boden des Werkstücks geschnitten wurde, nach außen aufspreizen. Man kann sie für Lang- und Querholzarbeiten benützen. Entwickelt wurden sie, um eine fertige Außenform zum Aushöhlen ohne die unansehnlichen Schraubenlöcher umgekehrt einzuspannen. In der Praxis stellt sich jedoch heraus, daß die automatische Zentrierung nur unbefriedigend funktioniert und daß der leichteste Schlag oder ein kraftvoller Einsatz des Werkzeugs das Drehgut vom Futter schleudert. Für meine Begriffe ist auch der große Einstich weitaus häßlicher als zwei sauber ausgekittete Schraubenlöcher.

Aufspreizbare Spannfutter werden vorwiegend für die letzte Einspannung von Schalen verwendet

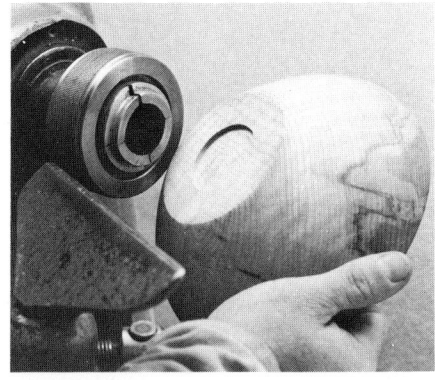

Das aufspreizbare Spannfutter benötigt einen großen Einstich im Fuß der Schale.

und sind ein klassisches Beispiel für die Einengung der Gestaltungsfreiheit. Das Prinzip der im Holz aufspreizbaren Zangen ist falsch; Unfälle können nur durch größte Vorsicht vermieden werden. Das Holz bricht leicht aus, und zu starkes Spannen der Spreizsegmente birgt das Risiko in sich, daß das Werkstück weggeschleudert wird und alles im Umkreis von 3 m gefährdet. Man kann dies verhindern, indem man genügend Holz um die Segmente stehen läßt. Eine Schale mit 150 mm Durchmesser sollte also eine Standfläche von 100-125 mm Durchmesser haben, damit man sie in ein Futter mit einem Spreizweg von 72 mm einspannen kann. Ist der Spreizweg kleiner, müssen Sie mit den Problemen der Hebelkraft rechnen, die allen Futtern und Planscheiben gleichermaßen anhaften. Ist der Rand um ein größeres Futter zu schmal, bricht er schon beim leichtesten Schlag oder stärkerem Druck des Werkzeugs ab. Der Einstich, der 3-6 mm tief sein muß, erfordert im unteren Teil der Schale mehr Holz - ca. 13 mm bei einer Schale von 200 mm Durchmesser. So wird die Standfläche Ihrer Schale wahrscheinlich viel klotziger, als Sie es sich vorgestellt haben. Nach meiner Erfahrung sind aufspreizbare Spannfutter bei kleineren, geradseitigen Arbeiten ganz nützlich, wo viel Holz für einen tiefen Einstich vorhanden ist, wie z. B. Kerzenständer, Eierbecher oder Handspiegel.

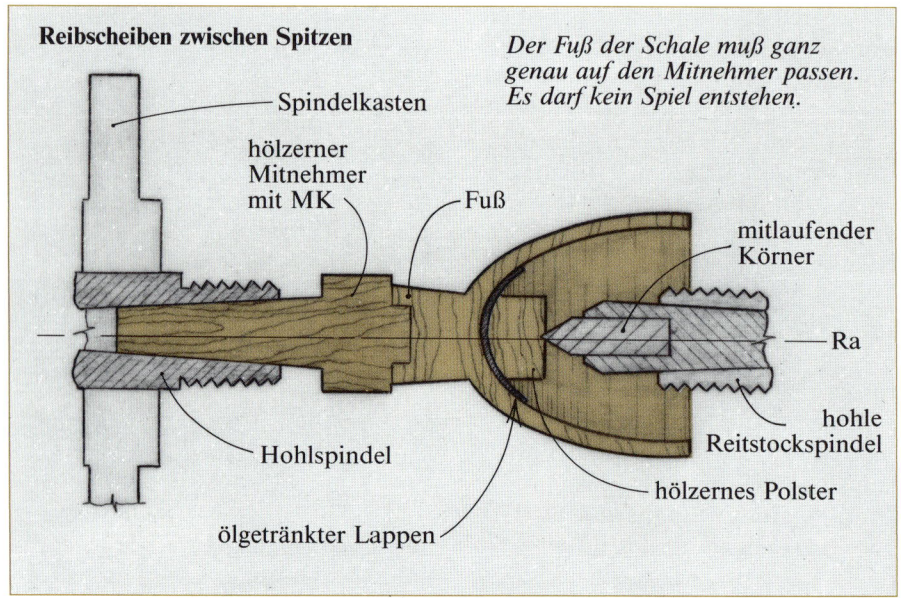

Reibscheiben zwischen Spitzen

Spindelkasten

hölzerner Mitnehmer mit MK

Fuß

Der Fuß der Schale muß ganz genau auf den Mitnehmer passen. Es darf kein Spiel entstehen.

mitlaufender Körner

Ra

Hohlspindel

hohle Reitstockspindel

hölzernes Polster

ölgetränkter Lappen

Reibscheiben

Dies ist eine weitere Möglichkeit, Schalen und andere kleine Querholzarbeiten zu finishen, ohne Befestigungsspuren zu hinterlassen. Ich drehe eine Schale so weit wie möglich auf einem Backenfutter ab. Die Standfläche wurde schon während eines früheren Arbeitsganges gefinisht. Ich montiere dann die Schale auf eine Mitnehmerspitze mit MK (die ich aus Holz gefertigt habe), die in einer Vertiefung in der Standfläche der Schale eingepaßt wird. Die Reitstockspitze drehe ich ins Innere der Schale. Klemmen Sie zwischen Körnerspitze und fertiger Innenfläche einen ölgetränkten Lappen und ein Holzpolster, wie Sie es in der Zeichnung sehen können. Zentrieren Sie die Schale

durch Absehen und drehen und finishen Sie den Fuß vorsichtig. Diese Technik funktioniert ähnlich wie die Kombination von Dreibakkenfutter und Zangenspannfutter auf den Seiten 30–31. In beiden Fällen wird die Schale zum Finish nur leicht eingespannt. Zu großer Druck verursacht einen schnelleren Lauf der Spitze gegenüber dem Holz und führt zu Brandspuren und zur Beschädigung der Schale.

Sie können diese Technik auch für das Finish einer Kugelform anwenden, nur müssen Mitnehmer- und Reitstockeinspannung mit konkaven Enden gedrechselt werden, so daß sie auf die konvexe Oberfläche der Kugel passen. Dann ist auch diese Art der Einspannung stabil.

3

Drechselwerkzeuge: Auswahl und Schärfen

Es gibt vier Hauptgruppen von Drechselwerkzeug: Röhren, Schrotstähle, Flachmeißel und Abstechstähle. Sie dienen unterschiedlichen Arbeiten an der Drechselbank. Sie werden je nach ihrer spezifischen Eignung ausgewählt und verschieden geschärft. In diesem Kapitel stelle ich Ihnen die einzelnen Werkzeuge vor und beschreibe, wie man sie schärft. Ihr Einsatz ist in den Kapiteln 6 und 7 näher erklärt.

Auswahl

Alle Werkzeuge der vier Gruppen sind in einer schweren und in einer Standardausführung erhältlich. Die schwere Ausführung bedeutet insgesamt längere, stärkere und robustere Werkzeuge, etwa 5 mm Metallstärke und bis zu 165 mm Klingenlänge. Auf Grund ihrer größeren Masse und Länge geraten sie gegenüber der Standardausführung nicht so schnell ins Flattern, wenn die Schneidekante etwas weiter entfernt zur Auflage schneidet oder wenn große und unwuchtige Gegenstände abgedreht werden. Die Standardausführung ist besser geeignet, wenn in unmittelbarer Nähe zur Auflage geschnitten wird oder an schwer erreichbaren Stellen diffizile Arbeiten ausgeführt werden.

Die im Handel erhältlichen qualitativ guten Drechselwerkzeuge werden aus hart vergütetem Werkzeugstahl hergestellt. »Hartvergütet« heißt, daß der Stahl mit einem hohen Kohlenstoffanteil angereichert wurde, der dem Stahl die richtige Härte zum Schneiden und Widerstandsfähigkeit bei höheren Temperaturen verleiht. Werkzeuge aus diesem Stahl sind entsprechend teurer als solche aus minderwertigem, niedrig legiertem Werkzeugstahl. Dieser Stahl läßt sich vielleicht leichter schleifen, verliert aber bei wesentlich niedrigeren Temperaturen schon seine Härte und glüht aus. Achten Sie also beim Kauf von Werkzeugen auf den verarbeiteten Stahl und lassen Sie sich beraten. Sie können die Qualität des Stahls auch selbst testen – allerdings erst, wenn Sie das Werkzeug bereits gekauft haben. Die beim Schärfen entstehenden Funken geben Auskunft darüber: Sind die Funken gelb, ist der Stahl zu weich; sind sie hellrot, hat der Stahl eine gute Qualität und die richtige Härte. Sind die Funken rot, dann ist der Stahl zu hart und spröde.

Die höheren Kosten für hochwertiges Werkzeug machen sich für einen ambitionierten Drechsler in jedem Fall bezahlt; sie haben meist eine sehr viel höhere Lebensdauer als die besten Massenprodukte aus niedrig legiertem Stahl. Es gibt natürlich auch billigere Werkzeuge auf dem Markt. Diese haben dünne, meist biegsame Klingen, schwache Heftzapfen, kurze Hefte, dünne Klemmringe und vermitteln nicht gerade den Eindruck von Gediegenheit.

Ich habe immer nur Werkzeug von bekannten Herstellern gekauft, und ich war immer gut bedient (die Hersteller werden durchaus ihrem Ruf gerecht). Über die verwendeten Stahllegierungen weiß ich wenig – nur daß sie eine hohe Lebensdauer haben. Gelegentlich gerate ich an ein Werkzeug, das schnell stumpf wird und sich ungleichmäßig abnützt, ein Hinweis auf harte und weiche Zonen im Stahl. Namhafte Hersteller nehmen solche schlecht geschmiedeten oder gehärteten Stähle anstandslos zurück. Kaufen Sie ja kein Anfängersortiment mit sechs verschiedenen Werkzeugen, die nicht einmal so viel kosten wie ein einzelnes gutes Werkzeug; es wäre hinausgeschmissenes Geld. Eine Liste der für Anfänger empfohlenen Werkzeuge sehen Sie unten auf der nächsten Seite.

Röhren

Röhren werden im Langholzbereich häufig zum Schruppen und Runddrehen langer Vierkanthölzer und zum Drehen von Hohlkehlen oder knorriger Maserung benutzt. Beim Querholzdrehen sind sie praktisch ständig im Einsatz, z. B. bei Schalen jeder Größe und Form. Röhren haben eine runde Schneidekante mit einer an der Außenseite angeschliffenen Fase. Es gibt sie mit flachem oder tiefem Stich (siehe Zeichnung oben auf der nächsten Seite). Flache Röhren gelten als Werkzeug für Rundholzstäbe beim Langholzdrehen und tiefe Röhren als Schalenwerkzeuge für Querholzdrehen.

Lassen Sie sich von den Angaben der Hersteller, daß flache Röhren nur für Rundstäbe und tiefe Röhren nur für Schalen verwendet werden können, nicht irritieren. Im allgemeinen kann jede Röhre für jeden Zweck geschärft und benutzt werden. Ich verwende gerne kleine flache Röhren sowohl zum Langholz- als auch zum Querholzdrehen, weil ihre Schneidekanten sich von einem stärkeren Zentrum aus seitlich in dünne Kanten verjüngen. Deshalb kann man leicht eine lange Spitze oder eine Schrotstahlschneide anschleifen. (Ich benütze Röhren häufig als Schrotstahl, wie in Kapitel 7 beschrieben.) Ein stärkeres

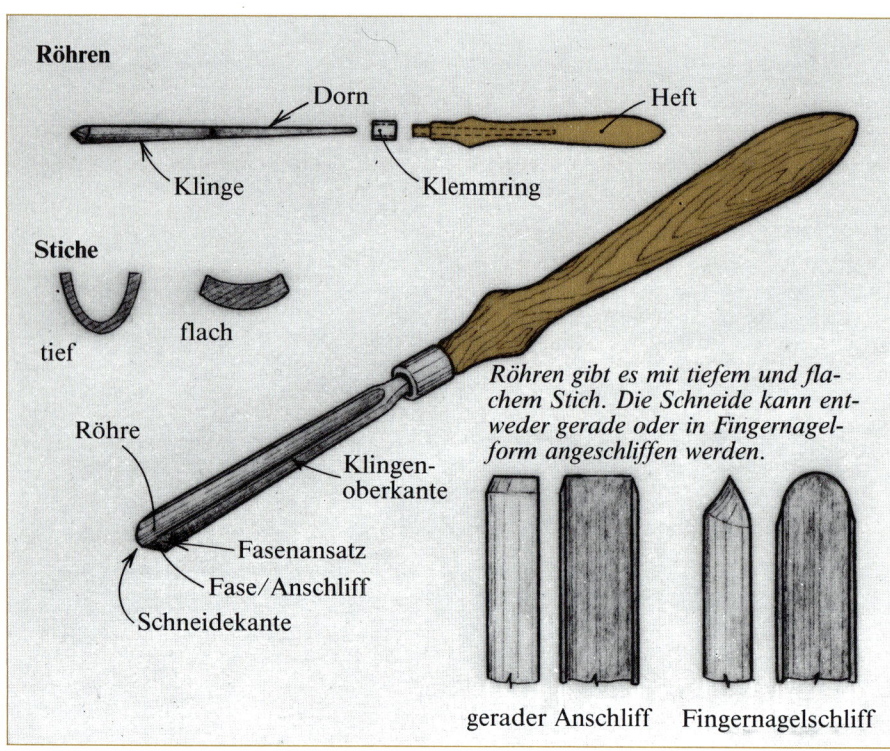

Röhren

Dorn

Heft

Klinge

Klemmring

Stiche

tief

flach

Röhre

Klingen-oberkante

Fasenansatz

Fase/Anschliff

Schneidekante

Röhren gibt es mit tiefem und flachem Stich. Die Schneide kann entweder gerade oder in Fingernagelform angeschliffen werden.

gerader Anschliff   Fingernagelschliff

Zentrum verlagert auch den Schwerpunkt des Metalls in den Boden des Werkzeugs und hält es mehr im Gleichgewicht. Manche Röhren mit tiefem Stich haben eine gleichmäßig starke Wandung. Dadurch sind die seitlichen Kanten relativ dick und lassen sich schwer zu einer langen ovalen Schneide schärfen.

Röhren können von einer rechtwinkligen Form (gerader Schliff) bis zu einer langen ovalen Fingernagelform angeschliffen werden, wie die Zeichnung links zeigt. Gerade angeschliffene Schneidekanten (sowohl mit flachem als auch mit tiefem Stich) eignen sich zum Schruppen und zum feinen Schneiden von Zylindern oder konischen Rundstäben beim Langholzdrehen; die Form erlaubt einen Schnitt auf der gesamten Kante. Für das Einstechen von Hohlkehlen oder Profil-

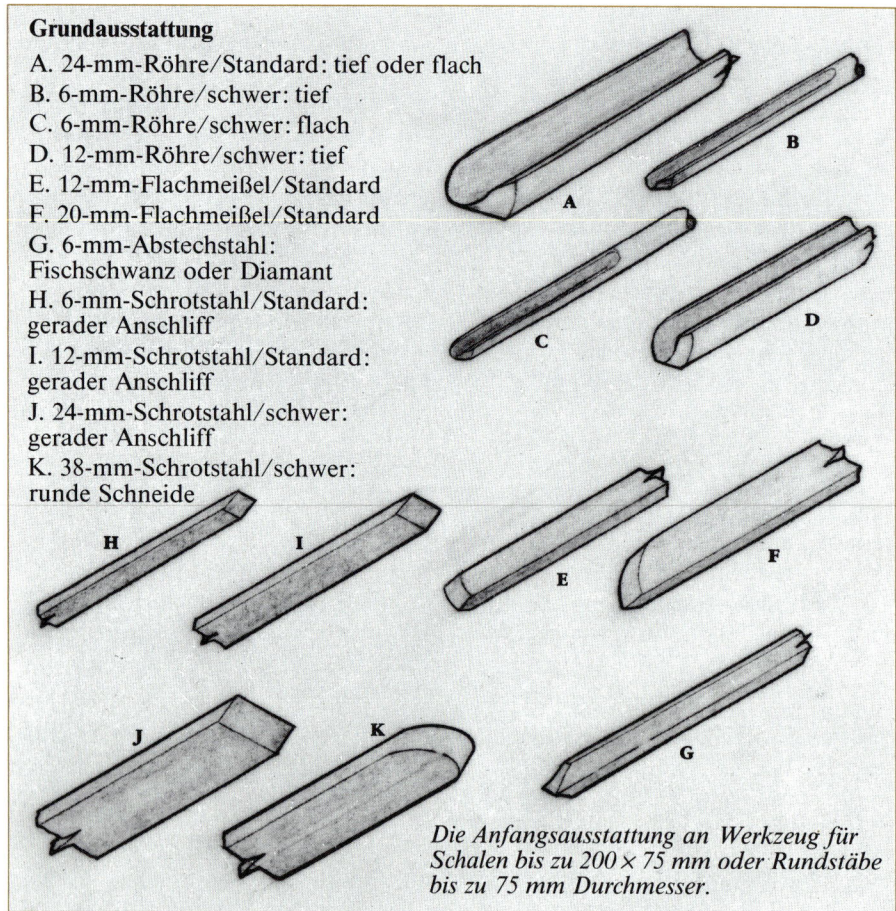

Grundausstattung

A. 24-mm-Röhre/Standard: tief oder flach

B. 6-mm-Röhre/schwer: tief

C. 6-mm-Röhre/schwer: flach

D. 12-mm-Röhre/schwer: tief

E. 12-mm-Flachmeißel/Standard

F. 20-mm-Flachmeißel/Standard

G. 6-mm-Abstechstahl: Fischschwanz oder Diamant

H. 6-mm-Schrotstahl/Standard: gerader Anschliff

I. 12-mm-Schrotstahl/Standard: gerader Anschliff

J. 24-mm-Schrotstahl/schwer: gerader Anschliff

K. 38-mm-Schrotstahl/schwer: runde Schneide

Die Anfangsausstattung an Werkzeug für Schalen bis zu 200 × 75 mm oder Rundstäbe bis zu 75 mm Durchmesser.

Meine Werkzeuge bestehen aus hart vergütetem Werkzeugstahl. Die Röhre mit rundem Querschnitt (links) läßt sich auf der Auflage leichter handhaben als die Röhre mit rechtwinkligem Querschnitt (rechts).

bändern in Langholz und für die Schneid- und Schabmethode im Querholz brauchen Sie eine lange symmetrische Fingernagelschneide (mit flachem Stich für Langholzdrehen und sowohl tiefem als auch flachem Stich für Querholzdrehen), die keine Ecken aufweist, die das Holz aufreißen könnten, dafür aber eine Spitze, die in enge Winkel hineinreicht. Falls Ihr Sortiment an Werkzeug begrenzt ist, beginnen Sie am besten mit flachen Röhren mit Fingernagelschliff.

Alle meine Röhren, die ich in Gebrauch habe, bestehen aus hart vergütetem Werkzeugstahl, und es macht Spaß, mit ihnen zu arbeiten. Auf Grund ihres runden Querschnitts kann man sie mühelos auf der Werkzeugauflage drehen. Sie liegen besser auf als die früheren Werkzeuge mit rechtwinkligem Querschnitt. Noch einmal, sparen Sie nicht am falschen Ort! Selbst wenn Sie keine sehr harten Hölzer verarbeiten oder keine großen Mengen zu drechseln beabsichtigen, sind Sie mit den teureren hart vergüteten Werkzeugen am besten dran.

Schrotstähle

Nach meiner Erfahrung eignen sich Schrotstähle bei Langholzarbeiten nicht generell zum Schruppen. Wenn sie mit sehr viel Kraft eingesetzt werden, hinterlassen sie kein befriedigendes Finish. Ich betrachte Schrotstähle hauptsächlich als Werkzeug für sehr feine Oberflächenbearbeitung. Aber dies erfordert eine sanfte, fließende und zarte Berührung, bei der nur Sägemehl und sehr kleine lockige Späne entfernt werden. Einige Harthölzer – wie Mulga, afrikanisches Blackwood oder Ebenholz – werden durch den Schrotstahl spiegelglatt und müssen kaum mehr geschliffen werden. Schrotstähle kann man auch für tiefere Aushöhlarbeiten in Querholz benützen, wo Röhren nicht mehr hineinreichen.

Schrotstähle sind flache Werkzeuge mit rechtwinkligem Quer-

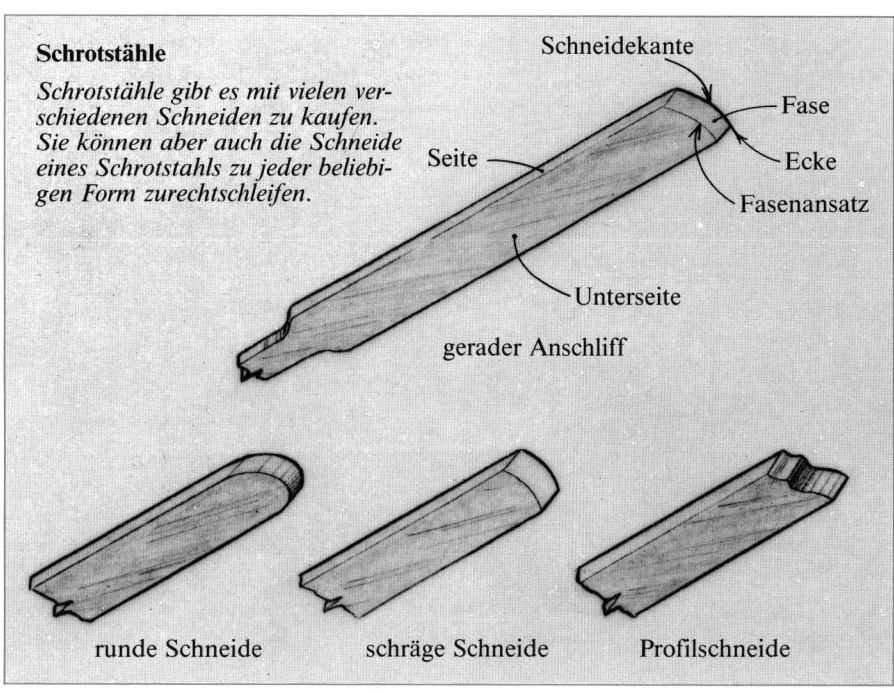

Schrotstähle

Schrotstähle gibt es mit vielen verschiedenen Schneiden zu kaufen. Sie können aber auch die Schneide eines Schrotstahls zu jeder beliebigen Form zurechtschleifen.

Schneidekante

Fase

Ecke

Fasenansatz

Seite

Unterseite

gerader Anschliff

runde Schneide   schräge Schneide   Profilschneide

schnitt. Die Schneidekante kann jede Form haben: rund, gerade, schräg oder auch profiliert geschliffen, um mehrere Profilbänder wie auf einer Fräse auf einmal zu schneiden. Schrotstähle müssen rechtwinklige, keine runden Seiten haben: Oft ist eine scharfe Ecke sehr wichtig, wenn ins Holz eingeschnitten werden soll, wie z. B. die Kante eines Rundstabprofils oder im Inneren eines Behälters. Eine runde Seite schließt den Einsatz des Werkzeugs für einen solchen Zweck aus.

Schrotstähle haben nur eine Fase, die während der Arbeit nach unten zeigt. Deshalb werden sie nicht immer aus hochwertigem Stahl hergestellt. Manchmal findet man auch einen Einsatz aus hochwertigem Werkzeugstahl als Schneidekante, die in einen weniger teuren Stahlschaft eingelassen wird. Das senkt die Kosten des Werkzeugs. Sollten Sie sich für solch ein Werkzeug entscheiden, versichern Sie sich, daß der Einsatz durch die ganze Länge der Klinge geht (Sie können den Einsatz längs der Spitze und den Seiten erkennen). Bei vielen Werkzeugen ist der Einsatz nur ca. 20–30 mm lang. Dies reicht oft nicht aus, wenn man eine lange

schräge Fase anschleifen will oder wenn man das Werkzeug sehr häufig in Gebrauch hat und oft schärfen muß.

Ich benutze nun schon seit sechs Jahren einen Satz von Schrotstählen aus Kohlenstoffstahl, aber nur für leichte Schlichtarbeiten, denn für kraftvolles Schaben sind sie nicht geeignet.

Wenn ich mit dem Schrotstahl in weiterer Entfernung als 25 mm von der Auflage schneiden will, benutze ich einen 10 mm starken Schrotstahl in schwerer Ausführung. Für ausgesprochen diffizile Arbeiten eng an der Auflage, wie bei kleinen Dosen oder beim Einschneiden von Hohlkehlen, kann ein 3 mm starker Schrotstahl schon zu dick sein. Für Miniaturdosen (2 × 1 mm Durchmesser) schleife ich mir Mini-Schrotstähle aus gewöhnlichen Nägeln.

Für den Fall, daß Sie keinen fertigen Schrotstahl in der von Ihnen gewünschten Form bekommen sollten, können Sie sich einen aus einem Stahlbarren herstellen. Die Kante zu schleifen, ist zeitaufwendig und bedarf einiger Vorsicht, denn man darf den Stahl nicht überhitzen. Den Dorn herzustellen, ist ein langwieriges Unterfangen;

aber manchmal ist dies die einzige Möglichkeit. Nicht empfehlenswert ist die allgemein übliche Praxis, einen Schrotstahl aus einer alten Feile herzustellen. Der Stahl von Feilen ist zu hart und spröde. Bei einem plötzlichen Schlag bricht er entzwei.

Flachmeißel

Der Flachmeißel ist meiner Meinung nach das beste Werkzeug, um längs der Maserung zu arbeiten. Er ist das wichtigste Werkzeug beim Langholzdrehen, wird aber nur äußerst selten für Querholzarbeiten eingesetzt. Am besten schneidet er geradlinig verlaufendes, astfreies Holz. Er hinterläßt bei der Schneidmethode ein fast perfektes Finish, so daß man Schleifmittel nur noch für allerfeinste Oberflächenbearbeitung einsetzen muß.

Flachmeißel sind – wie der Name schon sagt – flache Werkzeuge mit rechtwinkligem Querschnitt, ähnlich den Schrotstählen. Sie sind aber beidseitig angefast. Für alle Arbeiten bis zu 75 mm Durchmesser mag ich die im Vergleich zu Schrotstählen dünneren, etwa 5 mm starken Flachmeißel lieber. Die dünnere Stärke hat dementsprechend eine kürzere Fase, die wiederum leichter zu schärfen ist. Für größere Langholzarbeiten bevorzuge ich schwereres Werkzeug mit einem Querschnitt ähnlich den schweren Schrotstählen.

Flachmeißel sind entweder mit gerader oder schräger Schneide erhältlich. Beide haben rechtwinklige Kanten. Ich habe die Schneidekanten all meiner Flachmeißel mit einem leichten Radius angeschliffen, wie die Zeichnung zeigt. Der Radius erweitert den Einsatzbereich des Werkzeugs. Der Fasenanschliff kann entweder konkav oder konvex erfolgen. Beide haben Vorteile. Der konkave Anschliff (eingeschliffene Hohlkehle) ist besser für konvexe Formen wie Schöpfkellen oder Dosen geeignet. Auch läßt sich die Schneide leicht an einer Schleifmaschine schärfen. Der Fasenansatz kann als zweiter

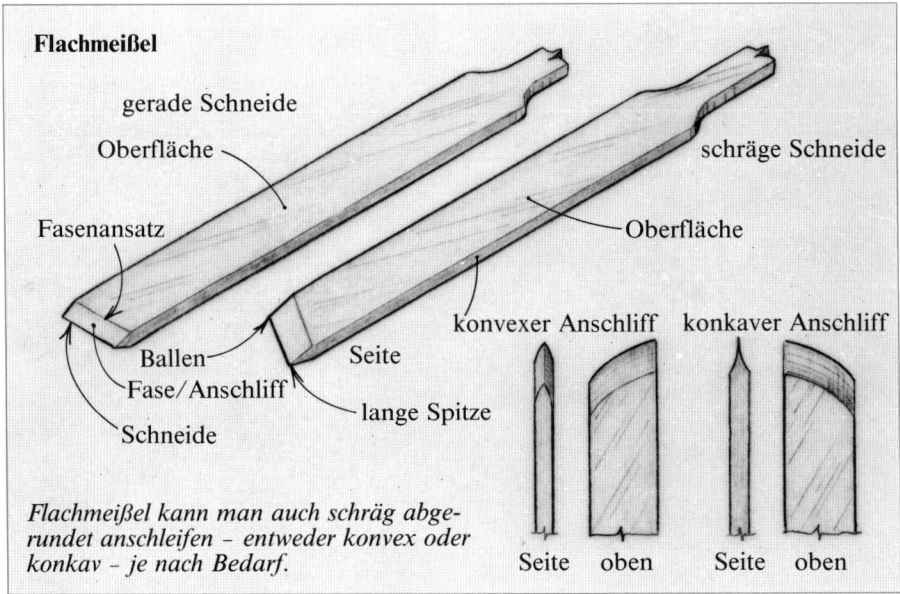

Flachmeißel

gerade Schneide

Oberfläche

Fasenansatz

Ballen

Fase/Anschliff

Schneide

Seite

lange Spitze

schräge Schneide

Oberfläche

konvexer Anschliff   konkaver Anschliff

Seite   oben   Seite   oben

Flachmeißel kann man auch schräg abgerundet anschleifen – entweder konvex oder konkav – je nach Bedarf.

zusätzlicher Stützpunkt beim Drehen gebraucht werden und bietet damit eine weitere Kontrolle über den Schnitt (siehe dazu S. 58, Auflage als Hauptstützpunkt). Der einzige Nachteil der eingeschliffenen Hohlkehle ist, daß der ausgeprägte Fasenansatz auf Geländersprossen oder Stuhlbeinen Spuren der Konkavwölbung hinterläßt. Der Fasenansatz kann mit einem Schleifstein abgeschwächt werden, oder Sie nehmen gleich den Meißel mit konvexem Anschliff. Dieser weist eine von der Schneide bis in die Oberfläche der Klinge auslaufende Wölbung auf. Beim Schneiden von konkaven Oberflächen hinterläßt dieser Anschliff keinerlei Spuren, aber die Schneide ist schwierig zu schärfen.

Abstechstähle

Abstechstähle sind schmale, flachmeißelähnliche Werkzeuge, hauptsächlich zum Langholzdrehen, um in tiefliegende Kanten hineinzukommen und Drehgüter während des Laufs der Maschine abzustechen oder abzutrennen. Sie haben beidseitig eine lange, konkav angeschliffene Fase, die trapezförmig in eine dünne Schneide ausläuft.

Der 6 mm breite Fischschwanz (oben in der Zeichnung rechts) ist ein gutes, solides Werkzeug. Seine

Schneide ist breiter als die Klinge, damit das Werkzeug in tiefen Partien nicht streift und hängenbleibt. Noch besser ist allerdings der diamantförmige Abstechbeitel, der nicht so viel überschüssiges Material absticht wie der Fischschwanz. Er ist ideal für Werkstücke bis zu 100 mm Durchmesser. Sie werden ebenfalls aus hartvergütetem Werkzeugstahl hergestellt und halten eine lange Zeit. Da der Diamant-Abstechstahl weniger Präzision erfordert, verzichte ich nur dann auf ihn, wenn ich Werkstücke mit sehr großem Durchmesser abstechen muß.

Es gibt qualitativ gute Werkzeuge mit parallelen Seiten, die das Hirnholz sauber trennen und weniger Holz als die Fischschwänze mit der breiteren Schneide verschwenden. Diese können zwar auch sehr nützlich sein, erfordern aber eine ganz genaue Führung, um das Verkanten des Werkzeugs während der letzten Schnitte zu verhindern.

Vermeiden Sie Abstechstähle mit seitlicher Auskehlung wie auf der Zeichnung rechts außen. Während des Schneidens zeigt die Hohlkehle nach unten. Dabei ist die Auflage der ständigen Gefahr von entstehenden Scharten ausgesetzt. Diese Werkzeuge stehen in dem Ruf, das Hirnholz auf Grund der doppelten Spitze, die durch die Hohlkehle ent-

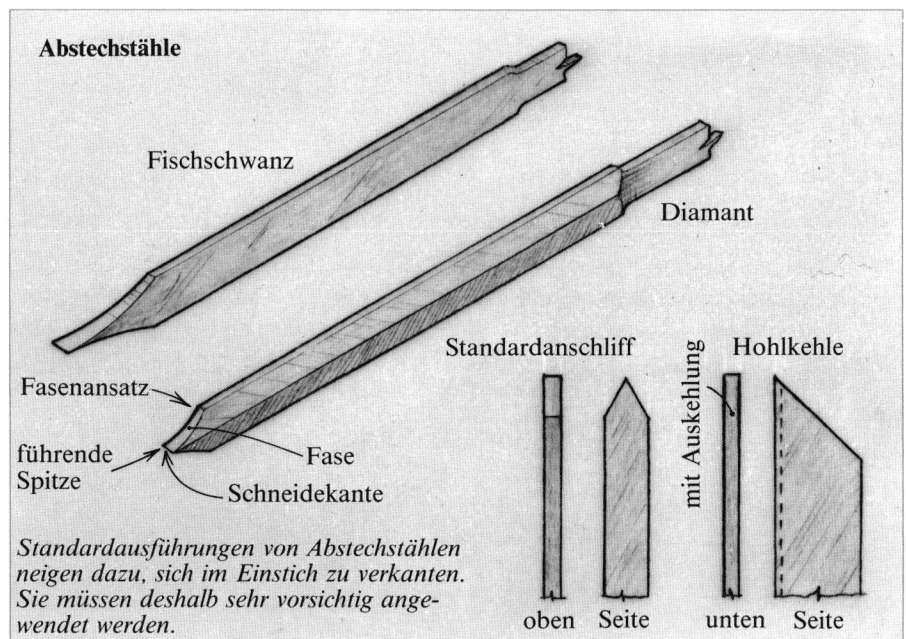

Abstechstähle

Fischschwanz

Diamant

Fasenansatz

führende Spitze

Fase

Schneidekante

Standardanschliff

mit Auskehlung

Hohlkehle

oben   Seite   unten   Seite

Standardausführungen von Abstechstählen neigen dazu, sich im Einstich zu verkanten. Sie müssen deshalb sehr vorsichtig angewendet werden.

steht, besser und sauberer als jeder andere Abstechstahl zu schneiden. Solche Spitzen können Sie auch auf normale Abstechstähle schleifen. Diese schneiden dann genausogut, ohne die Auflage zu zerstören.

Holzhefte

Holzhefte verdienen besondere Aufmerksamkeit. Im Handel sind verschiedene Formen, Längen und Holzarten erhältlich. Ihre Längen variieren zwischen dem herkömmlichen Maß von 300 mm bis zu lächerlichen 900 mm, die ihren Zweck verfehlen. Es gibt keinen Grund für ein langes Heft bei kurzen, leichten Werkzeugen, die nicht weiter als 12–20 mm von der Drehstahlauflage entfernt eingesetzt werden sollen. Desgleichen würde ich nie ein 200 mm langes Heft an einem Handstahl schwererer Ausführung anbringen, mit dem ich bis zu 150 mm vom Auflagepunkt entfernt schneiden kann. Es würde sich nicht nur seltsam anfühlen, sondern die Länge zum Ausgleich der Hebelkraft würde einfach fehlen. Die Länge meiner Hefte reicht von 100 mm für Miniaturwerkzeuge zum Langholzdrehen über 300 mm als Standardmaß bis zu 510–610 mm für die schwersten Schrotstähle.

Das Werkzeug sollte am Klemmring nach beiden Seiten gleichmäßig ausbalanciert sein, damit eine bequeme Handhabung garantiert ist. Das Gleichgewicht verändert sich mit der Abnutzung der Klinge. Innerhalb von 14–18 Monaten ständigen Gebrauchs ist eine Röhre für Schalen abgetragen. Jedesmal, wenn ich ein neues Werkzeug ins Heft einsetze, wundere ich mich, wie ich das mit dem vorhergehenden gemacht habe oder warum ich ein unausbalanciertes Werkzeug so lange benutzt habe.

Obwohl ich auch gekaufte Hefte in Gebrauch habe, mache ich sie mir am liebsten selbst, weil sie mir dann besser in meiner etwas schmaleren Hand liegen. Das Holz lasse ich unbehandelt; es entwickelt Patina und fühlt sich durch den ständigen Gebrauch geschmeidig an.

Denken Sie daran, wenn Sie Ihre Hefte selbst herstellen, sie in ihrem Aussehen zu unterscheiden. Ein Sortiment an Werkzeugen mit einheitlichem Griff sieht im Regal beeindruckend aus, kann einen aber zur Weißglut bringen: nämlich dann, wenn Sie ein anderes Werkzeug des gleichen Sortiments unter einem Haufen von Spänen herausfischen müssen. Wählen Sie also verschiedene Formen, Holzfarben oder Verzierungen. Variantenreiche Plazierungen von Nuten und Profilbändern sind ein nützliches Erkennungsmerkmal und eine gute Drechselübung für den Anfänger. Die Anleitung zum Drechseln von Holzheften finden Sie auf den Seiten 175–177.

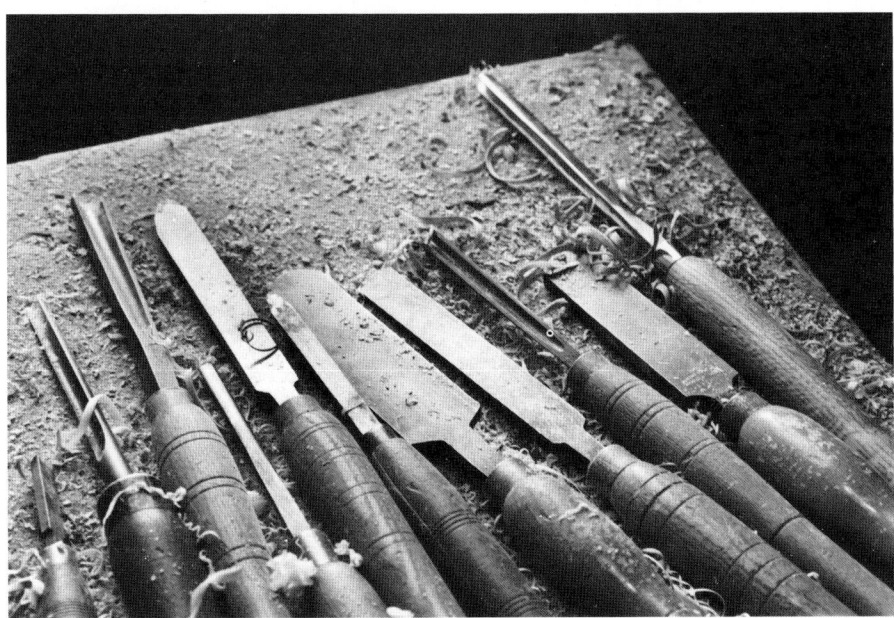

Inmitten vieler Späne sind verschiedene Hefte ein gutes Erkennungszeichen für Werkzeuge. Ihre Herstellung ist eine hervorragende Übung für Drechselanfänger.

Das Schärfen

Die Schärfe eines Werkzeugs ist ein wesentlicher Faktor zum Gelingen der Arbeit. Scharfe Werkzeuge sind sehr viel einfacher und sicherer zu handhaben als stumpfe. Jeder Holzhandwerker muß nicht nur erkennen können, ob eine Schneide scharf ist oder ob sie noch schärfer gemacht werden kann, sondern muß auch entscheiden können, wann ein Werkzeug für einen bestimmten Zweck scharf genug ist. Es ist selbstverständlich, daß eine Schneide frei von Scharten und Kerben sein muß und kein Licht reflektieren darf, aber es gehört noch etwas mehr dazu. Die äußere Form und Qualität der Schneide hängen vom Einsatz des Werkzeugs und von Art und Qualität des zu bearbeitenden Holzes ab. Eine absolut scharfe Schneidekante, die praktisch ins Nichts ausläuft, wie an einer Rasierklinge oder an einem Stechbeitel eines Kunsttischlers, wird wahrscheinlich nicht die sauberste Oberfläche schneiden oder nur für grobes Vordrechseln geeignet sein.

Ich halte nichts von dem weitverbreiteten Märchen vom Schleifen, man solle schrittweise immer feinere Ölsteine, Wassersteine, Abziehsteine usw. benützen. Dies mag fürs Schnitzen und Tischlerhandwerk gelten, ist aber fürs Drechseln übertrieben. Handstähle sind dazu da, sehr viel Holz in relativ kurzer Zeit wegzuschneiden, was selbst die schärfste Kante nicht lange durchsteht. Es ist Unsinn, fünf Minuten zu schärfen, um dann 30 Sekunden zu schneiden. Und die Kante, die Sie in mühevoller Kleinarbeit erzielen, ist vielleicht auch nicht schärfer als die, die an der Schleifmaschine entsteht. Ein fachkundiges Schärfen, bei dem man das Werkzeug sofort wieder benutzen kann, lautet meine Devise. Geschärft wird normalerweise an einer Doppelschleifmaschine mit Scheiben von 150–250 mm Durchmesser. Ich habe zwei Schleifapparate mit jeweils einer P36- und P80-Körnung. Mein Apparat hat Scheiben aus Normalkorund für Kohlenstoffstahl, der andere hat Scheiben aus Siliziumcarbid für Hartmetall. Erst vor kurzem habe ich mir die Siliziumscheiben angeschafft; vorher schärfte ich auf den gröberen Normalkorundscheiben. Ich benutze bis heute nur die schnellen Trockenschleifscheiben, nicht die langsamen Naßschleifscheiben. Das Werkzeug kann sofort nach dem Schleifen mit der feinen Körnung wieder benutzt werden. In nächster Nähe steht ein Behälter mit Wasser als Kühlmittel, falls das Werkzeug zu heiß wird.

Als Alternative zur Schleifmaschine können Sie Ihr Werkzeug auch auf einem ortsfest installierten Bandschleifer mit P100 schärfen, wie das Foto links zeigt. Ich benütze ihn allerdings nur für konvex geschliffene schräge Schneiden, da der konkave Anschliff auf dem flachen Schleifband nicht zu erreichen ist. Eine flache Fase wird auf dem Bandschleifer perfekt geschliffen; überdies funktioniert sie genausogut wie die Fase mit eingeschliffener Hohlkehle.

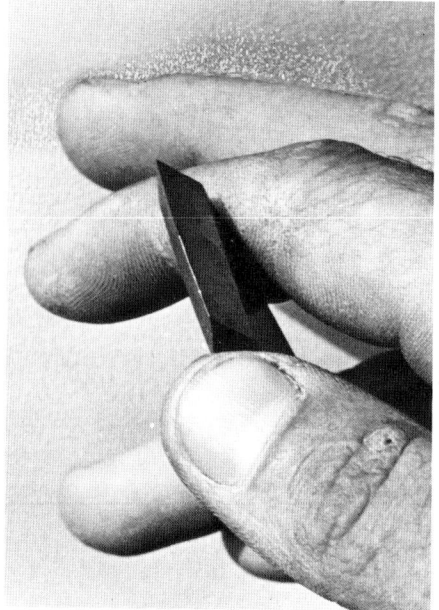

Lichtreflexe auf der Schneidekante eines Flachmeißels deuten auf dessen Stumpfheit hin. Häufig sind kleinste Kerben die Ursache für die Reflexe. Mit dieser Schneide kann man nicht mehr arbeiten; sie muß nachgeschärft werden.

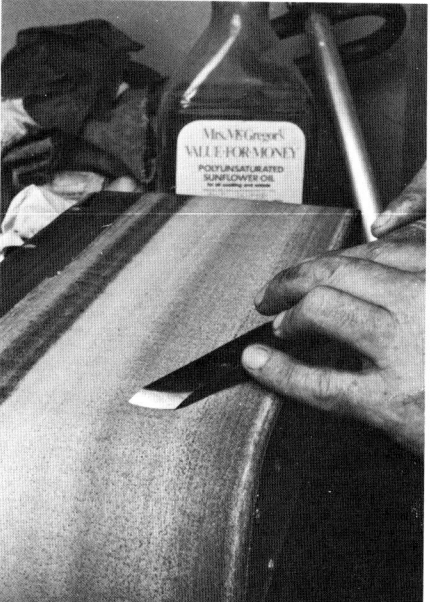

Um einen Flachmeißel auf einem Bandschleifer zu schärfen, drücken Sie die Fase am Ansatz flach auf das Schleifband. Führen Sie dann das Heft langsam nach oben, so daß eine konvexe Wölbung entsteht. Ein flacher Anschliff erfolgt, indem Sie die Fase flach auf das Schleifband halten. Der konvexe Anschliff an diesem schrägen Flachmeißel wurde auf dem weicheren ungestützten Bereich des Bandes zwischen den Rollen geschärft, wo schon ein leichter Druck die konvexe Fase erzeugt. Der Bandschleifer hinterläßt jedoch einen Grat, der abgezogen werden muß.

Schleifen der Fase

Die meisten meiner Werkzeuge schleife ich in einem Winkel von 30°–45° von der Oberfläche der Klinge aus an. Der Anschliffswinkel paßt sich dem Radius der Schleifscheibe an; eine größere Scheibe erzeugt eine längere Fase. Ein präziser Fasenanschliffswinkel ist nicht ausschlaggebend. Das Ziel des Schleifens ist eine einflächige, facettenfreie Fase, wie in der Zeichnung oben links zu sehen ist. Wenn Sie wie bei einem Tischlermeißel eine zweite Fase an die Schneidkante schleifen, hat Ihr Werkzeug zu wenig Reibungsfläche am Holz und die Schneide gerät leichter außer Kontrolle.

Schneidekanten von Röhren kann man entweder gerade oder zur Fingernagelform schleifen, wie bereits gezeigt. Passen Sie in beiden Fällen auf, daß die Schneidenmitte zumindest eben mit den Seiten ist oder hervorsteht. Falls die Mitte der Schneide nach hinten zurückversetzt ist, sind die Schneidmöglichkeiten eingeschränkt.

Sie können auf zwei Arten schleifen, wie die beiden Fotos zeigen: entweder freihändig, indem Sie die Werkzeugauflage als punktuelle Unterstützung benutzen (oben) oder indem Sie die Auflage im entsprechenden Winkel einstellen und das Werkzeug flach auflegen (unten). Weil die Anschliffswinkel und Formen meiner Schneidekanten beträchtlich differieren, gehe ich im allgemeinen nach der ersten Methode vor, obwohl Anfänger leichter einen korrekten Anschliff erreichen, wenn sie die Werkzeugauflage im gewünschten Winkel einstellen. Eine hohe, flache Position der Auflage, wie in der Zeichnung oben rechts auf der nächsten Seite, ist ideal für Schrotstähle, die auf die Auflage gedrückt werden, während man das Holzheft seitwärts bewegt.

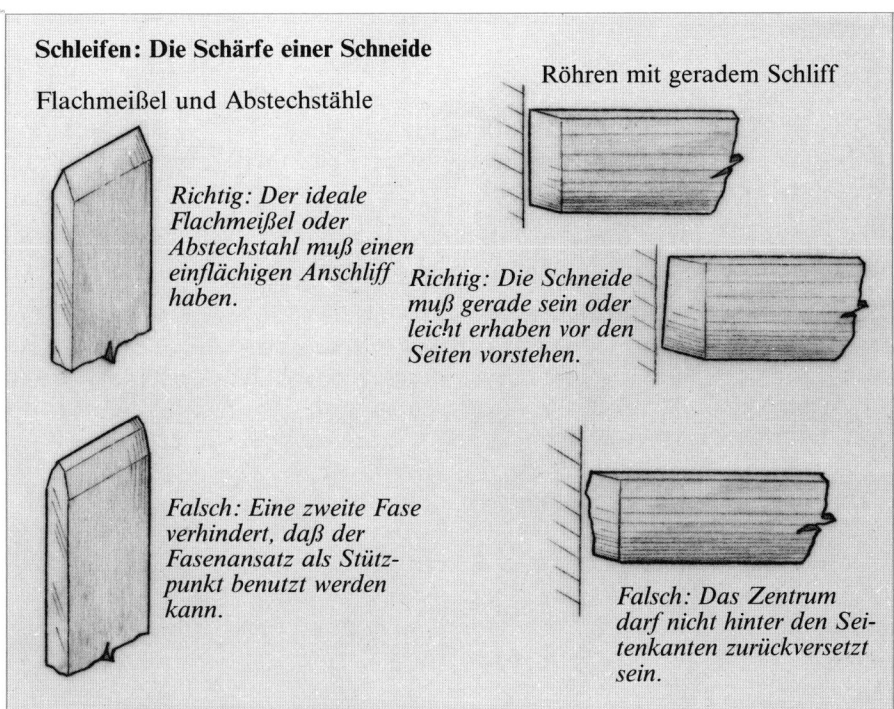

Schleifen: Die Schärfe einer Schneide

Flachmeißel und Abstechstähle

Röhren mit geradem Schliff

Richtig: Der ideale Flachmeißel oder Abstechstahl muß einen einflächigen Anschliff haben.

Richtig: Die Schneide muß gerade sein oder leicht erhaben vor den Seiten vorstehen.

Falsch: Eine zweite Fase verhindert, daß der Fasenansatz als Stützpunkt benutzt werden kann.

Falsch: Das Zentrum darf nicht hinter den Seitenkanten zurückversetzt sein.

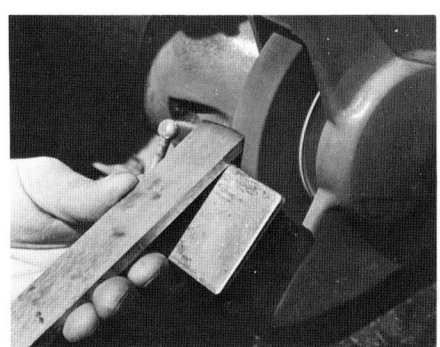

Es gibt zwei Möglichkeiten, ein Werkzeug während des Schleifens zu halten: freihändig oder auf die Auflage gelegt. Der Schrotstahl in schwerer Ausführung (oben) wird freihändig geschliffen – das Werkzeug berührt nur die Oberkante der Auflage; der Anschliffswinkel wird durch die Stellung der Hand und der Finger kontrolliert. Die Röhre (unten) liegt flach auf der Auflage, die in einem Winkel von 30° eingestellt wurde. Für Anfänger mag diese Vorgehensweise einfacher sein.

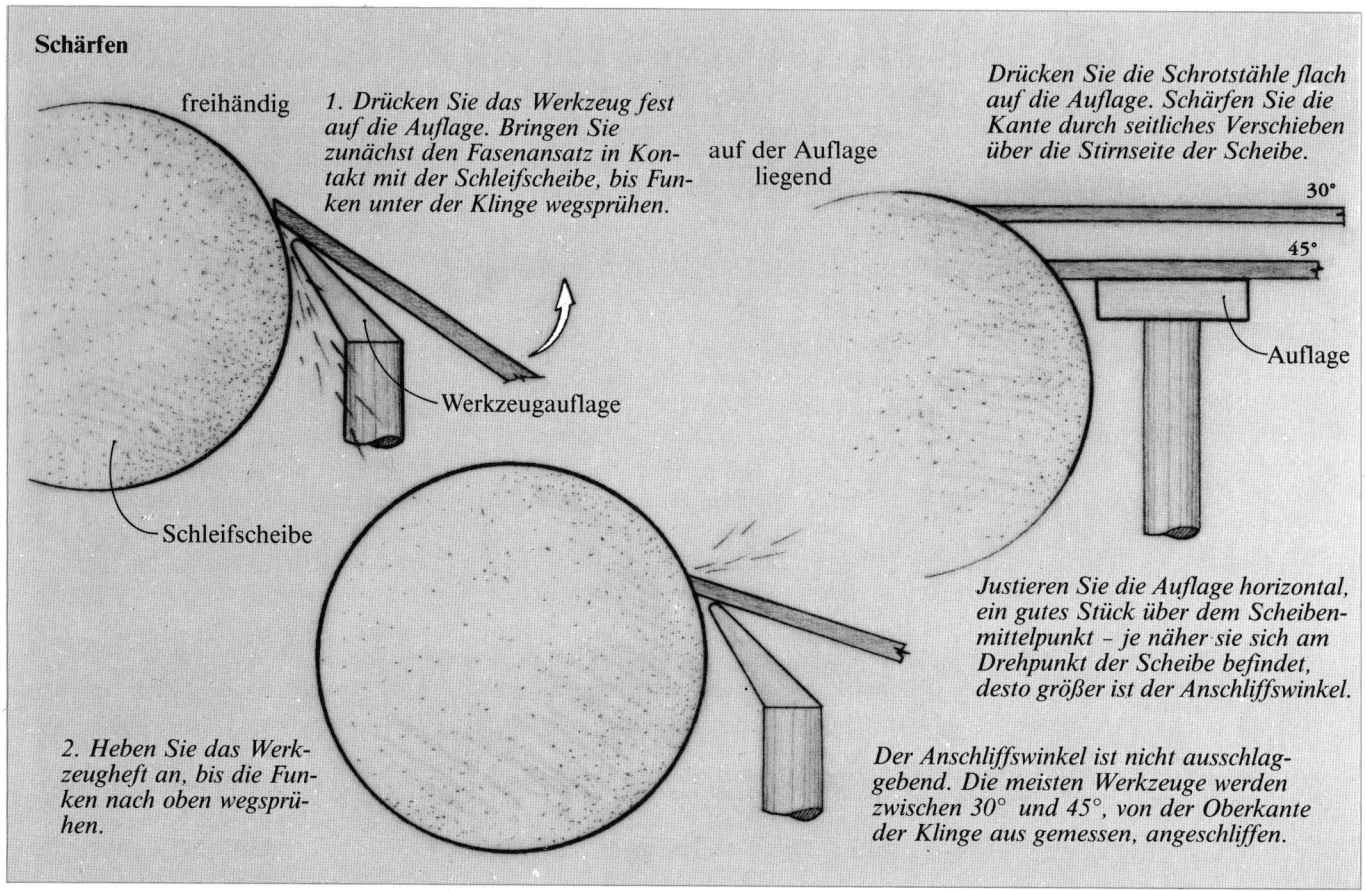

Schärfen

freihändig

1. Drücken Sie das Werkzeug fest auf die Auflage. Bringen Sie zunächst den Fasenansatz in Kontakt mit der Schleifscheibe, bis Funken unter der Klinge wegsprühen.

auf der Auflage liegend

Drücken Sie die Schrotstähle flach auf die Auflage. Schärfen Sie die Kante durch seitliches Verschieben über die Stirnseite der Scheibe.

30°

45°

Werkzeugauflage

Auflage

Schleifscheibe

2. Heben Sie das Werkzeugheft an, bis die Funken nach oben wegsprühen.

Justieren Sie die Auflage horizontal, ein gutes Stück über dem Scheibenmittelpunkt – je näher sie sich am Drehpunkt der Scheibe befindet, desto größer ist der Anschliffswinkel.

Der Anschliffswinkel ist nicht ausschlaggebend. Die meisten Werkzeuge werden zwischen 30° und 45°, von der Oberkante der Klinge aus gemessen, angeschliffen.

Ich beginne damit, das Werkzeug mit einer Hand fest auf die Auflage zu drücken; dabei presse ich den Knöchel meines Zeigefingers unter die Auflage. Der Daumen und die Finger greifen um die Seiten des Werkzeugs, um die Bewegung zu kontrollieren. Ich schärfe mein Werkzeug in zwei Arbeitsschritten, wie oben gezeigt wird.

Zunächst bringe ich den Fasenansatz in Kontakt mit der Schleifscheibe. Funken sprühen unter dem Werkzeug weg. Im nächsten Schritt hebe ich das Holzheft an, bis die Funken oben über das Werkzeug fliegen. An diesem Punkt sollte das Werkzeug eine vom Ansatz bis zur Schneide ebenflächige, glatte Fase haben. Der Fasenansatz muß bis zum Schluß in Kontakt mit der Schleifscheibe sein.

Halten Sie das Werkzeug ständig in einer fließenden Bewegung, bei Schrotstählen, Flachmeißeln und Abstechstählen von der einen Seite zur anderen. Röhren rollen Sie seitwärts. Wenden Sie gerade so viel

Druck an, daß das Werkzeug auf der Schleifscheibe nicht hüpft. Schleifen Sie tiefe Scharten auf einer groben Scheibe (P36) unter gleichmäßigem starkem Druck heraus, jedoch nicht zu viel, sonst wird das Werkzeug überhitzt, läuft blau an und glüht aus. Der letzte Schleifgang wird auf der P80-Scheibe ausgeführt. Meine Kursteilnehmer neigen im allgemeinen dazu, zu lange und mit zu starkem Druck zu schleifen. Wenn der Drehstahl blau anläuft, tauchen Sie ihn ins Wasser und schleifen mit weniger Druck weiter.

Die Fotos auf den Seiten 46 und 47 zeigen Ihnen die richtige Abfolge der Schleifvorgänge bei Röhre oder Flachmeißel, und zwar flach auf der Auflage liegend. Der Schrotstahl mit der langgezogenen, nach links gewölbten Schneide und der Abstechstahl werden freihändig geschliffen – nur der am engsten an die Schleifscheibe angrenzende Teil der Klinge berührt die Auflage. Ich lege die Klinge nur auf die Auflage,

wenn ich einen exakten Anschliffswinkel erreichen möchte.

Bei jedem Werkzeug, das eine runde Schneide hat, wie die Röhre, der Schrotstahl und der Flachmeißel auf den Seiten 46 und 47, drehe ich das Heft in einem Bogen seitwärts, um jeden Teil der Schneide zu erfassen. Das ist besser, als das Werkzeug auf der Scheibe hinauf und hinunter zu schieben. Ich habe mehr Kontrolle, denn die Kante befindet sich in unmittelbarer Nähe zur Auflage.

Testen Sie den Grat durch Darüberstreichen mit dem Daumen – nicht der Länge nach, sondern quer über die Schneide. Mit einiger Erfahrung sollte diese kritische Überprüfung ein schneller Anzeiger der Qualität einer Schneide sein.

Grate

Beim Schleifen entsteht oben auf der Schneide ein Grat. Egal wie vorsichtig Sie vorgehen, es bildet sich immer ein aufgeschobenes Stück Metall an der Schneidekante des Werkzeugs, wo es auf die Schleifscheibe trifft. Der Grat erinnert an ein kleines Häkchen auf der gesamten Länge der Schneide. Auf Schrotstählen führt der Grat den Schnitt aus; man läßt ihn stehen. Auf Röhren, Flachmeißeln und Abstechstählen entfernt man den Grat auf einem Abziehstein, damit

der Schnitt ganz sauber wird. Meistens gebrauche ich mein Werkzeug direkt von der Schleifscheibe weg und erhalte trotzdem einen weichen, sauberen Schnitt, zumal sich auch die Form der Schneide von Fall zu Fall ändert.

Es gibt keine strengen Regeln über die Behandlung von Graten; Sie müssen das schon selbst beurteilen. Man sieht den Grat, aber das sagt Ihnen wahrscheinlich wenig. Man fühlt ihn, indem man mit dem Daumen quer über die Schneide streicht. Quer darüberstreichen, nicht längs, sonst schneiden Sie sich! (Allerdings wissen Sie dann wenigstens, daß das Werkzeug scharf ist.) Weil wir alle aber ein unterschiedliches Gespür in den Fingern haben, können Sie nur aus der Erfahrung lernen, wie sich eine scharfe Schneide anfühlen muß. Ich prüfe gewöhnlich jede Schneide, bevor ich sie benütze; der fast schon ins Unterbewußtsein eingegangene Test sagt mir, wann ich sie schärfen muß. Experimentieren Sie während des Drechselns mit verschiedenen Schneidekanten. Probieren Sie Grate aus, die von einer leichten Berührung der Schleifscheibe stammen, und solche, die durch kraftvolles Schleifen entstanden sind, und beobachten Sie, was geschieht. Wie bei jedem anderen Handwerk ist

auch beim Drechseln noch kein Meister vom Himmel gefallen – es braucht seine Zeit zu experimentieren und zu vergleichen.

Üben Sie beim Schärfen nur vorsichtig Druck aus; Sie riskieren andernfalls nicht nur das Ausglühen des Stahls, der Grat wird auch zu groß. Röhren, Flachmeißel und Abstechstähle und oft auch Schrotstähle sind dann praktisch nicht zu gebrauchen. Für solche Fälle habe ich ein kleines Blöckchen Weichholz mit der Hirnholzseite nach oben in der Nähe der Schleifmaschine. Ich jage die Schneide hinein, um den Grat zu entfernen. Dabei entstehen kleine Scharten. Danach beginnt der Schleifvorgang von vorne. Ich verliere dabei aber mehr Metall, als mir lieb ist.

Sobald ich einmal eine saubere Schneide erreicht habe, kann ich die absolute Schärfe jederzeit wieder leicht herstellen, indem ich das Werkzeug behutsam über die P80-Schleifscheibe gleiten lasse. Dies hinterläßt einen schmalen, gleichmäßigen Grat. Selbst beim leichtesten Schnitt entfernt der Druck des zu drehenden Holzes den Grat im Nu und bildet eine gute Schneide. Für feines Schaben, das nur eine leichte Berührung erfordert, ist ein kleiner Grat geradezu ideal.

Mit einem feinen Hohlmeißelölstein entfernen Sie den Grat. Halten Sie das Werkzeug fest und bewegen Sie den Stein vor und zurück (links); achten Sie darauf, daß er den Fasenansatz und die Schneide berührt. Mit der Rundung des Hohlmeißelölsteins (unten) entfernen Sie den Grat auf der Innenseite der Röhre. Halten Sie den Stein flach gegen die Klinge. Ein paar Bewegungen auf jeder Seite der Schneide müssen den Grat entfernt haben.

Das Schärfen der Werkzeuge

1.-3. Schärfen einer 24-mm-Röhre mit tiefem Stich. Klemmen Sie den Knöchel Ihres Zeigefingers unter die Auflage, üben Sie mit Daumen und Fingern Druck auf das Werkzeug aus und kontrollieren Sie die Drehbewegung. Das Werkzeug wird zur Seite gerollt und gleichzeitig in einem Bogen geschwungen.

  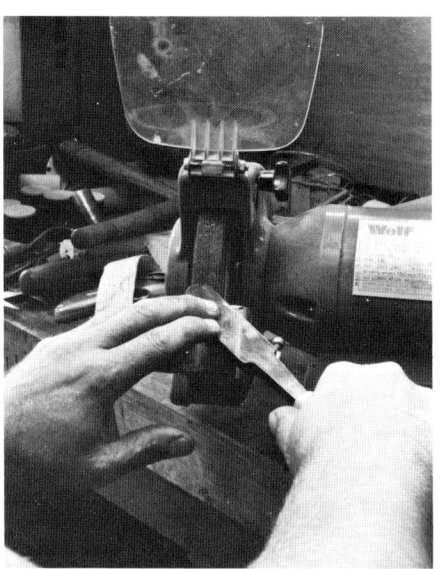

4.-6. Schärfen eines 24-mm-Schrotstahls mit einer langgezogenen, runden, linken Schneide. Die Schneidenform kann für jeden Zweck verändert werden. Die Rundung der Schneide an diesem Schrotstahl ist für das Aushöhlen von Schöpfkellen oder Dosen ganz praktisch. Wegen der langgezogenen Kurve ist es besser, den Schliff mit dem Heft in der linken Hand zu beginnen, dann in die rechte Hand überzuwechseln und es in einem Bogen zu führen. Halten Sie das Werkzeug fast horizontal auf der Auflage. Schieben Sie es nicht am Schleifrad entlang nach oben. Dadurch wird das Schärfen ganz nah an der Auflage vollzogen und kann leichter kontrolliert werden.

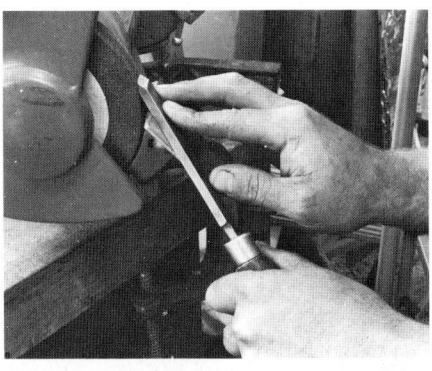

7.–9. Drehen Sie leicht am Heft, um eine Rundung an den Flachmeißel zu schleifen. Beachten Sie, daß man den Flachmeißel auch flach auf die Auflage drücken kann, um den Anschliffswinkel zu erhalten.

10. Zum Schleifen eines Abstechstahles bringen Sie zuerst den Fasenansatz mit der Schleifscheibe in Kontakt.

11. Dann heben Sie das Heft an, um die Schneide zu senken, bis Funken über die Spitze fliegen.

12. Sie erhalten ebenfalls eine einflächige, blitzende Fase, indem Sie die Werkzeugauflage im gewünschten Winkel justieren und das Werkzeug nach vorne schieben, so daß Fasenansatz und Schneide gleichzeitig die Schleifscheibe berühren.

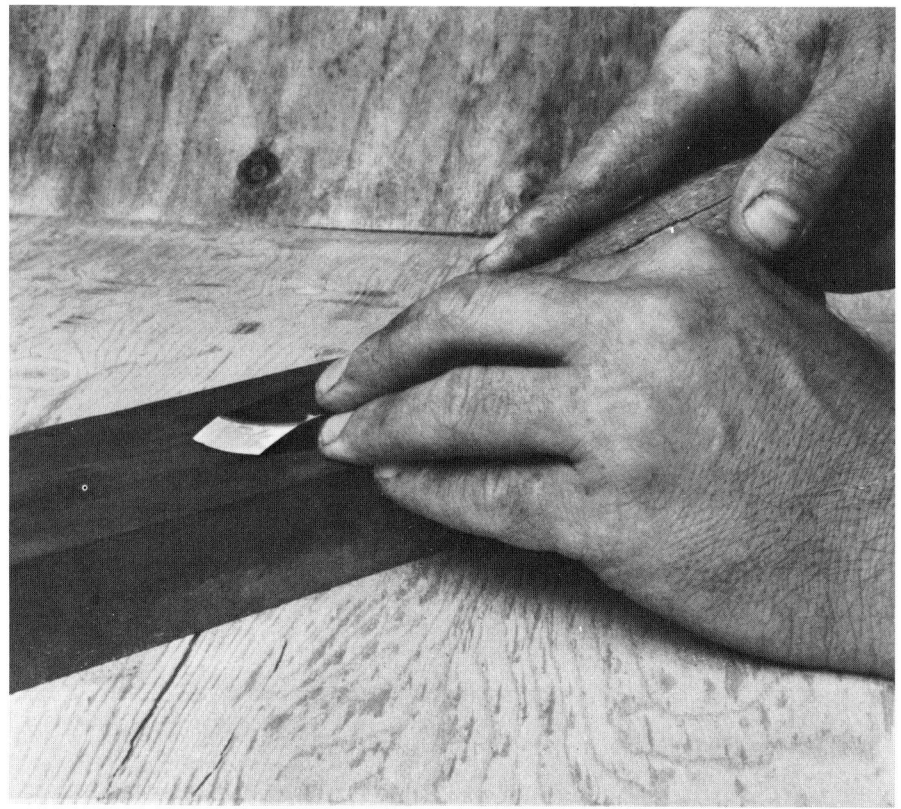

Drücken Sie die Fase des Flachmeißels flach auf den Abziehstein und ziehen Sie ihn in ein paar Bahnen ab. Der gesamte Fasenanschliff muß dabei aufliegen, sonst rundet sich die Schneide ab.

Abziehsteine

In den seltenen Fällen, in denen ich einen Abziehstein brauche, geschieht dies entweder, um einen durch übertriebenes Schleifen entstandenen Grat zu entfernen, oder um den hervorstehenden Fasenansatz eines konkav geschliffenen Flachmeißels zu mildern oder einem Flachmeißel oder Abstechstahl eine rasiermesserscharfe Schneide für einen superfeinen Schnitt zu verpassen. Ich klemme das Werkzeugheft unter den linken Arm und bewege mit der Hand einen feinkörnigen Ölstein für Hohlmeißel am Werkzeug hin und her. Ein leichtes Maschinenöl dient als Schmiermittel, es schwemmt die Metallspäne weg. Eine konkav geschliffene Fase darf den Stein nur am Fasenansatz und an der Schneide berühren. Wenn der Fasenansatz vom Stein abgehoben wird, rundet sich die Schneide ab oder es entsteht eine zweite Fase, und das Werkzeug schneidet nicht mehr sauber. Um den Grat auf der Innenseite einer Röhre abzuziehen, legen Sie den Stein flach in die Klinge und vermeiden Sie ein Abrunden der Schneide. Man sollte den Stein pro Seite des Werkzeugs nur zwei- oder dreimal hin- und herreiben.

Eine rasiermesserscharfe Schneide erkennen Sie leicht, wenn Sie sie einmal erreicht haben. Sie gibt keine Lichtreflexe mehr ab, und man kann auch keinen Grat mehr fühlen.

Randbemerkung

Sie sollten sich darüber im klaren sein, daß Drechselwerkzeug innerhalb kurzer Zeit sehr viel Holz entfernen soll. Sie müssen ihm deshalb mehr Aufmerksamkeit widmen als z. B. einem Tischlermeißel. Machen Sie sich nichts daraus, wenn Sie anscheinend alle fünf Sekunden zum Schleifapparat laufen. Eine scharfe Schneide kann schnell stumpf sein, egal aus welchem Stahl sie ist. Bei sehr harten Hölzern ist es nicht übertrieben, das Werkzeug nach jedem dritten oder vierten Schnitt nachzuschärfen. Tatsächlich schalte ich die Schleifmaschine erst gar nicht aus, wenn ich Werkstücke aus Teak oder Rüster mit Einschlüssen von Kieselsäureablagerungen und Schrot in der Maserung drehe.

Viele meiner Kursteilnehmer lamentieren über ihre Unfähigkeit, eine sogenannte perfekte Schneide zu erreichen. Die Form der Schneidekante (und die Art, wie sie ans Holz gehalten werden muß) ist normalerweise viel ausschlaggebender. Sie werden vielleicht bemerken, daß manche Werkzeuge auf den Fotos in diesem Buch alles andere als perfekt geschliffen sind – aber sie schneiden gut. Es ist mir ein Anliegen, den Mythos des idealen Werkzeugs, des Stahls, der Fase usw. zu entkräften, der sich unter den Drechslern der ganzen Welt so hartnäckig aufrechterhält. Ich habe das Gefühl, daß ich ein typischer Vertreter jener Drechslergeneration bin, die ihren Anspruch auf Perfektion in dieser Hinsicht etwas niedriger angesetzt hat, weil sie eben damit Geld verdienen muß. Das Schärfen, wie ich es oben beschrieben habe, ist weder ein Mysterium noch ist es übertrieben oder schwierig. Es benötigt allenfalls etwas Übung.

Beim Beobachten eines Holzhandwerkmeisters (sei es ein Tischler, ein Holzschnitzer oder ein Drechsler), der wunderbare Späne abschälen kann, werden Sie feststellen, daß er unvermittelt anhält, weil die Schneide geschwind abgezogen oder geschärft werden muß. Der Meister weiß das aus der Erfahrung Tausender von Arbeitsstunden. In Ermangelung dieser Erfahrung wäre es am besten, jemand würde Ihnen am Anfang die Werkzeuge schärfen, so daß Sie eine Ahnung davon bekommen, welch ein wahrer Genuß eine gute Schneide ist. Mit der Zeit wissen Sie, worauf Sie achten müssen, wenn Sie es selbst tun.

4

Sicherheit, Umgang mit dem Werkzeug und Schneiden

Holzbearbeitungsmaschinen sind gefährlich. Die Drechselbank bildet da keine Ausnahme. Falls Sie daran zweifeln, vergleichen Sie die Verletzungsquote der Drechsler mit denjenigen anderer Berufe. Die Maschinen haben hohe Laufgeschwindigkeiten, Sie hantieren mit scharfem Werkzeug (oder – noch viel schlimmer – mit stumpfem). Risiken sind vorhanden, dies kann nicht nachdrücklich genug betont werden. Man überschätzt zudem schnell seine Fähigkeiten und wird leichtsinnig, da man meint, man hätte die Maschine unter Kontrolle. Machen Sie sich die Gefahr bewußt, bevor Sie mit der Arbeit beginnen; überlegen Sie sich, wie Sie vorgehen wollen, und treten Sie vorsichtig und aus der richtigen Richtung an Ihre Arbeit heran. Hier sind ein paar Vorsichtsmaßnahmen, die Ihnen in Fleisch und Blut übergehen sollten.

Sicherheit

Tragen Sie immer einen Augenschutz, damit Ihnen keine Späne in die Augen fliegen. Brillenträger sollten unzerbrechliche Gläser verwenden. Weniger kurzsichtigen Drechslern empfehle ich eine Arbeitsschutzbrille. Den besten Schutz bietet allerdings ein Gesichtsschutz aus Plexiglas. Bei heruntergeklapptem Visier überstehen Sie einen Block, der in Ihr Gesicht geschleudert wird, ohne Schönheitsoperation. Erst vor kurzem mußte man mir die Nase mit vier Stichen nähen, nachdem eine Schale von 180 mm

Durchmesser mir das Brillengestell zertrümmert hatte. Daraufhin kaufte ich mir einen Gesichtsschutz. Mein früheres Vorurteil, daß das Visier meine Sicht beeinträchtigen könnte, erwies sich als grundlos; ich wundere mich, wieso ich mir nicht schon früher einen derartigen Schutz zugelegt habe.

Tragen Sie keine weite Kleidung. Kurze oder lange Ärmel mit Bündchen sind am besten. Tragen Sie keine Ringe oder Armreifen. Sie können sich irgendwo verfangen oder beim Schleifen kaputtgehen. Ketten und Anhänger dürfen nicht frei herunterhängen. Nehmen Sie sie ab oder klemmen Sie sie fest. Langes Haar binden Sie zurück. Besser noch: Stecken Sie es unter einen Hut. Das hält auch den Staub ab. Bartträger setzen ihre Haarpracht aufs Spiel. (Es ist alles schon vorgekommen!) Wenn es heiß ist, ziehen Sie Schuhe oder Riemensandalen an, keine Schlappen.

Staubschutz

Staub ist ein ernstzunehmendes Brand- und Gesundheitsrisiko. Holzmehl und Späne entzünden sich leicht. Passen Sie auf, daß Funken vom Schleifgerät nicht im Holzstaub landen. Halten Sie den Schleifbereich sauber. Eingeatmeter Staub führt möglicherweise zu Allergien oder zu Erkrankungen der Bronchien, wie z. B. Asthma. Der Staub mancher tropischer Hölzer, wie Iroko oder Black Bean, hat teilweise eine Reizwirkung. Holzstaub

ist aber nur die eine Seite des Problems. Eine Untersuchung ergab vor kurzem, daß der Staub von Schleifmitteln – Siliziumcarbid und Cranat – und die herkömmlichen Klebstoffe weit heimtückischer sind. Sie sind deswegen so gefährlich, weil die winzig kleinen Staubpartikel fast jeden Filter durchdringen. Auch die chemischen Mittel gegen Insekten und Pilzbefall sind schädlich, wenn man sie einatmet. Seit ich vor Jahren bemerkt habe, daß behandeltes Holz meine Atemorgane angreift, verwende ich es nicht mehr.

Sie können einen Mund- und Nasenschutz aufziehen, der Sie vor gröberem Staub schützt. Über einem Vollbart getragen, staubt es seitlich und durch die Barthaare hinein. Das Problem des Anlaufens entsteht, wenn Mundschutz und Visier aufeinander getragen werden. (Bei Schutzbrille und Mundschutz passiert das nicht.)

Viele Atemmasken sind sehr unpraktisch in Verbindung mit Augen oder Gesichtsschutz. Der Luftabzugshelm, den ich auf dem Foto auf S. 50 trage, ist bequem und leicht. Er kombiniert eine wirksame Luftfiltration mit einem Visier. Das System funktioniert über einen in der Mitte befindlichen Ventilator, der die staubige Luft zweimal filtert. (Der Ventilator wird durch eine um die Taille getragene Batterie gespeist.) Die Luft strömt quer über das Gesicht hinter dem Visier entlang und zieht unten ab. Ein Schaumstoffring um das Gesicht verhindert das Eindringen von

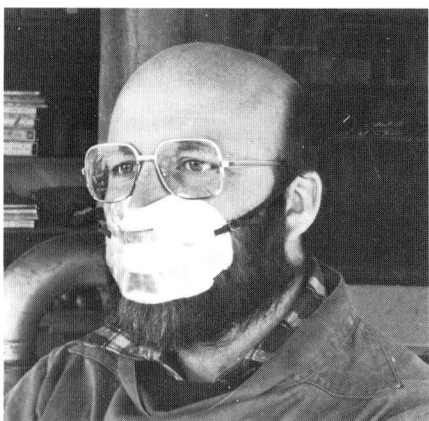

Mundschutz und Sicherheitsschutzbrille reichen für den Anfänger oder den Gelegenheitsdrechsler aus. Bei einem Bart schleicht sich der Staub seitlich durch die Barthaare ein.

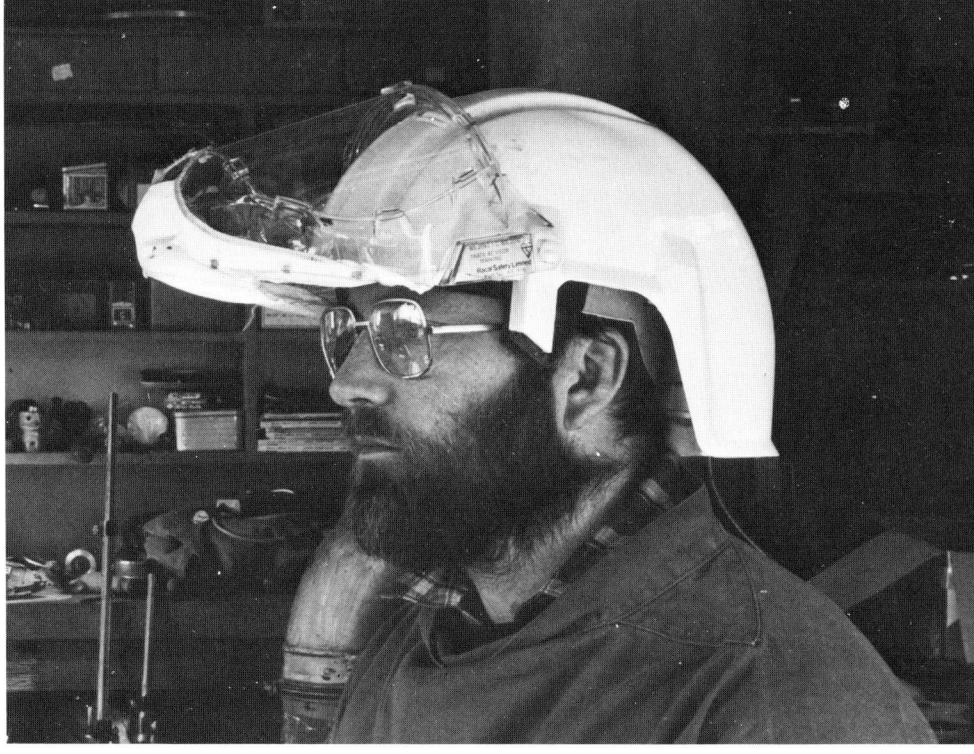

Das Visier auf dem Luftabzugshelm wird einfach hochgeklappt, wenn man es nicht braucht. In Arbeitsstellung schließt es sehr gut gegen den Staub ab, selbst bei Bartträgern.

Befestigen Sie das Absaugrohr so nah wie möglich an der Staubquelle.

Ein ununterbrochen laufendes Absaugsystem arbeitet mit festmontierten Absaugarmen mit möglichst wenig Biegungen. Da Staubpartikel aber trotzdem noch herumgewirbelt werden, ist ein Mundschutz unerläßlich.

ungefilterter Luft, von Spänen und Staub. Obwohl der Helm sehr wuchtig erscheint, ist er dennoch über einen längeren Zeitraum bequem zu tragen. Diese Helme sind nicht billig, aber bieten wirksamsten Schutz.

Die Alternative dazu ist ein Abzugssystem, das den Staub direkt an der Quelle, am Arbeitsplatz, aufnimmt und ihn nach draußen oder in einen separaten Raum transportiert. Jahrelang hatte ich keinen Abzug. Ich arbeitete in einer großen Staubwolke, alles lag unter einer 2 cm dicken Staubschicht. Ich muß völlig verrückt gewesen sein. Heute würde ich das nicht mehr tun. Es gibt eine Menge kleiner und guter Abzugssysteme, die auf verschiedene Maschinen passen, aber weil ich ständig von einem Workshop zum anderen unterwegs bin, benütze ich nur einen Apparat, den ich in unmittelbarer Nähe zum Werkzeug aufstelle.

Die Absauganlage besteht aus einem kleinen, von einem 1-PS-Motor angetriebenen Ventilator und einem flexiblen Absaugschlauch mit 125 mm Durchmesser. Der Schlauch wird direkt unterhalb der Staubquelle an die Drechselbank festgebunden. Bei permanenter Nutzung des Arbeitsplatzes würde ich den Ventilator auf dem Boden befestigen, um die Vibrationen zu verringern, und ein Kunststoffdrainagerohr (aus dem Baustoffhandel) mit einem Durchmesser von 75–100 mm fest irgendwo installieren. Zusätzlich könne man Regenwassertrichter als Grobschmutzauffangdüse anbringen. Wenn Sie Ihr eigenes Absaugsystem entwerfen, bedenken Sie, daß die Luft besser abzieht, wenn sie keine rechtwinkligen Kurven bewältigen muß. Verlegen Sie Staubbeutel und Filtereinlagen nach draußen, so daß feine Staubpartikel nicht wieder durch die Filteranlage geschleust und in die Werkstattluft zurückgeblasen werden. Diese Praxis wirft natürlich in kälteren Klimazonen neue Probleme in bezug auf Wärmeaustausch auf. Holen Sie sich deshalb den Rat eines Experten ein, wie Sie die Warmluft am besten halten und trotzdem den Staub herausfiltern können.

Welches System funktioniert am besten? Große Schreinereien haben optimale Staubabsauganlagen, aber dies wäre für eine kleine Werkstatt wohl zu kostspielig, zu laut und zu aufwendig. Die Staubpartikel werden herumgewirbelt, sobald sich das Werkstück dreht. Das bedeutet, daß Sie selbst mit einer Absauganlage noch Staub einatmen, was eine Maske unerläßlich macht. In früheren Jahren entstaubte ich meinen Arbeitsplatz durch eine Absauganlage und trug zudem eine Maske als Schutz gegen kleinste Staubpartikel. Heute trage ich den Arbeitshelm, der mir sowohl saubere Atemluft als auch Schutz gegenüber umherfliegenden Holzstücken bietet.

Darüber hinaus fange ich mit meiner Absauganlage den größten Teil des anfallenden Staubes direkt an der Entstehungsquelle auf. Für den Amateur, der sich nicht ständig der verstaubten Luft aussetzen will, reicht eine Sicherheitsschutzbrille und ein Atemschutz aus Baumwolle. Atmen Sie durch den Mund und pressen Sie dabei Ihre Lippen gegen die Maske, so daß die Luft am ehesten dort und nicht zu den Seiten hereinströmt.

Werkstattbeleuchtung und Raumaufteilung

Gutes Licht, entweder Tageslicht oder eine Neonröhre, ist ein wichtiger Sicherheitsfaktor. Zusätzlich werden eine oder zwei bewegliche Leuchten benötigt. Ich habe zwei: rechter Hand eine ständig brennende 150-Watt-Lampe, die die Schattenbildung auf den zu drechselnden Oberflächen verhindert und gewölbte Flächen und Unebenheiten im Holz hell erleuchtet; eine 100-Watt-Leuchte, die hinter einem dünnen Werkstück angebracht ist, hilft mir bei der Beurteilung der Stärke einer Wand. Ich kann erkennen, wieviel Holz ich noch auf Grund des durch die Wand scheinenden Lichts herunterarbeiten muß.

Wenn Sie die Aufstellung Ihres Maschinenparks planen, beachten Sie folgende Punkte und schauen Sie dazu die Zeichnung auf diesen beiden Seiten an:
- Stellen Sie Ihre Maschinen so auf, daß Sie sehen können, wenn jemand kommt. Schließen Sie, falls nötig, die Tür ab oder installieren Sie eine Klingel und/oder ein Licht. Es ist gefährlich, wenn jemand (besonders während Ihrer konzentrierten Arbeit) unbemerkt den Raum betreten kann.
- Falls Sie sich Ihre Werkstatt mit jemandem teilen, müssen Sie darauf achten, daß niemand in der Schußlinie einer anderen Maschine steht. Unfälle durch Abfallstücke von der Kreissäge, durch Öl von Finisharbeiten oder

Eine gute Beleuchtung ist für ein sicheres Arbeiten an der Drechselbank unerläßlich. Eine 100-Watt-Lampe hinter dünnen Gegenständen erleichtert die Beurteilung der Wandstärke.

durch weggeschleudertes Holz
sollten vermieden werden.

- Achten Sie auf rutschfeste Fuß-
böden im Maschinenbereich.
- Legen Sie Ihr Werkzeug so hin,
daß Sie nicht über die Maschine
greifen müssen. Dies fordert
Unfälle geradezu heraus.
- Befestigen Sie den Schleifapparat
in der Nähe der Drechselbank.
Sie müssen oft schleifen. Er sollte
nur einen Schritt entfernt sein.
- Plazieren Sie Ihre Drechselbank
möglichst so, daß Sie auch einmal aus dem Fenster sehen können. Schleifen ist ein langweiliges
Geschäft. Wer will da schon zur
Abwechslung nur eine leere
Wand anstarren?

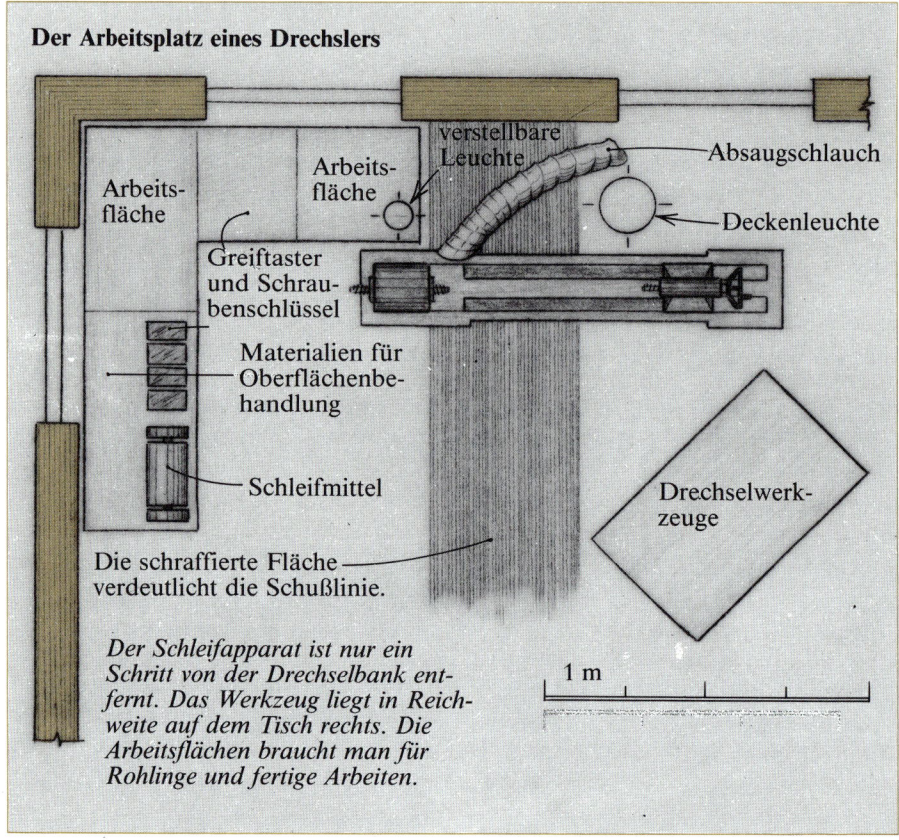

Der Arbeitsplatz eines Drechslers

Arbeits-
fläche

Arbeits-
fläche

verstellbare
Leuchte

Absaugschlauch

Deckenleuchte

Greiftaster
und Schrau-
benschlüssel

Materialien für
Oberflächenbe-
handlung

Schleifmittel

Drechselwerk-
zeuge

Die schraffierte Fläche
verdeutlicht die Schußlinie.

1 m

*Der Schleifapparat ist nur ein
Schritt von der Drechselbank ent-
fernt. Das Werkzeug liegt in Reich-
weite auf dem Tisch rechts. Die
Arbeitsflächen braucht man für
Rohlinge und fertige Arbeiten.*

Verhaltensregeln
an der Drechselbank

- Prüfen Sie jeweils die Maschine
und schaffen Sie Platz, bevor Sie
mit der Arbeit beginnen. Vergewissern Sie sich, daß die richtige Drehzahl eingestellt ist, daß
alle Schutzvorrichtungen an Ort
und Stelle sind, daß keine
Schraubenschlüssel oder Spannschlüssel in den Wellen oder
Spannfuttern stecken und daß
Ihnen keine Werkzeuge und kein
Holzmaterial ins Gehege kommen. Ein schneller, prüfender
Blick sollte Ihnen zur Gewohn-
heit werden.
- Drehen Sie das Holz auf der
Drechselbank von Hand, um zu
sehen, daß es frei läuft. Prüfen
Sie, ob die Drehstahlauflage an
allen Stellen arretiert ist. Treten
Sie beim Anlassen der Maschine
aus der Schußlinie. Hin und wieder werden Blöcke weggeschleudert. Dies geschieht normalerweise im rechten Winkel zur

Rotationsachse, wie es in der
Zeichnung auf der nächsten Seite
dargestellt ist.
- Nach dem Anschalten der
Maschine dürfen Sie sich keinesfalls darüberbeugen, ohne nicht
vorher den Aus-Knopf betätigt zu
haben; leicht wird Ihre Kleidung
erfaßt.
- Wickeln Sie niemals Polierlap-
pen, Schleifpapier oder Stahlwolle um die Hand oder die Finger. Diese Gegenstände wickeln
sich in Sekundenschnelle um ein
rauhes Drehgut. Sie bleiben hängen und riskieren einen Finger.
- Schalten Sie die Maschine aus,
bevor Sie die Werkzeugauflage
einstellen. Wenn Sie die Auflage
unvorsichtig verschieben, zerstören Sie vielleicht Ihr Werkstück
oder es wird hinauskatapultiert;
feine und zerbrechliche Arbeiten
werden zertrümmert.
- Vermeiden Sie scharfe Ecken,
Kanten und Ränder am Werkstück. Rasiermesserscharfe Kanten bilden sich sehr schnell aus

und schneiden ebenso wirkungsvoll wie ein Fleischermesser bis
auf den Knochen. Es tut meist
gar nicht weh, ist aber mit sehr
viel Blutverlust verbunden.
Gewöhnen Sie sich an, Kanten
mit groben Schleifmitteln oder
mit Werkzeug zu entschärfen.
Dies sind die Hauptgefahren.
Hautabschürfungen und einge-
klemmte Finger gehören natürlich
zum Lernprozeß. Sie sind meistens
eher lästig als gefährlich, können
aber sehr weh tun.

Der Lärmpegel wird zu einem
Problem, wenn mehrere Maschinen
gleichzeit in Betrieb sind. Ausgelau-
fene Kugellager machen mehr
Krach als neue. Bei drei oder vier
gleichzeitig laufenden Motoren
brauchen Sie nicht mehr Radio zu
hören. Ein Gehörschutz habe ich
bisher nicht für nötig gehalten,
wenn ich nicht gerade für längere
Zeit an der Kreissäge oder mit der
Bohrmaschine arbeite. Drechselbänke und Bandsägen laufen auf
niedrigeren Drehzahlen und haben

weniger durchdringende Laufgeräusche.

Die Laufgeräusche der Drechselbank sind eine Ihrer besten Möglichkeiten zur Schnelldiagnose. Ein Drechsler mit sensibilisiertem Gehör kann die Stärke einer Schalenwand am Ton erkennen und locker eingespannte Blöcke, Einschlüsse oder Äste hören. Lernen Sie hinzuhören, und Sie werden die meisten Unfälle vermeiden können, bevor sie passieren. Es ist zwar etwas zeitaufwendig, aber halten Sie die Maschine jedesmal an, wenn ein anderer Sound zu vernehmen ist, und gehen Sie seiner Ursache nach. Bald kennen Sie die Hauptgeräusche. Drechselgeräusche sind eine Aneinanderreihung von Crescendi und Decrescendi, die jeweils von weichen, flüssigen Schnitten herrühren. Meine Kursteilnehmer finden es häufig frustrierend, wenn geübte Drechsler nur auf Grund des Geräusches exakt erkennen, was sie gerade tun. Dem Lehrmeister entgeht nichts.

Mit der Erfahrung stellt sich eine Routine in Sachen Sicherheit ein. Der Arbeitsbeginn nimmt nicht mehr lange Zeit in Anspruch. Was bei einem Profi als Schnellverfahren erscheint, ist in Wirklichkeit ein in Fleisch und Blut übergegangenes Sicherheitsbewußtsein, darf also nicht als Lockerung der Sicherheitsvorkehrungen gedeutet werden. Es gibt Handgriffe, die niemals von einem Anfänger angewendet werden dürfen. Aber jeder Experte wäre dumm, wenn er es nicht täte, wie z. B. die Werkzeugauflage bei laufendem Motor einzustellen. Wenn Sie im Laufe der Zeit geübter (und mit den Dingen vertrauter) werden, machen Sie sich die Grenzen Ihres handwerklichen Könnens bewußt und wagen Sie sich nur mit äußerster Vorsicht darüber hinaus.

Ich bin froh, daß ich mich während der 15 Jahre meines Drechselns nicht ernstlich verletzt habe. Es gab natürlich kleinere Zwischenfälle. Ich will Ihnen an dieser Stelle erzählen, was mir in meinem Handwerk so alles passiert ist. Die Schilderung sollte als ständige Erinne-

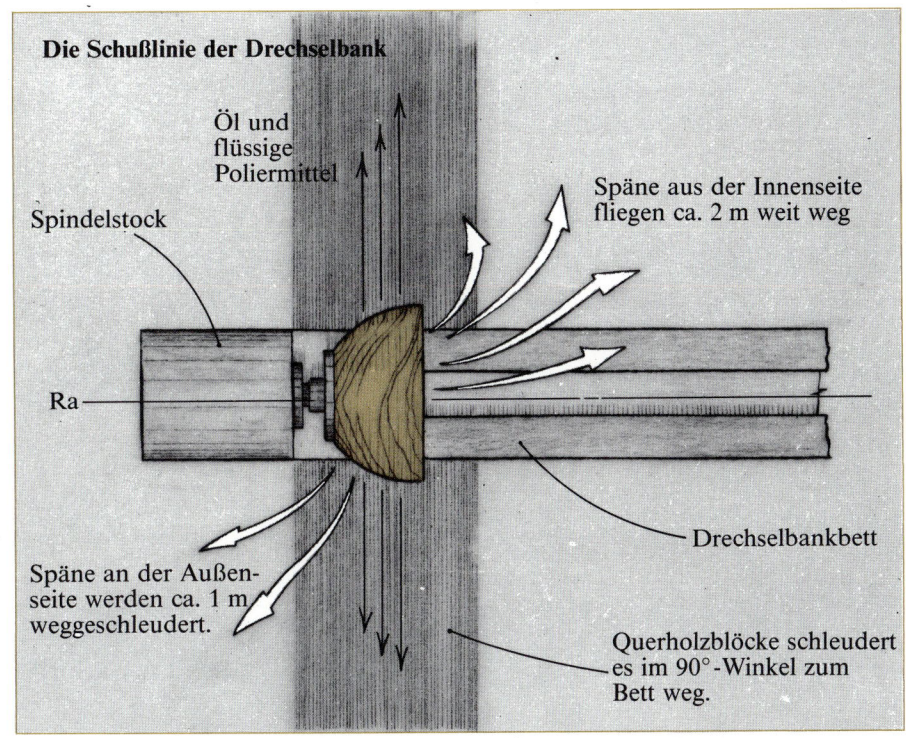

Die Schußlinie der Drechselbank

Öl und flüssige Poliermittel

Spindelstock

Ra

Späne aus der Innenseite fliegen ca. 2 m weit weg

Drechselbankbett

Späne an der Außenseite werden ca. 1 m weggeschleudert.

Querholzblöcke schleudert es im 90°-Winkel zum Bett weg.

rung dienen, in Zukunft nicht mehr so leichtsinnig zu sein: An der linken Hand habe ich von der Bandsäge eine Narbe quer über zwei Finger und eine Narbe am Daumen, den ich zwischen dem Drehbankbett und einer großen Servierplatte eingeklemmt habe. Rechts habe ich mir beim Schleifen eines Tellers die Knöchel gebrochen (dies ist mir schon zweimal passiert). Von einer weggeschleuderten Rüsterschale habe ich mir das Nasenbein gebrochen, und eine bleibende Beule ziert mein Haupt, seit mich ein Stück Teakholz am Kopf getroffen hat. Eine fliegende Schale zerschlug meine »unzerbrechliche« Schutzbrille und hinterließ Schnittwunden und ein blaues Auge. Bei einem anderen Unfall verbog es mir zwar nur die Brille, aber das Gestell fügte mir Schnittwunden an der Nase und um die Augen zu, die genäht werden mußten.

Dies waren meine schwersten Unfälle, die mich jeweils für ein paar Tage von der Arbeit fernhielten. Sie passierten alle am Ende des Tages, als ich müde und unkonzentriert war oder einfach nicht hingeschaut habe. Ich hatte zu der Zeit

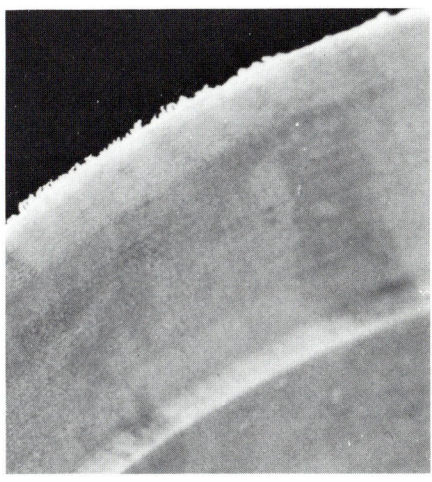

Scharfe, sägeartige Kanten wie diese schneiden bis auf den Knochen. Entschärfen Sie die Kanten mit grobem Schleifpapier oder mit einem Werkzeug, um Verletzungen vorzubeugen.

auch noch keinen Schutzhelm. Sie sollten also gewarnt sein: Gehen Sie vorsichtig vor und bedenken Sie, daß alles, was an der Drechselbank oder an einer anderen Holzbearbeitungsmaschine passiert, sehr schnell geht.

Lehnen Sie Hüfte und Bauch zur zusätzlichen Stabilität an die Drechselbank. Stehen Sie bequem, die Füße etwas auseinander, und drücken Sie die Ellbogen an Ihren Körper. Legen Sie das Holzheft entlang Ihres Unterarms, der als Stütze und Werkzeugkontrolle dient. Machen Sie es nicht wie auf dem Foto daneben. Sie haben keine Kontrolle, wenn Sie mit geschlossenen Beinen weit vor der Maschine stehen und die Ellbogen nicht anwinkeln und an sich drücken.

Die Handhabung des Werkzeugs

Drechseln bedeutet mehr als nur den richtigen Schneidewinkel einzuhalten. Der Schneidewinkel ist wichtig, aber Sie müssen auch wissen, was hinter der Schneidekante geschieht, wie das Werkzeug gehalten wird und wie eine sichere Körperstellung aussieht. Hier beschreibe ich die Hauptprinzipien der Werkzeughandhabung. Wenn sie nicht befolgt werden, ist eine Kontrolle über die Schneide sehr schwierig; das Holz diktiert Ihnen dann den Weg des Werkzeugs. Anfänger sollten diesen Abschnitt zuerst lesen, bevor sie zu den Kapiteln »Langholzdrehen« und »Querholzdrehen« weitergehen.

Betrachten Sie sich als Lehrling an der Drechselbank. Sie können nicht einfach davor stehen und Meisterstücke hervorbringen. Wie ein Musiker seine Tonleitern übt, so muß der Drechsler seine Pflichtübungen ableisten, bevor er zum Meister gekürt werden kann. Wenn

Sie mit dem Drechseln beginnen, widerstehen Sie der Versuchung, einen Gegenstand herstellen zu wollen! Weit wichtiger als ein funktionstüchtiger Gebrauchsgegenstand ist in diesem frühen Stadium die Entwicklung einer guten Formensprache und der handwerklichen Routine. Üben Sie das Schneiden des Holzes und freuen Sie sich an den vielen Spänen, die das Ergebnis Ihrer ersten Versuche sind.

Der richtige Stand

Um die Schneidekante Ihren Wünschen entsprechend hin und herbewegen zu können, verlagern Sie Ihr Gewicht hinter das Werkzeug und führen es in einer vorbestimmten Bahn durch den Raum, ungeachtet des Holzes, das es berührt. Auf Metalldrehbänken wird die Kontrolle des Schnittes von einem

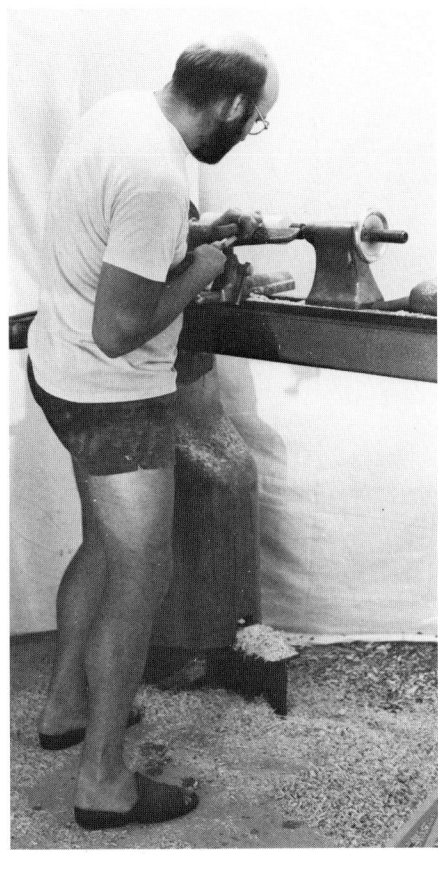 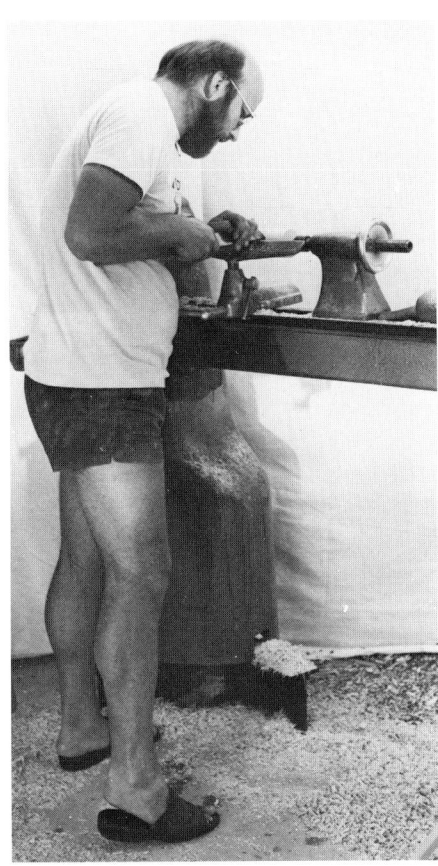

Beginnen Sie einen Schnitt mit dem Körpergewicht auf einem Fuß und verlagern Sie es schrittweise auf den anderen, während Sie den Schnitt weiter ausführen. Auf diesen Fotos liegt das Gewicht auf dem linken Fuß, die rechte Ferse hebt vom Boden ab und macht die Körperbewegung mit, um das Werkzeug zu stützen und zu führen.

Zahnstangengetriebe übernommen. Beim Drehen von Holz werden die Werkzeuge mit der Hand geführt. Dabei dienen Werkzeugauflage und der Körper des Drechslers als Stütze. Die Bewegung des Werkzeugs sollte nicht so sehr von der Hand, von Handgelenk und Armen, sondern vielmehr von Schultern, Hüften und Beinen ausgeführt werden. Achten Sie auf einen sicheren Stand und legen Sie die Ellbogen an Ihren Körper. Stehen Sie im Gleichgewicht, die Beine bequem auseinander. Das Werkzeugheft liegt innen entlang Ihres Unterarms, wie auf dem Foto (S. 54) in der Mitte. Das garantiert die beste Kontrolle. Stellen Sie sich nie mit freien Unterarmen vor die Drechselbank, wie das Foto daneben zeigt. Legen Sie Ihre obere Hand an die Auflage und versuchen Sie auch, andere Körperteile mit der Maschine in Kontakt zu bringen. Lehnen Sie die Hüfte gegen das Bett oder drücken

Sie ein Bein gegen den Unterbau. Dieser Stand bringt Ihnen nicht nur eine zusätzliche Stütze und Stabilität, sondern stellt auch eine Verbindung zwischen Ihrem Körper und der Drechselbank her.

In dieser Arbeitshaltung entwickeln Sie ein Gefühl für Kontrolle: Bewegen Sie die Schneidekante mit leichtem Druck, immer in Verbindung mit einer breiten, unterstützenden Bewegung durch Ihren ganzen Körper. Wie beim Fahrradfahren ist auch beim Holzdrechseln die Gewichtsverlagerung und die Koordination von Bewegungen von größter Bedeutung. Wollen Sie die Spitze eines Werkzeugs leicht nach links bewegen, muß die Drehbewegung des Heftes nach rechts aus der Drehung der Hüfte erfolgen. Um die Spitze nach rechts zu drehen, ziehen Sie den Ellbogen noch näher an sich heran und führen Sie das Holzheft nach links. Die untere Hand liegt eng am Körper an, Ihre

Haltung ist geschlossen. Wenn Sie die Schneide abwärts bewegen wollen, strecken Sie die eine Körperseite etwas vor - notfalls müssen Sie auf Zehenspitzen stehen - und führen Sie das Heft mit der Unterstützung Ihres gesamten Oberkörpers nach oben (bzw. die Schneide nach unten). Sobald das Heft die Körperseite verläßt, drücken Sie es zur Stütze fest an Ihren Unterarm.

Manche Anfänger haben Hemmungen, wenn sie ihren Körper mit dem Werkzeugheft bewegen sollen; überwinden Sie diese Befangenheit, es zahlt sich aus. Die Fotos oben und auf den folgenden Seiten zeigen die Körperbewegungen, in denen das Werkzeug am besten unterstützt und kontrolliert werden kann. Üben Sie diese Bewegungen ein paarmal im Trockentraining an der Drechselbank, bevor Sie ein Werkzeug zur Hand nehmen oder die Maschine anschalten.

Stand und Bewegung

Das 1. Foto zeigt einen guten, geschlossenen Stand. Das Werkzeugheft liegt am
Unterarm, und die Beine stehen bequem
auseinander.
Die folgenden Bilder zeigen die typischen
Bewegungen beim Abdrehen eines langen
Zylinders. Das Gewicht liegt am Anfang,
wenn am rechten Ende gedreht wird, auf
dem rechten Fuß und verlagert sich mit
der Schneidenbewegung nach links. Entlang des Zylinders werden diese Bewegungen wiederholt.

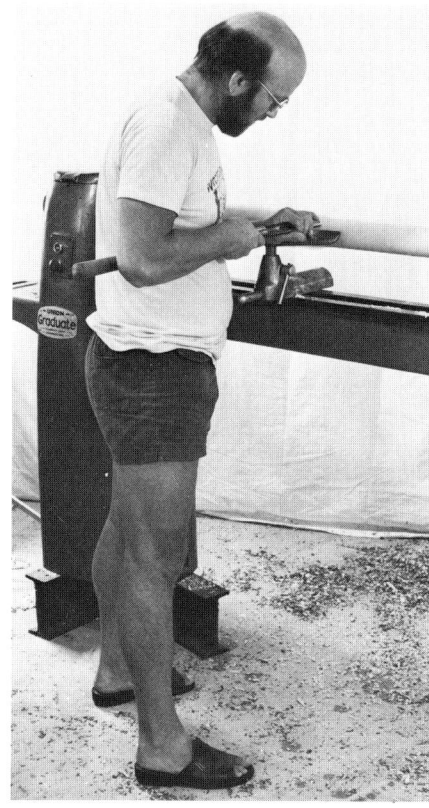 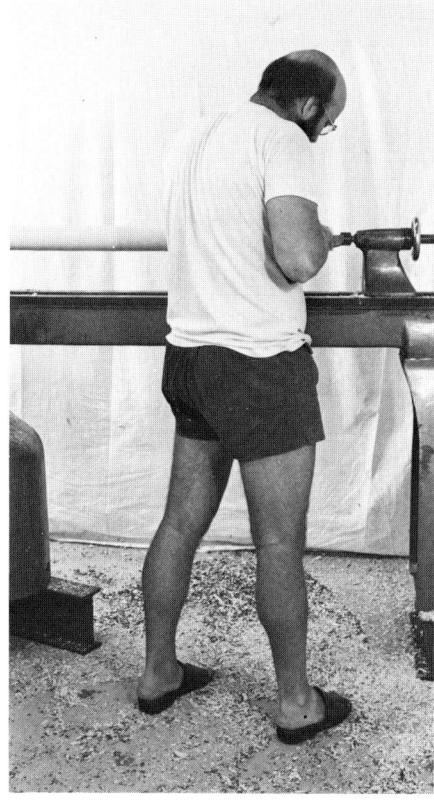

Anmerkung: Die Schlappen, die ich auf
den Fotos trage, sind weniger empfehlenswert.

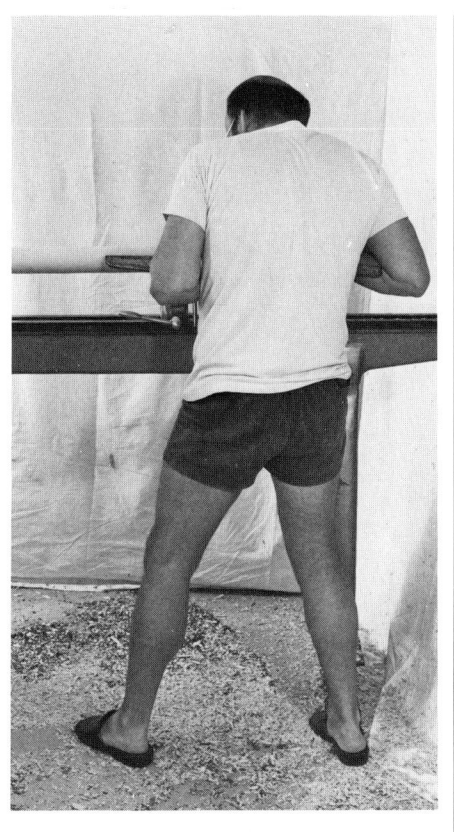

Beim Formen einer Schale begeben Sie sich in Ausgangsstellung und drehen Ihren Körper mit dem Schnitt des Werkzeugs vom Zentrum zum Rand hin.

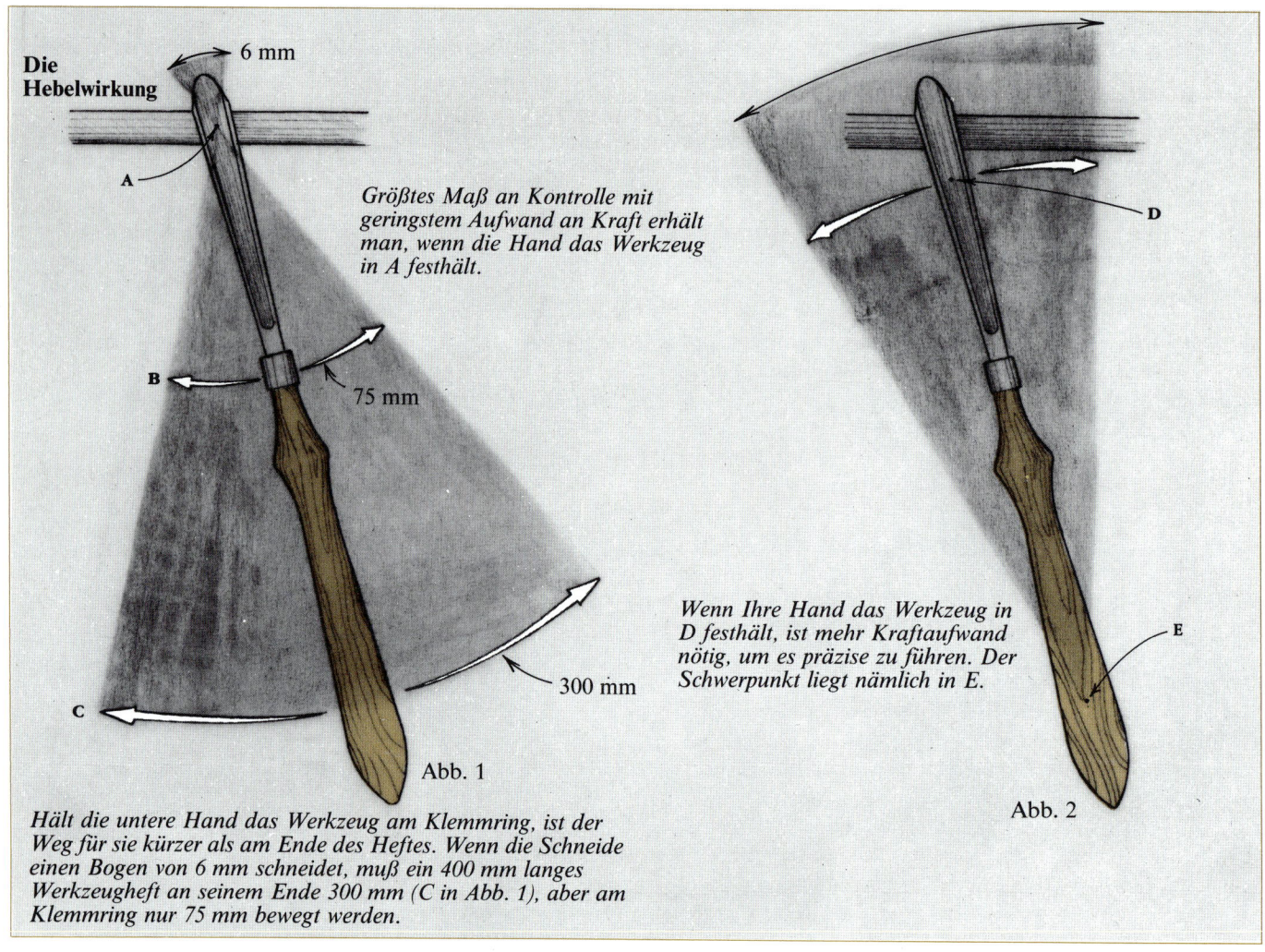

Die Hebelwirkung

6 mm

A

Größtes Maß an Kontrolle mit geringstem Aufwand an Kraft erhält man, wenn die Hand das Werkzeug in A festhält.

B

75 mm

C

300 mm

Abb. 1

Hält die untere Hand das Werkzeug am Klemmring, ist der Weg für sie kürzer als am Ende des Heftes. Wenn die Schneide einen Bogen von 6 mm schneidet, muß ein 400 mm langes Werkzeugheft an seinem Ende 300 mm (C in Abb. 1), aber am Klemmring nur 75 mm bewegt werden.

D

Wenn Ihre Hand das Werkzeug in D festhält, ist mehr Kraftaufwand nötig, um es präzise zu führen. Der Schwerpunkt liegt nämlich in E.

E

Abb. 2

Die Hebelwirkung

In dem Moment, wo ein sich drehendes Werkstück auf einem Werkzeug auftrifft, übt es auf die Schneidekante einen beträchtlichen Druck nach unten aus. Wenn auf dieses Ende des Werkzeuges Druck ausgeübt wird, reagiert die andere Seite – die Ihnen zugewandte Seite – entgegengesetzt. Je weiter der Schneidepunkt vom Stützpunkt (Werkzeugauflage) entfernt ist, desto größeren Druck kann das sich drehende Holz auf die ungestützte Spitze des Werkzeugs ausüben und desto schwieriger wird dessen Kontrolle. Bei einem Abstand von z. B. 12 mm zwischen Auflage und Werkstück läßt sich das Werkzeug relativ leicht halten. Beträgt dieser Abstand jedoch 100 mm, wirkt die auf die Schneidekante ausgeübte Kraft wie ein schweres Gewicht auf eine Seite einer Wippe; Sie müssen das Heft mit einer unerbittlichen Kraft festhalten, um die Kontrolle über die Schneide zu gewährleisten. Vermindern Sie die Hebelkraft, indem Sie die Auflage so nah wie möglich am Schneidepunkt einstellen; halten Sie die Maschine häufiger an, um sie neu zu justieren.

Die Art, wie Sie Ihr Werkzeug halten, wird über die Kontrolle der Hebelwirkung von entscheidender Bedeutung sein. Das Werkzeug muß sich um einen fixen Angelpunkt auf der Auflage drehen, der durch einen Griff Ihrer oberen Hand gesichert ist, wie die obere Zeichnung zeigt (A in Abb. 1). Dabei machen Sie sich mit relativ wenig Aufwand die Mechanik zunutze. Wenn Sie Ihre obere Hand leichtsinnigerweise hinter die Dreh- stahlauflage halten (D in Abb. 2), verlagert sich der Stützpunkt des Hebels mit Nachdruck auf Ihre untere Hand am Ende des Holzheftes (E). Seitliche Bewegungen müßte dann Ihre obere Hand in der Nähe der Schneide ausführen, was aber weniger rationell ist. Um das Werkzeug z. B. nach links zu drehen, müßte Ihre obere Hand das gesamte Werkzeug in diese Richtung ziehen.

Handgriffe

Sie können das Werkzeug entweder von oben oder von unten anfassen. Ersteres versperrt die Sicht etwas, die Späne lassen sich aber leichter ableiten als bei letzterem, wo Sie dem Schneidevorgang direkt zusehen können. Legen Sie das Werkzeug aber in jedem Fall auf die Drehstahlauflage und kontrollieren Sie auf ihr die seitliche Bewegung.

Die untere Hand ist flexibler. Sie kontrolliert alle größeren, ausladenden Bewegungen und die Drehung des Werkzeugs, während die obere Hand die Feinabstimmung und Ableitung von Spänen übernimmt. Ich umgreife das Heft mit der unteren Hand lieber direkt hinter dem Klemmring, also am oberen Ende des Heftes. Ich finde es bequemer, außerdem sind die Werkzeugbewegungen leichter zu kontrollieren. Es hat auch den Vorteil, daß die Hand am Klemmring keinen so weiten Weg zurücklegen muß wie am Ende eines langen Heftes. Wenn zum Beispiel die Spitze eines Flachmeißels in 12 mm Entfernung zur Auflage einen Bogen von 6 mm schneidet, bewegt sich ein 400 mm langes Heft an seinem Ende etwa 300 mm weit, wie die Zeichnung auf der gegenüberliegenden Seite zeigt. Am Klemmring macht diese Bewegung nur 75 mm aus. Ich drücke, wann immer möglich, das Heft zur zusätzlichen Unterstützung gegen meine Körperseite oder meinen Unterarm.

Die Drehung eines Werkzeugs bereitet man vor, indem man in der entgegengesetzten Richtung um das Werkzeugheft greift (also nach rechts greifen, wenn das Werkzeug nach links gedreht werden soll). Wenn sich das Werkzeug in den Schnitt hineindreht, können untere Hand und Unterarm wieder die normale Handstellung einnehmen und sich entspannen. So vermeiden Sie Zerrungen und Arbeitspausen zum Umgreifen inmitten eines Schneidevorgangs.

Halten Sie das Werkzeug nicht so, als ob Sie an einem Drahtseil über den Grand Canyon hangeln wollten - Sie verkrampfen total.

Ein klassisches Beispiel eines Schlages durch einen schweren Flachmeißel. Das Werkzeug wurde in falschem Winkel gehalten.

Nur ein leichter, aber entschiedener Griff ist erforderlich. Ihre Hand sollte entspannt sein, aber jederzeit bereit, fester zuzugreifen. Ihr Griff um die Klinge sollte als Stoßdämpfer fungieren, so daß ein Schlag weniger schlimme Folgen hat. Ein Schlag ist der Schrecken aller Drechselanfänger. Schläge entstehen, wenn das Werkzeug, das nur locker oder im falschen Winkel gehalten wird, sich im Holz verkantet und mitgerissen wird. Das Ganze passiert plötzlich und unvermittelt, es macht einen lauten Knall, und meistens wird die Oberfläche des Holzes geschrammt. Das Foto oben zeigt die Folgen eines klassischen kapitalen Schlages.

Im folgenden beschreibe ich vier Grundgriffe. Diese Griffe (und ihre Variationen) sollten Sie in die Lage versetzen, in nahezu jeder Drechselsituation die Kontrolle zu bewahren. Jeden der Griffe üben Sie bitte im Trockentraining bei ausgeschaltetem Motor, damit Sie ein Gefühl dafür bekommen. Achten Sie dabei auf Ihren Stand und folgen Sie mit Ihrem Körper der Bewegung des Werkzeugheftes. Halten Sie das Werkzeug mit beiden Händen: Die obere Hand bleibt an der Werkzeugauflage in der Nähe der Schneidekante; die untere Hand umgreift das Heft. Für Rechtshänder (wie auch in meinen Fotos) liegt die linke Hand oberhalb, die rechte unterhalb; bei Linkshändern umgekehrt.

Drechselbänke sind eigentlich für Rechtshänder konstruiert. Linkshänder dürften beim Langholzdrehen oder bei Oberflächen von Querholzstücken, die parallel zur Rotationsachse geschnitten werden, keine Probleme haben. Schwierigkeiten tauchen erst beim Aushöhlen von Hirnholz in Langholzarbeiten oder während des Bearbeitens einer Stirnseite im Querholz auf – es sei denn, die Drechselbank hat ein so kurzes Bett, daß man ungehindert darum herumgehen kann. Die meisten Linkshänder, die ich kenne, haben ihre rechte Hand in solch ungünstigen Situationen einzusetzen gelernt. Eine andere Möglichkeit wäre, sich auf die andere Seite des Bettes zu stellen, was aber gefährlich ist, denn die meisten Maschinen lassen sich aus dieser Position heraus nicht ein- und ausschalten. Manche Drechsler haben ihre Drechselbänke auf ihre Linkshändigkeit umgerüstet, so daß links anstatt rechts des Spindelkastens gedreht wird. Ich bin Rechtshänder, ich habe mir jedoch angewöhnt, beide Hände zu benutzen. Dies ist freilich die beste Lösung, die Ihnen die größtmögliche Bewegungsfreiheit bei ungünstigen Arbeitspositionen gewährt.

Für die Anwendung eines bestimmten Griffes gibt es keine feststehenden Regeln. Auf den Fotos in diesem Buch halte ich das Werkzeug auf ganz verschiedene Arten – Sie sehen die ganze Bandbreite der gebräuchlichsten Griffe. Welchen Griff Sie anwenden, hängt von der jeweiligen Schneidesituation ab – je nachdem, ob man der Arbeit zusehen muß oder ob man es einfach bequem haben will. Das Hauptziel eines jeden Griffes ist die Kontrolle über die vom sich drehenden Holz ausgehende Zentrifugalkraft, die das Werkzeug vom Zentrum wegstoßen will. Der Kraftaufwand, mit dem Sie das Werkzeug halten, gilt eher dem Verhindern eines Schlages als dem Vorwärtsbewegen des Werkzeugs.

Der einfache Übergriff
Dies ist der am häufigsten verwendete Griff, wenn das Werkzeug seitlich entlang der Auflage bewegt wird, wie z. B. beim Schruppen von Langholzspindeln. Es ist ein guter Griff für breit angelegte Bewegungen und für die meisten Schruppschnitte. Sie können das Werkzeug entlang der Auflage, schieben oder ziehen. Allerdings fehlt die genaue Kontrollmöglichkeit der anderen Handgriffe, weil die obere Hand nicht fest auf der Auflage bleibt. Das Werkzeug liegt unter Ihrer eingezogenen Hand, Ihre Handfläche stützt sich auf die Auflage, und die angewinkelten Finger leiten die Späne ab. Sie sehen zwar die Schneidekante nicht, aber können das Ergebnis des Schnittes am oberen Teil des Werkstückes oder, wenn Sie eine Schale aushöhlen, auf der gegenüberliegenden Seite beobachten. (Mit einiger praktischer Erfahrung haben Sie den Schnitt im Gefühl, ohne hinsehen zu müssen.) Das Foto rechts zeigt eine Variation dieses Griffes, die das Werkzeug nach links führt. Während ich das Heft nach rechts bewege, ziehen die Finger der oberen Hand die Schneide nach links. Das Werkzeug dreht sich an meinem Daumen, der gleichzeitig als Anschlag fungiert. Ich nütze dadurch die Hebelkraft mehr aus, als wenn ich lediglich mit der oberen Hand das Werkzeug nach links ziehen würde. Der Stützpunkt läge dann am Ende des Heftes.

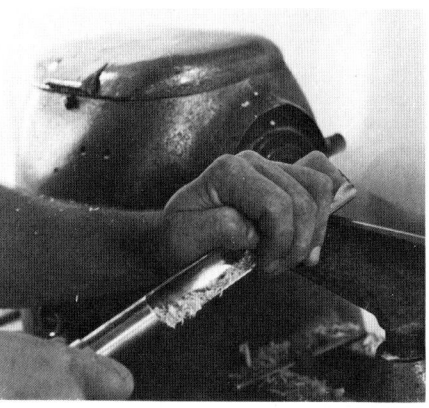

Das einfache Übergreifen ist der gebräuchlichste Griff für längere Bewegungen des Werkzeugs entlang der Auflage. Ihre Handfläche liegt auf der Auflage, Ihre angewinkelten Finger leiten die Späne ab.

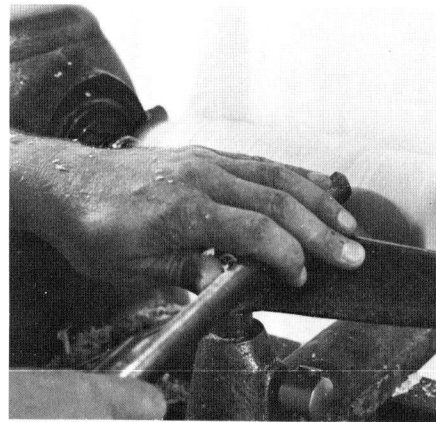

In dieser Variante des Übergriffs wird das Heft nach rechts gedreht, während die Finger die Schneide nach links ziehen. Ihr Daumen ist der Angelpunkt. Dieser Griff bietet ausgezeichnete Kontrollmöglichkeiten.

Der sichere Übergriff bietet einen soliden Stützpunkt. Der Daumen, der fest auf die eine Seite der Röhre gedrückt wird, verhindert ein seitliches Wegrutschen und erlaubt eine genaue Kontrolle.

Der sichere Übergriff
Dieser Griff bietet einen soliden Stützpunkt auf der Werkzeugauflage, indem er ein Abrutschen des Werkzeuges auf die eine oder andere Seite verhindert. Er stellt einen guten, sicheren Griff dar, läßt aber ebenfalls keine freie Sicht auf die zu schneidende Fläche zu. Die äußere Handfläche an der Wurzel Ihres kleinen Fingers bildet einen festen Kontakt zu Werkzeug und Auflage und verhindert mit der Unterstützung durch Ihren Daumen ein Wegrutschen in die eine Richtung; Ihre Finger, die sich um den oberen Teil des Werkzeugs schließen, verhindern das Wegrutschen in die andere Richtung. Sie sollten sich ein gewisses Maß an Feinkontrolle zwischen Ihrem Daumen auf der einen und Zeige- und Mittelfinger auf der anderen Seite erhalten, indem Sie das Werkzeug gegen Ihre Handfläche drücken. Das Werkzeug läßt sich nun an seinem Angelpunkt auf der Auflage wie ein Ruder in einem Dollen drehen. Ich wende diesen Griff oft am Beginn eines Schruppschnittes an.

Der Untergriff
Dieser Griff zieht nicht nur das Werkzeug an die Auflage heran, sondern erlaubt Ihnen einen hohen Grad von Feinabstimmung, besonders wenn es gilt, eine Nut zu schneiden oder einen anfänglichen Einschnitt anzusetzen. Fassen Sie mit dem Daumen und den äußeren Fingern von unten um das Werkzeug herum und klemmen Sie den Zeigefinger unter die Drehstahlauflage. Mit diesem Griff können Sie das Werkzeug seitlich entlang der Auflage schieben oder ziehen oder, bei vermindertem Druck, das Werkzeug nach vorne drücken.

Der Untergriff ermöglicht einen hohen Grad an Feinkontrolle. Er bietet sich für anfängliche Einschnitte ins Holz oder für das Schneiden von Nuten an. Halten Sie das Werkzeug zwischen Daumen und Fingern und klemmen Sie Ihren Zeigefinger unter die Werkzeugauflage.

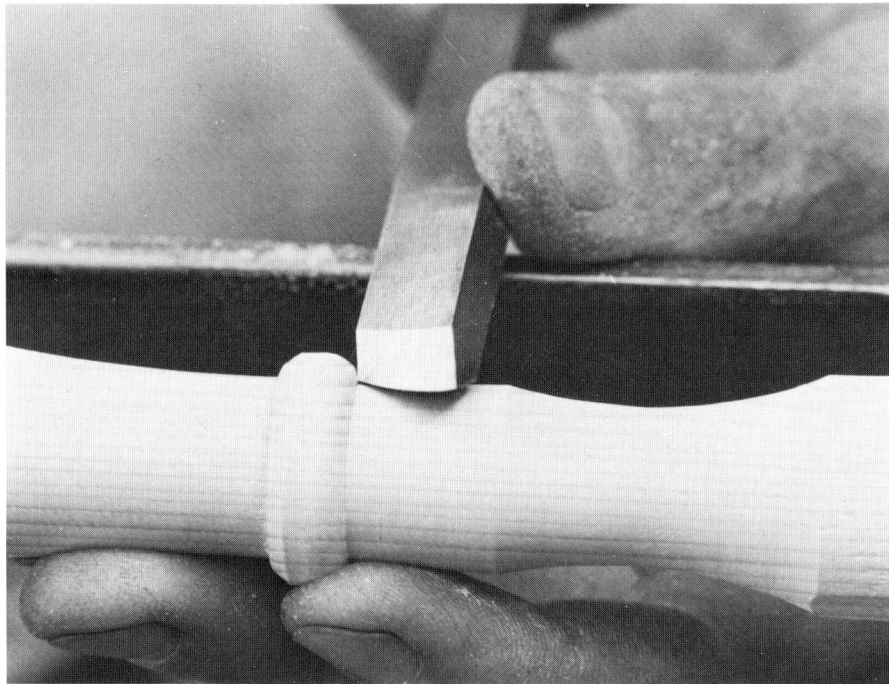

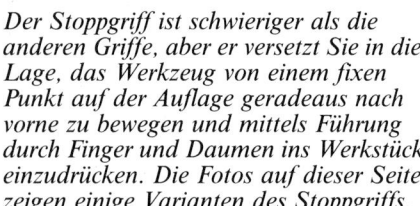

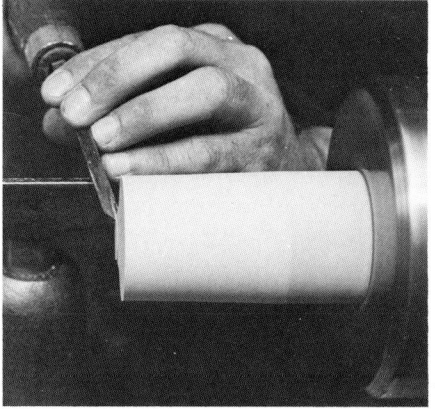

Der Stoppgriff ist schwieriger als die anderen Griffe, aber er versetzt Sie in die Lage, das Werkzeug von einem fixen Punkt auf der Auflage geradeaus nach vorne zu bewegen und mittels Führung durch Finger und Daumen ins Werkstück einzudrücken. Die Fotos auf dieser Seite zeigen einige Varianten des Stoppgriffs.

Der Stoppgriff

Häufig kommt es vor, daß Sie einen Anschlag für das Werkzeug brauchen, etwa um die Schneidekante zu Beginn eines Schnittes am Holz anzusetzen. Im Falle eines Schlages reichen Ihre Finger zum Auffangen auf nur einer Seite des Werkzeugs aus. Auf dem Foto links bildet mein Daumen einen pufferartigen Anschlag, drückt aber gleichzeitig leicht auf den Flachmeißel, um die Eckform zu säubern. Mitte rechts bilden die beiden Finger einen beweglichen Anschlag am oberen Ende der Klinge, während der Daumen als seitlicher Stützpunkt fungiert. Mitte links dient mein Daumen als Stoßdämpfer, als Stopp gegen einen Rückschlag des Werkzeugs (ähnlich einem Schlag) und ebenso als seitliche Stütze während des Schneidens einer dünnen Schalenwand. Auf dem Foto unten bildet mein kleiner Finger gleichzeitig Anschlag und Stützpunkt für seitliche Bewegungen. Ein Werkzeug, das mit einer dieser Stoppgriffvariationen gehalten wird, kann sich immer noch bewegen, unter strenger Kontrolle bis zu 50 mm. Die Finger üben den Druck nach vorn aus. Dies ist ein Griff für präzise Schnitte - Flansche an Dosendeckeln, Rillen in Klemmfutter oder feine Verzierungen wie Profilbänder und Hohlkehlen. Gehen Sie vorsichtig vor und seien Sie auf der Hut vor einem Schlag, wenn Sie Ihre Finger und die Schneidekante in einer sicheren Bewegung nach vorne bringen.

Ich darf Sie noch einmal daran erinnern, daß alle diese Griffe zum Ziel haben, Verkantungen und Rückschläge zu verhindern und die Kontrolle zu erhalten. Mit steigender handwerklicher Erfahrung können Sie die Griffe jeweils Ihren Bedürfnissen anpassen oder modifizieren.

Zusätzliche Unterstützung

Sobald Sie mutiger werden und sehr schlanke Dinge drechseln wollen, genügt es nicht mehr, die Schneidekante mit einem der Standardgriffe zu kontrollieren. Wenn sehr dünnes Holz sich zu biegen beginnt, wird der Schnitt uneben und hinterläßt spiralige Schlingerspuren. Dies können Sie am Laufgeräusch hören. Die Tonlage wird höher, fast kreischend, wenn Sie es übertreiben. Sobald das Holz so stark vibriert, daß ein sauberer Schnitt zur Entfernung der Spuren unmöglich wird, muß es unterstützt werden. Es gibt alle Arten von Mitlauflünetten, aber ich nehme dazu meine obere Hand, weil sie flexibler und gefühlvoller reagiert als jede mechanische Apparatur.

Ob Sie nun Lang- oder Querholzarbeiten unterstützen, das Vorgehen ist immer dasselbe. Ein Teil Ihrer oberen Hand ist zuständig für die Beseitigung der Biegung des Holzes, während der andere Teil den Kontakt mit Werkzeug und Auflage herstellt. Ihre Finger oder Ihre Hand müssen das Holz hinter der Schneidezone mit demselben Druck, der auf das Werkzeug ausgeübt wird, unterstützen. (Falls ein Schlag auftritt, wird das Werkzeug entgegen, Ihren Fingern weggeschlagen und Sie dürften sich eigentlich dabei nicht verletzen.) Falls Ihre unterstützende Hand zu heiß wird, ist Ihr Schnitt zu kraftvoll. Ihre Hand darf nur warm bis heiß werden, nicht brennen; sie soll nur gerade so viel Druck ausüben, damit das Holz sich zentrisch dreht.

Die Fotos rechts oben zeigen einen Rundstab (19 × 180 mm) während des Drechselns und Unterstützens. Sie können feststellen, daß die obere Hand den Kontakt zwischen Werkzeug, Auflage und Holz herstellt. Drücken Sie das Werkzeug zwischen Daumen und Finger Ihrer oberen Hand unter Spannung auf das Holz und bewegen Sie es mit leichtem Daumendruck nach vorne. Die untere Hand verändert ihre Lage nicht. Der meiste Druck auf das Holz wird mit der oberen Hand abgefangen, das Holz läuft zentriert,

Die Fotos zeigen zwei verschiedene Arten der Unterstützung von sehr dünnen Werkstücken. In beiden Abbildungen greifen die Finger der linken (oberen) Hand unter die Holzspindel und stellen den Kontakt zwischen Werkstück, Werkzeug und Auflage her. Das Werkzeug wird unter Spannung zwischen dem Daumen (drückt) und der unteren Hand (stellt den Gegendruck her) auf das Holz gehalten.

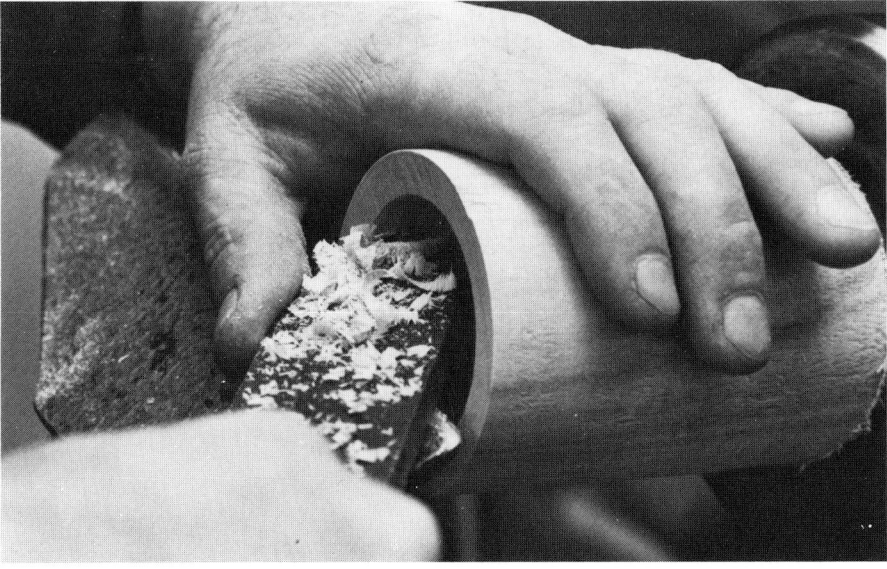

Vibrationen während des Aushöhlens kann man verhindern, indem man das Werkstück in der oberen hohlen Hand laufen läßt.

Eine zusätzliche Stütze während des Drechselns einer dünnwandigen Schale bieten Ihre Finger. Der Handrücken ruht auf der Auflage, Ihre Finger befinden sich hinter dem Schnitt und gehen mit ihm mit (unten). Der Daumen hält die Röhre sicher in Position. Das Werkzeugheft wird längs dem Unterarm in die Körperseite gestemmt, um die größtmögliche Kontrolle während dieses diffizilen Arbeitsvorganges zu garantieren (links). Sie sehen, daß der Daumen einen sicheren Stützpunkt auf der Auflage bildet – dies ist eine Variante des Stoppgriffs.

und Sie erhalten deshalb auch eine äußerst genaue Kontrolle. Dasselbe gilt auch für das Foto unten rechts, S.63, wo die Hand über dem Werkstück ein Schlingern verhindert, während das Hirnholz ausgehöhlt wird. Der Daumen liefert die Feinkontrolle über die Schneidekante.

Die Fotos auf dieser Seite zeigen, wie eine Hand die Wand einer dünnen Stechpalmenschale während eines letzten Schneidvorgangs unterstützt. Die Zentrifugalkraft, die von der drehenden Schale erzeugt wird, benötigt nur einen Stoppgriff auf der Auflage, gegen den Sie das Werkzeug drehen. Die Wandstärke beträgt nur ungefähr 3 mm, das Holz ist feucht und biegsam. Mein Handrücken stützt sich auf das Ende der Handauflage, meine Finger befinden sich genau hinter dem Schnitt und gehen mit dem Fortschreiten des Schnittes mit. Mein Daumen, der als beweglicher Puffer gegen Rückschläge fungiert, hält die

Röhre sicher in der richtigen Position. Das Werkzeugheft habe ich entlang meines Unterarmes in meine Seite geklemmt. Das Prinzip ist dem eines Dicktenhobels sehr ähnlich. Das Holz wird geschält, während es zwischen zwei fixen Punkten passieren muß, in diesem Falle zwischen meinen Fingern hinter der Schale und dem Schneidwerkzeug vorne. Man erhält eine glatte Schalenwand, indem man die Röhre gleichmäßig und akkurat entlang einer vorherbestimmten, gedachten Parabolkurve laufen läßt.

Saubere Schälschnitte

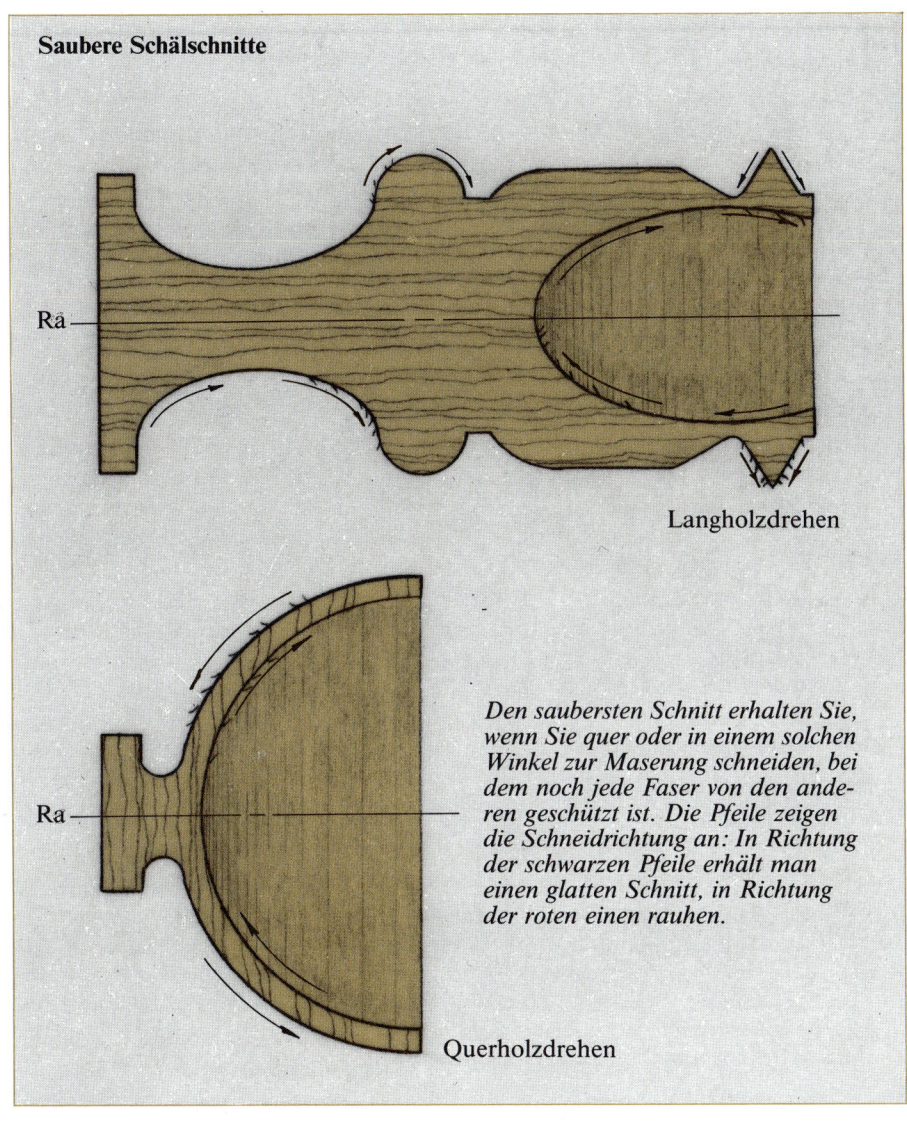

Rä — Langholzdrehen

Ra — Querholzdrehen

Den saubersten Schnitt erhalten Sie, wenn Sie quer oder in einem solchen Winkel zur Maserung schneiden, bei dem noch jede Faser von den anderen geschützt ist. Die Pfeile zeigen die Schneidrichtung an: In Richtung der schwarzen Pfeile erhält man einen glatten Schnitt, in Richtung der roten einen rauhen.

Schneiden

Es gibt keine richtige oder falsche Methode des Drechselns. Der richtige Weg ist der, der bequem ist und eine saubere Oberfläche hinterläßt. Aber es gibt eine Reihe von wichtigen Regeln, die es zu beachten gilt. Wahrscheinlich müssen Sie diese Seiten wieder aufschlagen, wenn Sie mit den Übungen in den Kapiteln 6 und 7 beginnen.

Holz ist von seinem Wesen her ein Bündel von langen Fasern, die normalerweise in derselben Richtung verlaufen. Der sauberste Schnitt erfolgt demgemäß quer zu diesem Bündel (quer zur Maserung), wo jede Faser durch die anderen geschützt wird. Die Zeich-

nung oben stellt dies dar. Ungeschützte Fasern splittern ab; Sie wissen das, wenn Sie schon einmal ein Brett durchgesägt haben. Planen Sie also Ihre Schnitte so, daß die Schneidzone gestützt ist, und beachten Sie dazu die Richtungspfeile in der Zeichnung.

Das Werkzeug muß zuerst auf die Auflage gelegt werden, bevor es nach vorne geschoben wird und der Fasenansatz das Holz berührt, wie die Zeichnung auf der folgenden Seite zeigt. Wenn zuerst die Schneidekante das sich drehende Holz berührt, peitscht die nach unten drängende Kraft das Werkzeug auf die Auflage, und Sie erhalten mit Sicherheit einen Schlag. Solch ein Schlag wird entweder das Holz ver-

unstalten oder im Extremfall – auf leichteren Drehbänken – eine zerbrochene Auflage hinterlassen. (Dies ist mir zu Anfang meiner Drechslerlaufbahn gleich zweimal passiert.) Achten Sie darauf, daß ein Schrot- oder Abstechstahl immer auf seiner vollen Fläche aufliegt und sich nicht einseitig abhebt.

Sobald der Fasenansatz auf dem Holz gleitet, neigen Sie das Heft etwa um 10° nach oben. So wandert die Schneide in einem Bogen nach unten in den Schnitt hinein. Bewegen Sie nicht einfach das Werkzeug horizontal über die Auflage gegen das Holz. (Dies gilt für Flachmeißel, Abstechstähle und Röhren, wie in Abb. 1 (S.66). Schrotstähle werden flach auf die Auflage gelegt und in den Schnitt hineingeschoben, wie Abb. 2 zeigt; die Fase liegt an der Unterseite des Werkzeugs und kann nicht am Holz entlanggleiten. Weil Schrotstähle nur mit der Schneide das Holz berühren, muß man sie mit großer Vorsicht nach vorne schieben und leichte Schnitte machen.) Die Fase auf dem Holz gleiten zu lassen, ist beim Einstich ins Holz unmöglich, weil es ja noch keine geschnittene Oberfläche dafür gibt, aber Sie sollten dies sobald wie möglich tun. Der Fasenansatz wird als zweiter Stützpunkt benützt, gegen den das Werkzeug dreht, bevor die Schneidekante zum Schnitt ansetzt.

Die Fotos auf der nächsten Seite zeigen, wie der Fasenansatz einer Röhre bei zwei verschiedenen Schnitten gleitet: Der Beginn eines Schälschnittes an der unteren Außenwand einer Schale (rechts) und während eines Schnittes vom Rand zum Zentrum einer Schale (links). Um einen sehr feinen Schnitt zu erhalten, neigen Sie die Schneide leicht gegen den Fasenansatz. Für einen tieferen Schnitt verändern Sie den Winkel des Werkzeugs am Drehpunkt, den Sie durch Ihren Handrücken und Ihren kleinen Finger auf der Werkzeugauflage bilden. Um den Schnitt fortzusetzen, lassen Sie weiterhin den Fasenansatz in derselben Position weitergleiten, so daß das Werkzeug

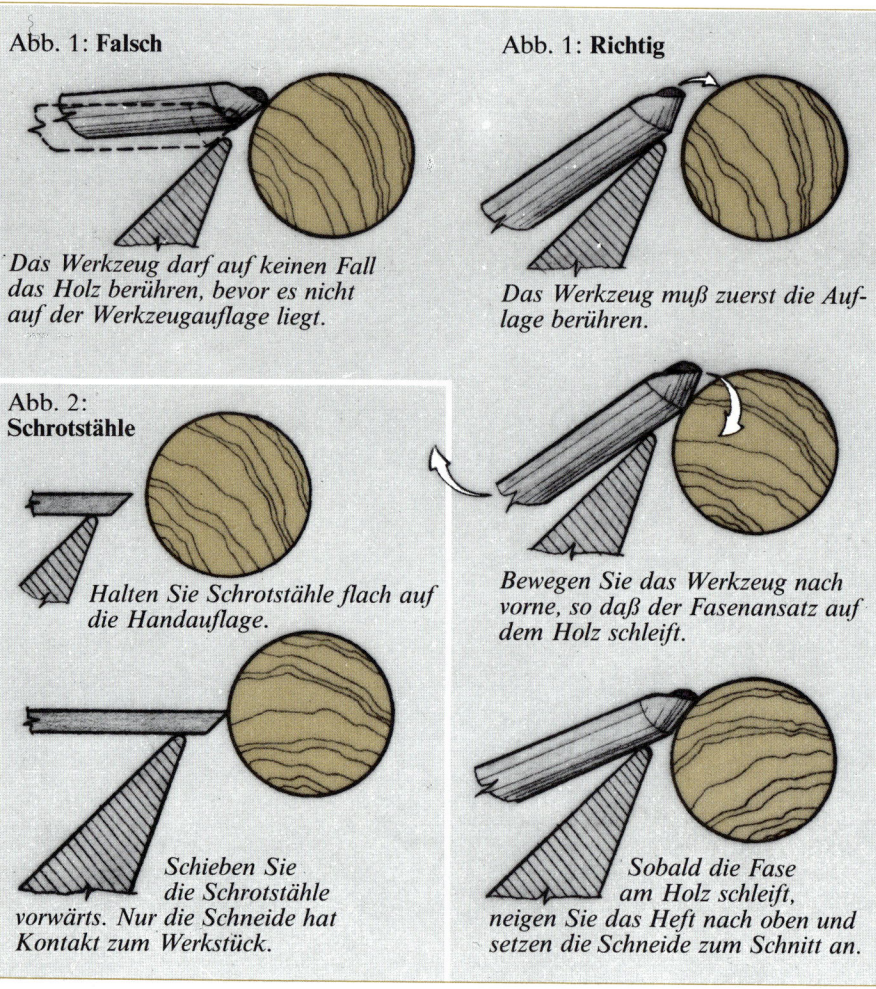

Abb. 1: **Falsch**

Das Werkzeug darf auf keinen Fall das Holz berühren, bevor es nicht auf der Werkzeugauflage liegt.

Abb. 1: **Richtig**

Das Werkzeug muß zuerst die Auflage berühren.

Abb. 2: **Schrotstähle**

Halten Sie Schrotstähle flach auf die Handauflage.

Schieben Sie die Schrotstähle vorwärts. Nur die Schneide hat Kontakt zum Werkstück.

Bewegen Sie das Werkzeug nach vorne, so daß der Fasenansatz auf dem Holz schleift.

Sobald die Fase am Holz schleift, neigen Sie das Heft nach oben und setzen die Schneide zum Schnitt an.

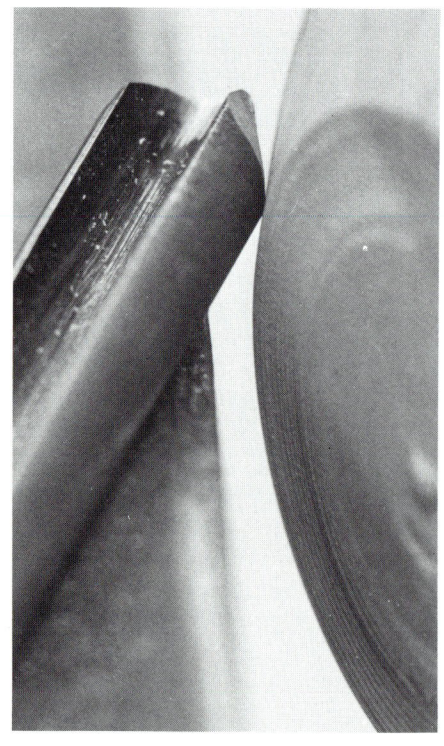

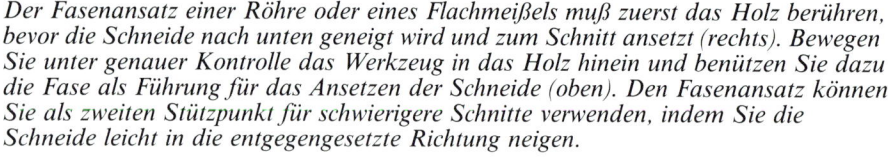

Der Fasenansatz einer Röhre oder eines Flachmeißels muß zuerst das Holz berühren, bevor die Schneide nach unten geneigt wird und zum Schnitt ansetzt (rechts). Bewegen Sie unter genauer Kontrolle das Werkzeug in das Holz hinein und benützen Sie dazu die Fase als Führung für das Ansetzen der Schneide (oben). Den Fasenansatz können Sie als zweiten Stützpunkt für schwierigere Schnitte verwenden, indem Sie die Schneide leicht in die entgegengesetzte Richtung neigen.

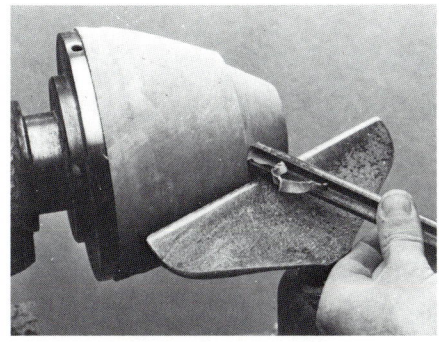

*Druck auf eine ungestützte Schneide-
kante einer Röhre ist die Ursache vieler
folgenschwerer Schläge. Drehen Sie die
Röhre in Richtung des Schnittes, damit
der schneidende Teil der Schneidekante
von der Auflage direkt unterstützt wird.*

Unterstützen des Schneidepunkts

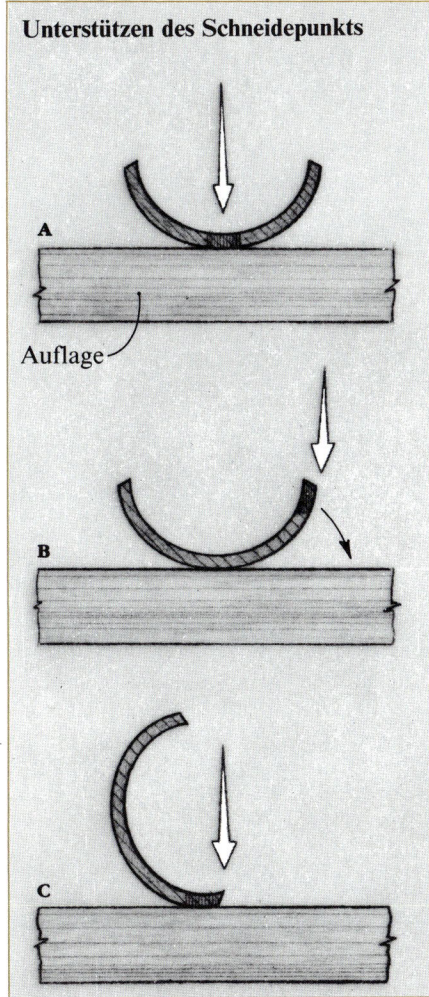

*Unterstützen Sie den Schneidepunkt mit
der Auflage (A). Sobald der Schneidepunkt zur Ecke der Schneide hin wandert
(B), wird die ungestützte Schneide auf die
Auflage geschmettert. Drehen Sie deshalb die Röhre, damit der Schnitt immer
in Nähe der Auflage (C) ausgeführt werden kann.*

Abb. 1

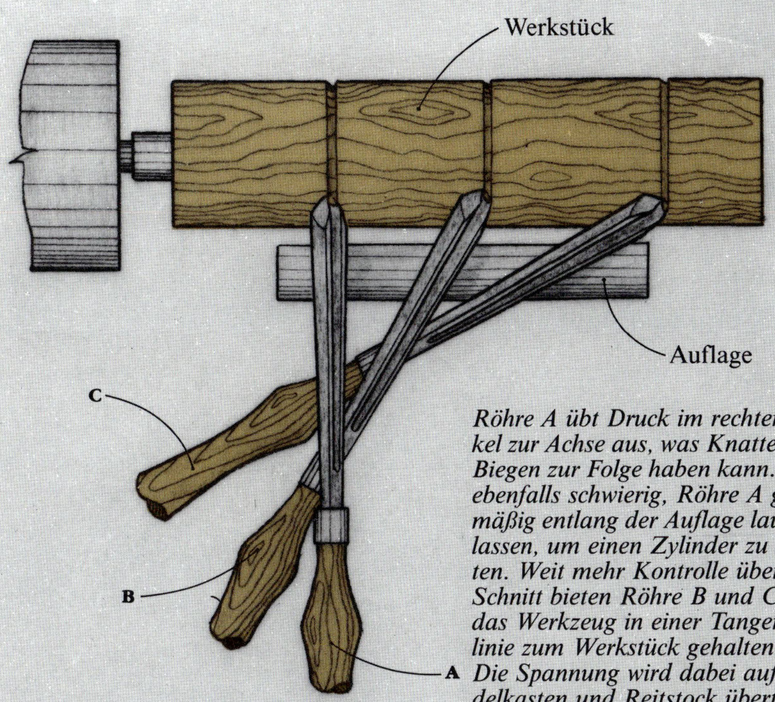

Werkstück

Auflage

C

B

A

*Röhre A übt Druck im rechten Win-
kel zur Achse aus, was Knattern und
Biegen zur Folge haben kann. Es ist
ebenfalls schwierig, Röhre A gleichmäßig entlang der Auflage laufen zu
lassen, um einen Zylinder zu erhalten. Weit mehr Kontrolle über den
Schnitt bieten Röhre B und C, wo
das Werkzeug in einer Tangentiallinie zum Werkstück gehalten wird.
Die Spannung wird dabei auf Spindelkasten und Reitstock übertragen,
die Wahrscheinlicheit von Knattern
wird vermindert.*

Abb. 2

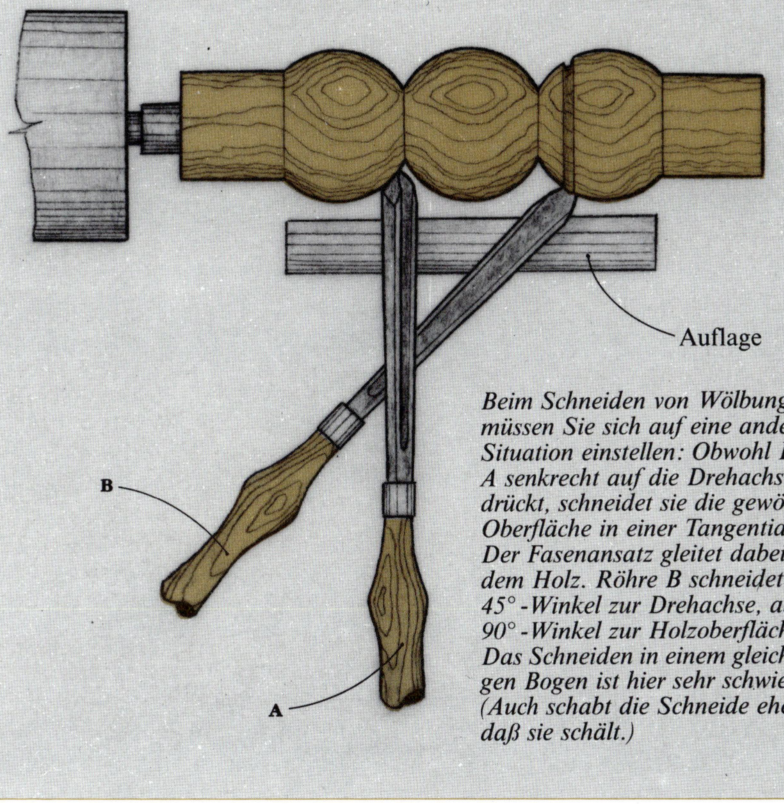

B

A

Auflage

*Beim Schneiden von Wölbungen
müssen Sie sich auf eine andere
Situation einstellen: Obwohl Röhre
A senkrecht auf die Drehachse
drückt, schneidet sie die gewölbte
Oberfläche in einer Tangentiallinie.
Der Fasenansatz gleitet dabei auf
dem Holz. Röhre B schneidet im
45°-Winkel zur Drehachse, aber im
90°-Winkel zur Holzoberfläche.
Das Schneiden in einem gleichmäßigen Bogen ist hier sehr schwierig.
(Auch schabt die Schneide eher, als
daß sie schält.)*

von der gerade geschnittenen Oberfläche geführt wird. Dies funktioniert so lange, wie die Fase eine glatte Gleitfläche hat.

Drehen Sie Röhren in Richtung des Schnittes, wie auf der Zeichnung und auf dem Foto S.67, linke Spalte, zu sehen ist. Der Druck des Holzes auf die ungestützte Schneide einer Röhre ist die Ursache für folgenschwere Schläge. Wenn der Schnitt, wie in A, mit dem Zentrum (dem tiefsten Punkt der Schneide) ausgeführt wird, gibt es keine Probleme, weil der Schneidepunkt direkt von der Auflage unterstützt wird. Schwierigkeiten treten dann auf, sobald der Schneidepunkt auf die ungestützte Ecke des Werkzeugs wandert, wie in B. Eine Korrektur erfolgt, indem Sie das Werkzeug so weit drehen, bis es die Auflage genau unter dem Schneidepunkt berührt (C). Eine Ausnahme in dieser Regel ist der Spezialschnitt mit einer tiefen Röhre (siehe S.124).

Halten Sie das schneidende Werkzeug nicht im rechten Winkel, sondern parallel oder tangential zur Rotationsachse des Holzes, wie in Abb. 1 in der rechten Zeichnung auf S. 67. Dadurch wird die Kraft, die während des Schnittes auf das Holz ausgeübt wird, auf Spindelkasten oder Reitstock übertragen und nicht auf die Rotationsachse. Zu viel Druck gegen die Achse kann Schlingern, Biegen oder Brechen von schlankem Holz verursachen, es können sich sogar die Befestigungen lockern. Nur sehr selten kann man jedoch Schnitte parallel zur Drehachse ausführen, da man ja auch den Maserungsverlauf berücksichtigen muß. Beim Schneiden der kugelförmigen Profilrundstäbe in Langholz (Abb. 2, S. 67) erreicht man keinen sauberen Schnitt, wenn man das Werkzeug im rechten Winkel zur Oberfläche des Holzes hält.

Schneiden Sie jeweils oberhalb einer gedachten Linie vom oberen Teil der Auflage zum Zentrum des Werkstückes, wie auf der Zeichnung rechts zu sehen ist. Wenn Sie unterhalb dieser Linie schneiden, verkantet sich das Werkzeug leicht im

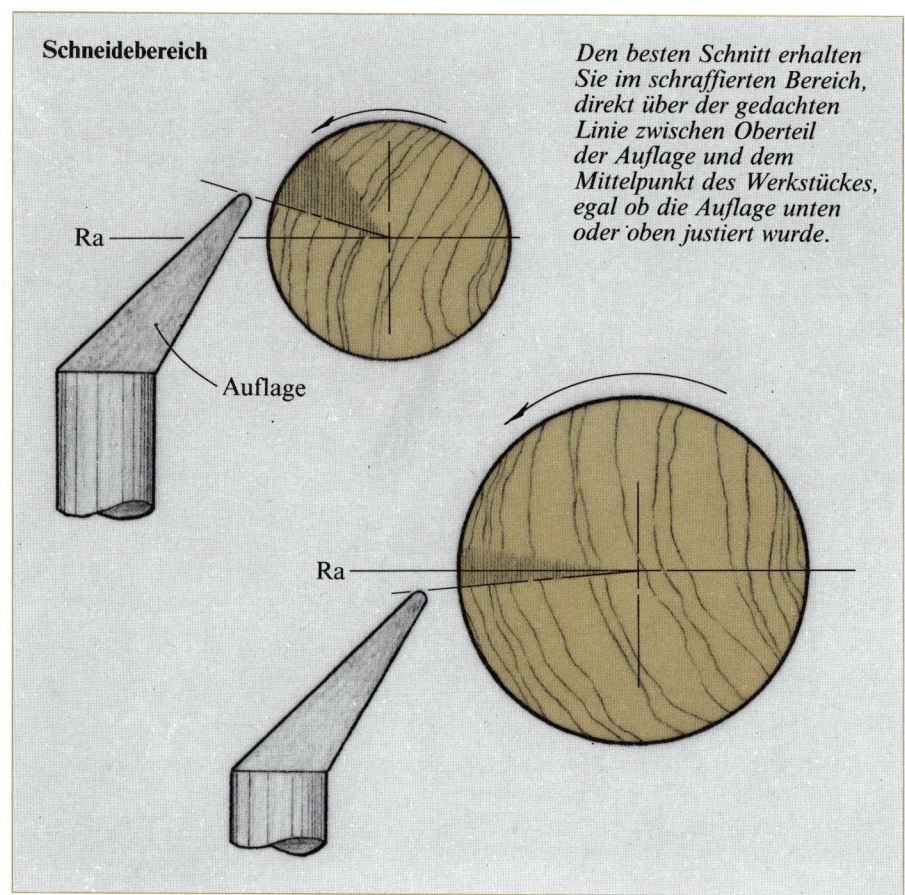

Schneidebereich

Ra

Auflage

Ra

Den besten Schnitt erhalten Sie im schraffierten Bereich, direkt über der gedachten Linie zwischen Oberteil der Auflage und dem Mittelpunkt des Werkstückes, egal ob die Auflage unten oder oben justiert wurde.

Holz. Ich halte die Werkzeugschneide während eines Schnittes maximal 10° nach oben, bevor ich sie etwas nach unten neige und den Schnitt in Richtung Zentrum beende. Wenn Sie in Richtung Zentrum des Holzes einschneiden wollen, verlangsamen Sie die Geschwindigkeit und lassen Sie die Schneide vorsichtig hineingleiten, indem Sie das Werkzeug so drehen, daß Sie den effektivsten Schnitt erhalten. Hören Sie vor dem Zentrum auf! Treiben Sie das Werkzeug nicht zu weit hinein und über das Zentrum hinaus, sonst trifft es auf das sich nach oben drehende Holz der anderen Seite. Sie riskierten damit, daß ganze Fasern herausgerissen würden.

Anfängliche Einschnitte sind so lange Probeschnitte, bis feststeht, wo die äußerste Umlaufbahn des Holzes liegt. Wenn das Werkzeug zu schnell hineingetrieben wird, erfaßt zu viel Holz die Schneide auf einmal. Das hat zur Folge, daß mehr

Holz als beabsichtigt beseitigt wird. Die plötzlich auftretenden Kräfte führen zu einem Schlag. Beim Schneiden müssen Sie die Hebelkraft und den Weg der Schneide kontrollieren und dürfen das Werkzeug nicht mit Gewalt ins Holz hineintreiben. Das Werkzeug sollte nur dann weiter nach vorne gedrückt werden, wenn das Holz an der Umlaufbahn der Schneide bereits entfernt wurde. In der Hand eines Meisters geht dies in einer schnellen, fließenden Bewegung vonstatten. Es verhält sich wie bei laufenden Bildern oder im Zeichentrickfilm, wo jeweils leicht unterschiedliche statische Bilder in schneller Abfolge eine einzige, flüssige Bewegung erzeugen. Ein scharfes, in der optimalen Position gehaltenes Werkzeug produziert einen langen Schälspan ohne einwärts gerichteten Druck. Es ist sogar möglich, mit dem Werkzeug effektiv zu schneiden, wenn man es nur leicht zwischen einem Finger und dem Daumen hält. (Probieren Sie das aber nicht aus! Sie haben zu wenig Kontrolle.)

Wenn ein scharfes Werkzeug weniger gut schneidet oder ganz zu schneiden aufhört, dann richten Sie lieber den Schnittwinkel neu ein oder drehen es in eine andere Schneidposition. Wenn Sie in einem falschen Winkel zu fest drücken, schlittert das Werkzeug ohne Wirkung über die Oberfläche. Das Werkzeug darf nicht nach vorne schießen und auf der Fase laufen, wenn einmal die Schneide abgenützt ist; dies zeigt mangelnde Kontrolle und zu starken Druck auf das Holz an. Das Ziel muß sein, das Werkzeug präzise und gleichmäßig entlang der vorherbestimmten Bahn zu führen und all das zu entfernen, was auf dem Weg liegt. Versuchen Sie nicht, innerhalb eines Durchgangs zuviel Holz abzunehmen.

Üben Sie, inmitten eines Schnittes durch Nachlassen des Druckes anzuhalten, so daß die Schneide kaum noch Berührung mit dem Holz hat. In dieser Position reibt die Fase am Holz, während die Schneide leichte flaumige Späne erzeugt. Dann fahren Sie mit dem Schnitt fort und halten wieder an. Bald sollten Sie in der Lage sein, das Werkzeug zurückzunehmen und an der erforderlichen Stelle wieder anzusetzen. Üben Sie dabei auch, den Fasenansatz zuerst an das Holz zu legen und ihn gleiten zu lassen. Dann drehen Sie das Werkzeug Stück für Stück, verlagern den Winkel der Schneide nach unten und setzen mit dem Schnitt an. Führen Sie das Werkzeug langsam und unter genauer Kontrolle ins Holz hinein. Wann immer es Ihnen gelingt, einen schönen Schälspan und eine glatte Oberfläche zu erzeugen, probieren Sie es gleich noch einmal, bis Sie es im Schlaf können. Später bauen Sie auf dieser Grundschneidmethode auf.

Was ein Werkzeug leisten kann und soll, ist nicht einfach zu lernen. Wann ist ein Werkzeug nicht scharf genug? Wie sieht ein akzeptables Finish durch ein Werkzeug aus? Solche Fragen sind am besten durch die Praxis zu beantworten. Falls Schwierigkeiten auftreten, sollten Sie folgendes untersuchen:

- Muß das Werkzeug geschärft werden?
- Liegt es am Holz - schwierige Maserung oder Fremdkörper (Silizium, Draht oder Nägel)?
- Kann ich das Werkzeug anders einsetzen, um bessere Resultate zu erzielen?
- Wäre ein anderes Werkzeug besser geeignet?
- Liegt es an mir? In diesem Fall üben Sie weiter. Oder Sie gehen spazieren und probieren es später noch einmal. Jeder erwischt mal einen schlechten Tag.

5

Messen

Es dauert einige Zeit, bis Sie ein gewisses Augenmaß entwickelt haben. Am Anfang müssen Sie nach mehreren Arbeitsgängen nachmessen. Finden des Mittelpunktes, Abmessungen an Rundstäben, Abmessen von Außen- und Innendurchmesser, Feststellen von Tiefen und Wandstärken sind häufig vorkommende Aufgaben. Wann immer es möglich ist, verlasse ich mich auf mein Augenmaß und meinen Tastsinn. Aber es schadet nicht, sich selbst ab und zu mit Meßinstrumenten zu kontrollieren, besonders wenn man Anfänger ist.

Das Foto rechts zeigt eine Auswahl der wichtigsten Meßwerkzeuge. Ich habe ein Sortiment von Linealen und Reißschienen, Innen- und Außentaster, Schieblehren und Stechzirkeln und zusätzlich noch einige kleine Röhren und Bohrspitzen in Werkzeugheften, um die Tiefe festzulegen. Für den Anfang kommen Sie auch mit weniger aus, mit einem Stechzirkel, einem Innen- und Außentaster, einer Schieblehre und ein paar Linealen.

Zentrieren

Um Vibrationen weitgehend auszuschalten und so wenig Holzabfall wie möglich zu erhalten, muß das Werkstück auf der Bank richtig zentriert werden. An Werkstücken, wo ein rechter Winkel erhalten bleibt, wie z. B. an den Enden eines Rundstabes, ist ein genau ermitteltes Zentrum wichtig, sonst ist das fertige Stück anschließend ungleichgewich-

tig. Wenn große Werkstücke nicht rundlaufgenau eingespannt werden, lockern sich die Befestigungen, oder die Stücke werden von der Drehbank geschleudert. Ihre erste Aufgabe wird es deshalb sein, seinen Mittelpunkt zu ermitteln.

Langholz

Im rechtwinklig zugesägten Holzmaterial zeichnen Sie die Diagonalen zwischen den gegenüberliegenden Ecken ein und zentrieren das Werkstück auf der Drechselbank im Schnittpunkt der Linien, wie auf dem Foto oben auf der nächsten Seite zu sehen ist. Falls an einem Stück keine Ecken mehr vorhanden sind, reißen Sie Linien an, die parallel und im selben Abstand zu den Seiten verlaufen, wie das Foto in der Mitte zeigt. Dann zeichnen Sie die Diagonalen zwischen den Ecken des entstandenen inneren Quadrats. Sind die Seiten eines gleichseitigen Vielecks wirklich gleich lang, kön-

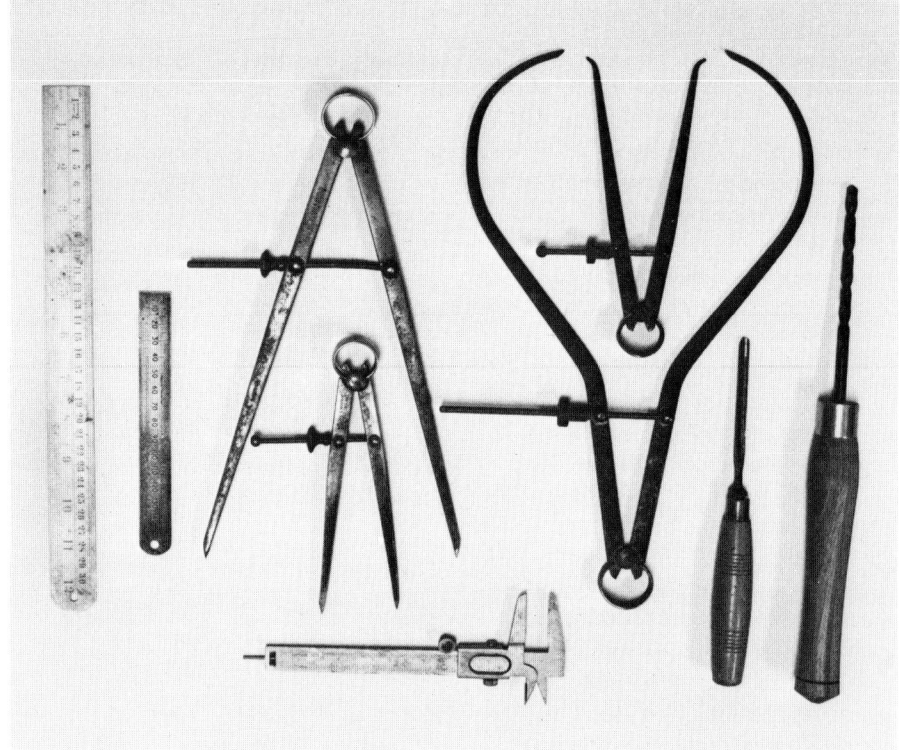

Am Anfang reichen ein paar Meßwerkzeuge aus. Eine Grundausstattung sollte beinhalten (von links nach rechts): einen 6-mm-Bohrer und eine 6-mm-Röhre in Werkzeugheften, um Löcher vorzubohren; Greiftaster und Federlochtaster, Stechzirkel, Lineale und Schieblehren (oben).

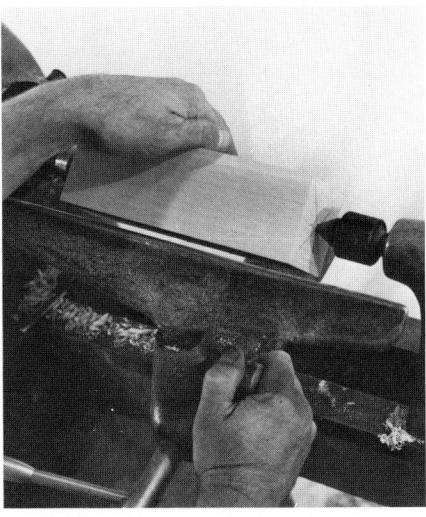

Zum Zentrieren quadratischer Rohlinge zeichnen Sie die Diagonalen zwischen den gegenüberliegenden Ecken ein (links). Sind keine Ecken vorhanden, reißen Sie Linien parallel zu den Seiten und im jeweils gleichen Abstand an (rechts). Dann ziehen Sie die Diagonalen im entstandenen Quadrat.

Um die Genauigkeit der Zentrumsmarkierung zu überprüfen, klemmen Sie die Auflage parallel zu einer Seitenkante des Rohlings fest. Drehen Sie nun das Holz von Hand. Der Abstand entlang der Auflage und der Seitenkanten muß gleich bleiben.

nen Sie auch hier die gegenüberliegenden Ecken wie bei rechtwinkligem Material miteinander verbinden.

Sobald das Werkstück zwischen Spitzen eingespannt worden ist (S. 20), muß die Genauigkeit des Mittelpunkts überprüft werden. Dazu gibt es verschiedene Möglichkeiten. Die einfachste Art ist, die Werkzeugauflage an eine Kante des Holzes heranzubringen und es von Hand zu drehen. Nun kann man leicht prüfen, ob der Abstand zwischen Holz und Werkzeugauflage entlang jeder Kante derselbe ist (oben rechts).

Eine andere Art ist, die Auflage etwas zurückzuversetzen, so daß keine Gefahr besteht, daß sie das Holz berührt. Schalten Sie den Motor an und reißen Sie mit der langen Spitze des Flachmeißels an jeder Kante eine Kerbe an, wobei Sie das Werkzeug in einer festen Position auf der Auflage halten. Stoppen Sie den Lauf der Maschine und prüfen Sie, ob die Kerbe überall gleich tief ist. Eine dritte Methode ist, bei laufendem Motor mit einem harten Bleistift einen möglichst großen Kreis auf dem Hirnholz anzuzeichnen, wie die Fotos rechts zeigen. Halten Sie die

Hier eine weitere Möglichkeit zur Überprüfung des Mittelpunktes. Markieren Sie bei laufendem Motor einen Kreis auf dem Hirnholz. Dann stoppen Sie die Maschine und überprüfen den Kreis. Wenn er nicht ganz genau dem Quadrat einbeschrieben ist, justieren Sie den Körner neu und wiederholen den Test.

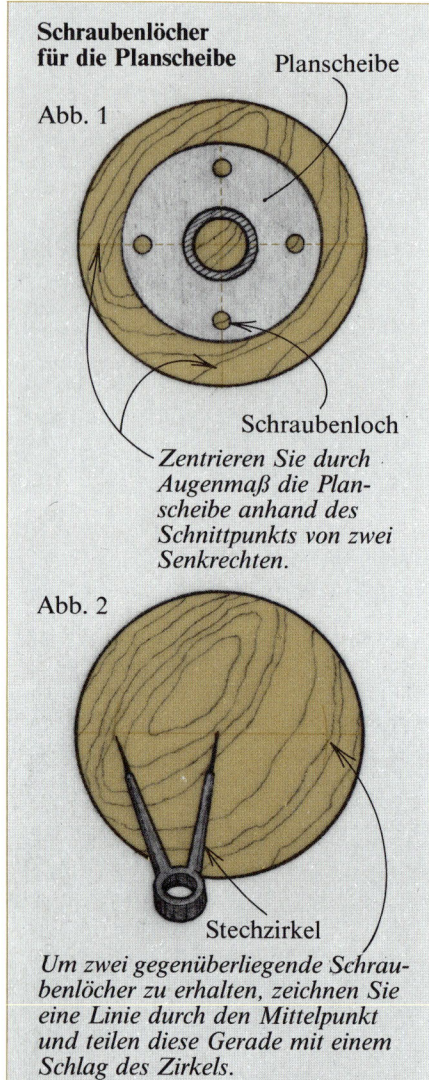

**Schraubenlöcher
für die Planscheibe** Planscheibe

Abb. 1

Schraubenloch

*Zentrieren Sie durch
Augenmaß die Plan-
scheibe anhand des
Schnittpunkts von zwei
Senkrechten.*

Abb. 2

Stechzirkel

*Um zwei gegenüberliegende Schrau-
benlöcher zu erhalten, zeichnen Sie
eine Linie durch den Mittelpunkt
und teilen diese Gerade mit einem
Schlag des Zirkels.*

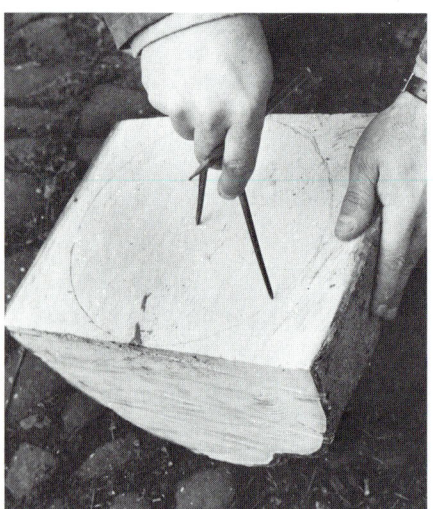

*Mit dem Stechzirkel beschreiben Sie
einen Kreis auf dem Holz. Nachdem der
Kreis herausgesägt worden ist, dient der
zentrale Zirkeleinstich zur Zentrierhilfe
auf einer Planscheibe oder zur Einspannung zwischen Spitzen.*

Maschine an und überzeugen Sie
sich, daß der Kreis inmitten des
Quadrats liegt.

Falls eines dieser Testverfahren
eine Ungenauigkeit anzeigt, kann
man sie leicht korrigieren, indem
man die linke Hand auf der Auflage
aufstützt und das Werkstück etwas
verschiebt, während die rechte
Hand den Spannknebel des Körners bedient.

Auf rundem oder unregelmäßi-
gem Material zeichnen Sie mehrere
annähernde Durchmesser auf das
Hirnholz und nehmen Sie daraus
das Mittel, bevor Sie eines der oben
beschriebenen Zentrierverfahren
von Werkstücken anwenden. Ist das
Holz bereits ziemlich rund, ist es
schneller und genauer, wenn man
das Holz an der Antriebsseite in ein
selbstzentrierendes Dreibackenfutter, in ein Zangenspannfutter oder
in ein Spannfutter einsetzt. So muß
man nur noch das andere Ende zentrieren. Dies geschieht wiederum
nach den bereits beschriebenen
Zentrierverfahren. Backenfutter
greifen in der Regel besser als Mitnehmerspitzen, die sich oft ins
Hirnholz hineinbohren.

Querholz

Es ist einfach, den Mittelpunkt
einer Scheibe zu bestimmen; denn
gewöhnlich reißt man mit einem
Stechzirkel den Kreis auf dem Holz
an, bevor man es zurechtsägt. Die

*Legen Sie die Position der Schrauben-
löcher fest, indem Sie das Zentrum der
Arbeit und den Lochumfang der Planscheibe markieren. Zeichnen Sie den
Durchmesser und bohren Sie die Löcher
dort, wo er den Lochumfang der Planscheibe schneidet.*

Markierung, die die Zirkelspitze
hinterläßt, dient hinterher zur Zentrierung des Werkstückes auf der
Drechselbank. Für die Befestigung
einer Scheibe auf dem Scheibenfutter brauchen Sie nur ein Bohrloch
im Mittelpunkt, um die Zentrierschraube aufzunehmen. Kleinere
Scheiben von etwa 125 mm Durchmesser befestige ich auf Grund der
höheren Sicherheit und des schnelleren Einspannvorgangs im Backenfutter (S. 27).

Größere Scheiben befestigt man
besser auf einer Planscheibe, denn
die Befestigungsschrauben bieten
ein hohes Maß an Sicherheit. Es
gibt verschiedene Möglichkeiten,
Schraubenlöcher festzulegen. Die

erste Art ist, zwei Linien zu zeichnen, die sich im Mittelpunkt rechtwinklig schneiden und die Lochbohrungen der Planscheibe danach auszurichten. Sie sehen dies in Abb. 1 links außen. (Die meisten Planscheiben haben vier symmetrisch angeordnete Löcher.) Meine Planscheiben haben in ihrem Zentrum ein Loch, so daß ich die Markierung des Mittelpunkts sehen kann. Anstatt die Linie anzureißen, richte ich die Planscheibe schneller und einfacher nach meinem Augenmaß aus.

Eine zweite Möglichkeit besteht darin, beim Ausmessen der Holzscheibe den Durchmesser der Planscheibe auf dem Holz einzuzeichnen. Legen Sie die Planscheibe in den Kreis und markieren oder bohren Sie die Schraubenlöcher, während die Planscheibe sich in Position befindet.

Die dritte Möglichkeit ist, eine durch den Mittelpunkt laufende Linie mit einem Zirkelschlag zu teilen, um zwei gegenüberliegende Schraubenlöcher zu erhalten (siehe Abb. 2). Diese Methode wende ich oft an, wenn ich die Außenform einer Schale auf der Planscheibe bereits gedrechselt habe und das Werkstück nun an der Standfläche zum Aushöhlen eingespannt werden soll. Zwei Schrauben geben einen relativ guten Halt, und außerdem geht es schnell.

Sie können das Holz auf der laufenden Drechselbank markieren. Auf diese Weise ist es einfach, den Mittelpunkt zu finden – allerdings nur auf plangedrehten Flächen. Falls Sie mit einem Bleistift genau ins Zentrum treffen, erhalten Sie einen Punkt; an allen anderen Stellen hinterläßt der Bleistift auf dem Holz einen Kreis. Markieren Sie den Mittelpunkt des Werkstückes und legen Sie den Umfang fest, auf dem die Schraubenlöcher liegen sollen. Halten Sie nun die Maschine an, zeichnen Sie eine Linie durch den Mittelpunkt, die den Umfang in zwei Punkten schneidet, und bohren Sie die Schraubenlöcher an den Schnittpunkten vor. Dann können Sie die Standfläche schleifen und

finishen, die Schraubenlöcher befinden sich in der richtigen Position, und alle Markierungen sind beseitigt. Wenn das Holz trocken ist oder nicht mehr eingespannt werden muß, plazieren Sie die Schrauben quer zur Maserung, ansonsten längs (siehe S. 26).

Hundertprozentige Genauigkeit bei der Montage und Wiedereinspannung von Querholz ist selten. Meistens liegt das Stück ganz leicht außermittig – manchmal bis zu 1 mm. Oft spielt das keine Rolle, aber für eine Präzisionsarbeit (wie z. B. Stücke, die zusammenpassen sollen) muß das Werkstück rundlaufgenau gedrechselt werden. Mit der praktischen Erfahrung entwickelt sich auch Ihr Augenmaß, so daß Sie, ohne zu messen, einen Mittelpunkt mit ziemlich großer Genauigkeit ermitteln können.

Markierungen an Rundstäben

Soll an Rundstäben ein quadratischer Querschnitt erhalten bleiben, tut man sich leichter, wenn man diesen Abschnitt vor dem Einspannen auf der Drechselbank kennzeichnet. Legen Sie eine Schablone oder den Rundstab, der kopiert werden soll,

der Länge nach neben die Vierkanthölzer. Mit einem Winkelmaß oder Anschlagswinkel übertragen Sie nun die entscheidenden Linien auf die Hölzer. Ich markiere Kanten, die Mittellinien von Nuten, Seiten von Hohlkehlen und die Grundlinien von Profilbändern. Sollen Seriendrehstücke hergestellt werden, zwingen Sie die Vierkanthölzer zusammen und übertragen Sie die Linien in einem durchgehenden Strich, wie das Foto unten zeigt. Sobald sich der Stab auf der Drechselbank dreht, erscheint ein auf einer Seite angezeichneter Strich als durchgehende Linie rund um das Kantholz.

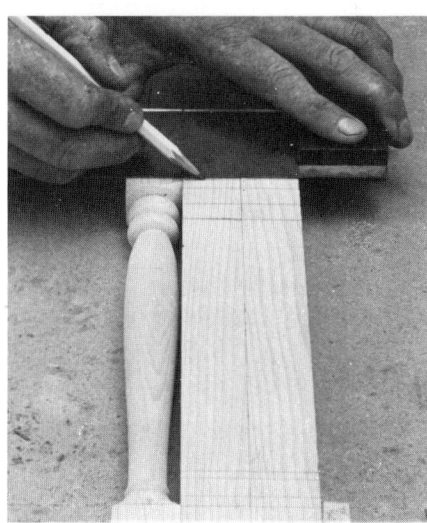

Für die Maßgenauigkeit einer Serienproduktion von Rundstäben, an denen ein quadratischer Grundriß erhalten bleiben soll, zwingen Sie die Vierkanthölzer seitlich mit je einem markierten Rohling zusammen und übertragen Sie die Linien mittels eines Winkelmaßes und eines Bleistifts.

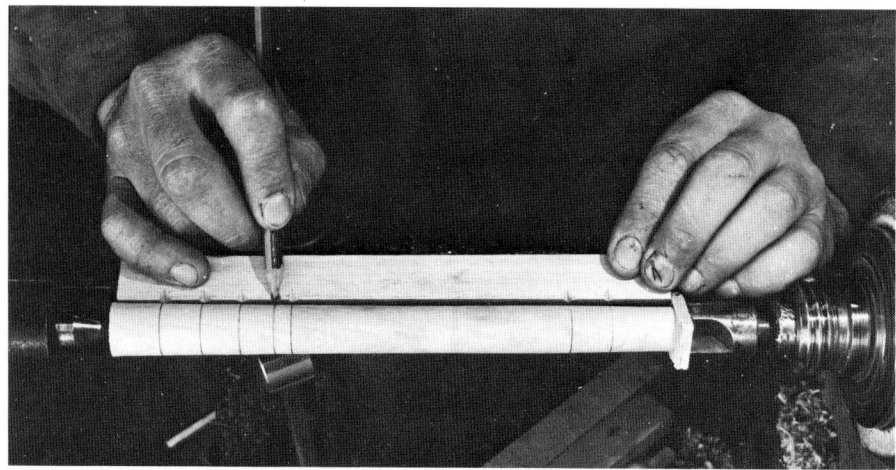

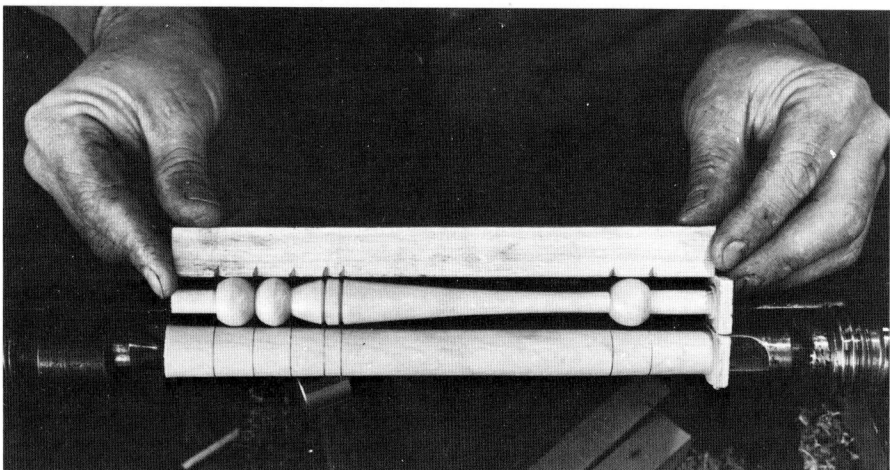

Eine Markierungslatte ist sehr nützlich, wenn man Rundhölzer auf der Drechselbank schnell bezeichnen will. Die Kerben auf der Leiste werden benötigt, um Mittellinien von Nuten und Grundlinien von Rundstabprofilen auf einer Holzspindel anzureißen.

Der äußere Durchmesser

Sobald das Holz zentriert und auf die Drechselbank eingespannt wurde, können Sie mit dem Drechseln beginnen. Während des Drechselns müssen Sie häufiger Außen- und Innenmaße und Stärken bestimmen. Dazu brauchen Sie Greiftaster, Stechzirkel, Lineale und Schablonen.

Außengreiftaster

Bei kleinen Arbeiten halten Sie mit der oberen Hand den Greiftaster um das drehende Holz, während die untere Hand mit dem Werkzeug leichte Schnitte ausführt (siehe Foto unten). Ziehen Sie den Greiftaster vorsichtig gegen die Schnittfläche, bis er sich locker darüberschieben läßt. Die gebogenen Metallschenkel der Greiftaster sind biegsam, daher passen sie auch über einen Durchmesser, der um einen Bruchteil größer ist als ihr Abstand (eine eingebaute Fehlerquelle!).

Wenn Sie nur einen Außendurchmesser abmessen wollen, halten Sie

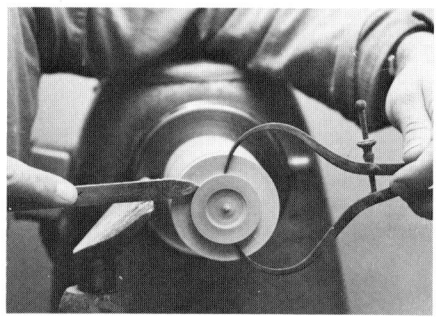

Mit dem Federgreiftaster mißt man den äußeren Durchmesser, während man das Holz auf die richtige Größe herunterschneidet. Dies ist eine der wenigen Situationen, bei der die Hand nicht an der Auflage liegt.

Wenn am fertigen Rundstab keine Zone mit quadratischem Querschnitt stehen bleiben soll, bringt man die Markierungen besser auf dem geschruppten, sich drehenden Zylinder an. Sobald Sie eine größere Anzahl von gleichen Rundstäben drehen wollen, lohnt sich die Anfertigung einer Markierungslatte. Die Latte weist an den betreffenden Punkten mit dem Messer eingeschnitzte Kerben auf. Legen Sie die Latte auf der Werkzeugauflage auf, so daß sie das sich drehende Holz ganz leicht berührt. Legen Sie eine Ahle in die Spitze der Kerbe und bringen Sie damit einen Riß auf dem sich drehenden Stück Holz an. Ein sauberer Riß ist besser als ein Bleistiftstrich (obwohl ich der Deutlichkeit halber auf den Fotos den Bleistift benütze), der während des Drechselns schnell verschwindet und eigentlich keine präzise Markierungslinie darstellt.

Eine Variante zum Anreißen von Rundstäben ist eine Markierungslatte, die anstatt der Kerben hervorstehende Nägel hat. Voraussetzung für diese Methode ist ein exakt rundgedrehter, geschruppter Zylinder, damit alle Nägel die Oberfläche gleichzeitig anreißen können. Sie ist für kurze Längen bis zu 300 mm am besten geeignet. Bei der gekerbten Markierungslatte schleichen sich schneller Fehler ein und sie ist in ihrer Anwendung weniger genau.

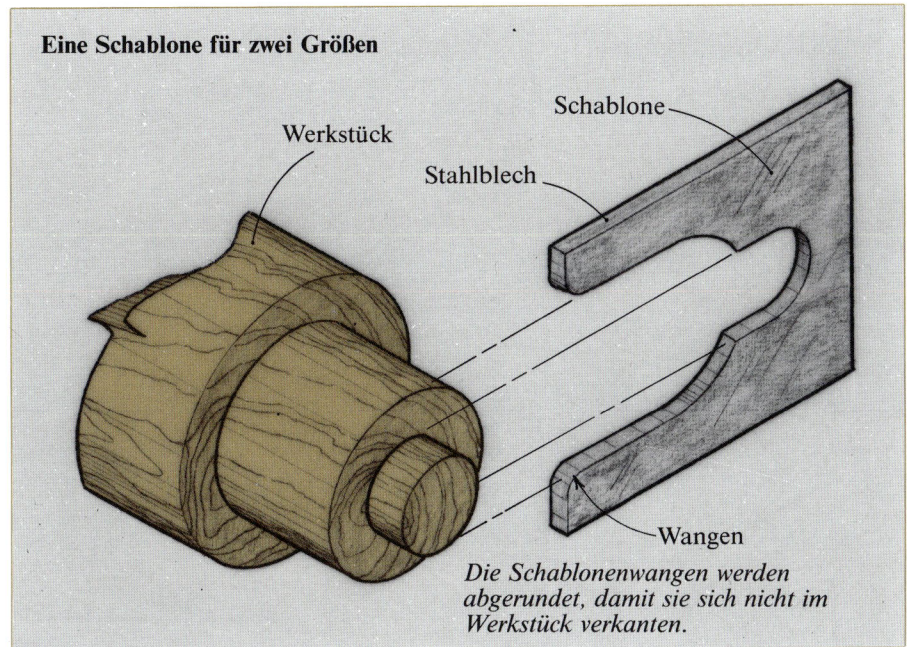

Eine Schablone für zwei Größen

Werkstück

Stahlblech

Schablone

Wangen

Die Schablonenwangen werden abgerundet, damit sie sich nicht im Werkstück verkanten.

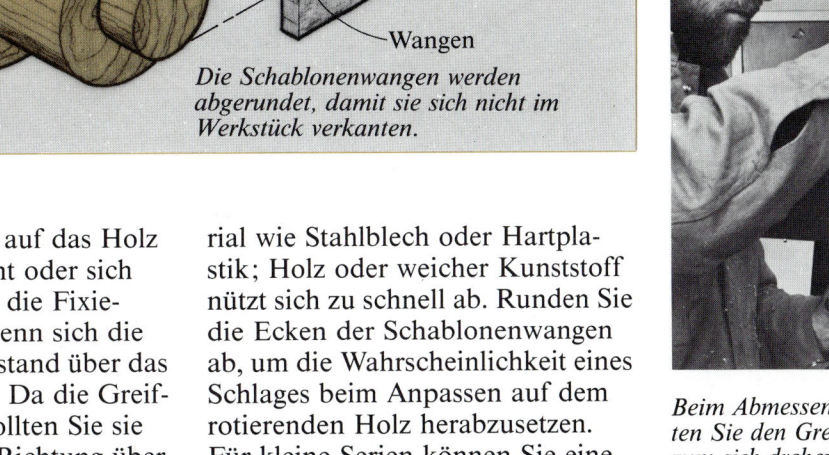

Beim Abmessen eines Außenmaßes sollten Sie den Greiftaster immer senkrecht zum sich drehenden Holz halten (oben). Drücken Sie niemals den Taster in vertikaler Richtung über das Holz (unten).

den Taster horizontal auf das Holz (das entweder stillsteht oder sich dreht) und stellen Sie die Fixierungsschraube fest, wenn sich die Schenkel ohne Widerstand über das Holz schieben lassen. Da die Greiftaster leicht federn, sollten Sie sie niemals in vertikaler Richtung über das drehende Holz schieben, wie Sie es auf dem Foto rechts außen sehen; die Schenkel verhaken sich, brechen ab und verursachen möglicherweise eine Beschädigung des Holzes.

Gute Übungen für den Umgang mit Greiftastern sind entweder Hunderte von Rohlingen auf die Paßform für ein Einschlagfutter herunterzudrehen oder auch andere oft wiederholte Arbeitsvorgänge, wo ein Fehler keine große Rolle spielt.

Schablonen

Wo absolute Maßhaltigkeit erforderlich ist (z. B. wenn ein Zapfen in ein Bohrloch passen soll), ist der Gebrauch einer Schablone sinnvoll, um Fehler wie sich biegende Greifschenkel oder das Lockern der Feststellschraube von vornherein auszuschließen. Für große Produktionsserien lohnt sich die Herstellung einer Schablone aus einem harten Mate-

rial wie Stahlblech oder Hartplastik; Holz oder weicher Kunststoff nützt sich zu schnell ab. Runden Sie die Ecken der Schablonenwangen ab, um die Wahrscheinlichkeit eines Schlages beim Anpassen auf dem rotierenden Holz herabzusetzen. Für kleine Serien können Sie eine Schablone schnell herstellen, indem Sie ein Loch in der Größe des gewünschten Rundstabdurchmessers in ein 10 mm starkes Hartholz vom Abfall bohren und es entlang des Durchmessers durchsägen. Halten Sie die Schablone während des Drechselns an das Holz, bis der Rundstab in den Halbkreis paßt. Die Abbildung oben links auf der nächsten Seite zeigt diesen Vorgang.

Ein alter Drechslertrick, um schlanke Langholzarbeiten auf einen präzisen Durchmesser zu bringen, geht folgendermaßen: Schärfen Sie die obere Wange eines Schraubenschlüssels und runden Sie die untere ab. Der obere Teil schneidet wie ein Abstechstahl, während der untere Teil so lange auf dem Holz reibt, bis es zwischen die Wangen paßt. Dies ist ein praktischer Kniff, wenn es darum geht, eine große Anzahl von Dübeln oder Zapfen in Normgröße abzudrehen.

Zur Herstellung einer einfachen Schablone bohren Sie ein Loch in ein Stück Hartholz. Trennen Sie mit einem Sägeschnitt das Loch hälftig auf. Halten Sie die Schablone an das Holz und drehen Sie den Rundstab ab, bis sie paßt.

Ein alter Drechslertrick: Schärfen Sie den oberen Teil eines Schraubenschlüssels zum »Abstechstahl«. Der untere Backen reibt so lange, bis das Holz zwischen beide Backen paßt.

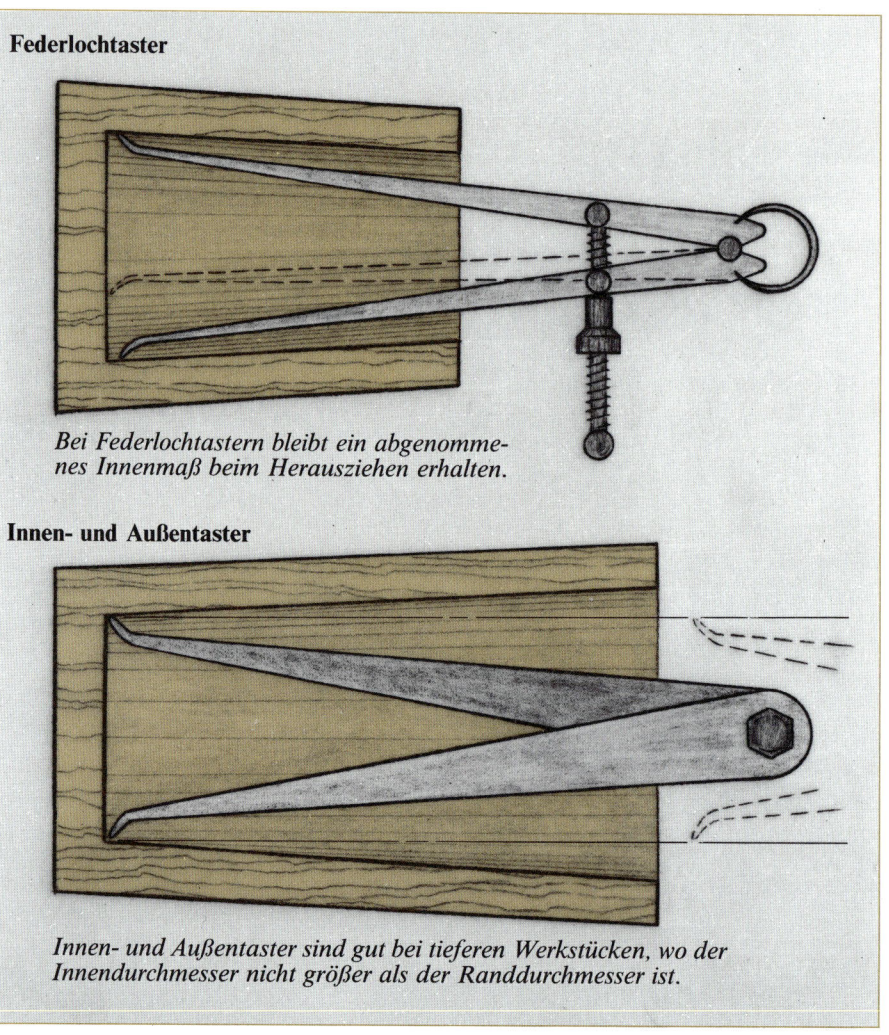

Federlochtaster

Bei Federlochtastern bleibt ein abgenommenes Innenmaß beim Herausziehen erhalten.

Innen- und Außentaster

Innen- und Außentaster sind gut bei tieferen Werkstücken, wo der Innendurchmesser nicht größer als der Randdurchmesser ist.

Der innere Durchmesser

Zum Abmessen eines Innendurchmessers braucht man verschiedene Arten von Lochtastern, wobei sich die Wahl nach der Größe und Form des Werkstücks und dem Grad der erforderlichen Genauigkeit richtet. Schalten Sie in jedem Fall dabei den Motor ab, sonst verkanten sich die Spitzen des Tasters, sie werden herumgewirbelt oder zusammengepreßt und klemmen womöglich Ihre Finger ein.

Innen- oder Federlochtaster

Die nach außen gebogenen Spitzen eines Federlochtasters mit Feststellschraube, wie in der Zeichnung oben zu sehen ist, lassen sich leicht

durch eine kleine Öffnung einführen, um im Inneren einen größeren Durchmesser zu messen. Die Feder erlaubt ein Zusammendrücken zum Herausziehen. Danach springt sie wieder zurück, und man kann den Innendurchmesser exakt angeben. Besonders nützlich sind sie beim Anfertigen von Dosendeckeln, wo parallele Seitenwände für einen perfekten Sitz sehr wichtig sind.

Kombinierte Innen- und Außengreiftaster

Diese werden normalerweise aus flachem Walzstahl hergestellt. Sie sind dort sehr nützlich, wo die Feststellschraube des Federlochtasters beim Messen hinderlich wäre. Sie werden gewöhnlich zum Messen

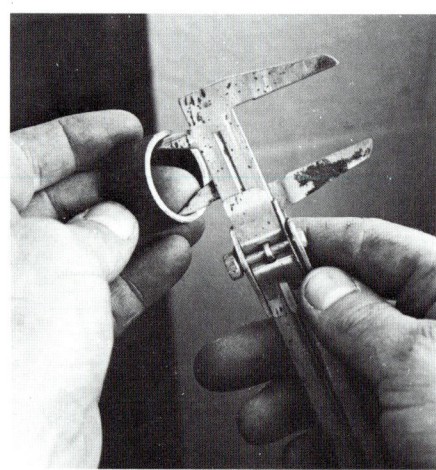

Schieblehren sind schnelle und präzise Meßinstrumente für Innen- und Außendurchmesser kleiner Werkstücke. Die eine Seite der Schieblehre mißt die Innenseite des Klemmrings, während die andere dieses Maß auf die Außenseite des Werkstücks überträgt.

von Innendurchmessern verwendet, aber die Schenkel lassen sich auch in die andere Richtung umdrehen, so daß man kleinere Außenmaße ebenfalls abmessen kann. Unbrauchbar sind sie, sobald der Innendurchmesser größer ist als der Randdurchmesser, denn sie können ihr abgenommenes Maß während des Herausziehens nicht halten.

Schieblehren

Dies sind schnelle und präzise Meßinstrumente für Innen- und Außendurchmesser an kleinen Arbeiten. Kreuzspitzen (Innenmaß) und Kreuzschnabel (Außenmaß) liegen einander an einem geeichten Schaft gegenüber, sie bewegen sich simultan. Dies ist ideal beim Anpassen eines Klemmrings an ein Werkzeugheft oder eines Deckels auf einer Dose. Die Kreuzspitze mißt den Innendurchmesser, während der Kreuzschnabel das Maß des Flansches abnimmt, der angepaßt werden soll.

Durchmesser an Stirnflächen

Der Stechzirkel ist das schnellste und genaueste Instrument für die Markierung eines Kreises auf einer Stirnseite. Schärfen Sie ab und zu die Spitzen an der Schleifmaschine und stellen Sie den benötigten Durchmesser exakt ein. Klemmen Sie die Drehstahlauflage knapp unter der Spitzenhöhe fest und zentrieren Sie den Zirkel, indem Sie die linke Spitze leicht auf das sich drehende Holz aufsetzen, so daß die entstehende Markierung genau mit der Position der rechten Zirkelspitze zusammentrifft. Auf dem Foto rechts oben liegt die linke Spitze noch zu nah am Zentrum, die rechte Spitze reicht weit über die Kreislinie hinaus. Halbieren Sie die Entfernung zwischen der rechten Seite und der Markierung und versetzen Sie die linke Spitze um diese

Distanz nach außen. Beide Spitzen sind dann gleich weit vom Zentrum entfernt, wenn sie auf demselben Riß liegen (Foto daneben) und eine gerade Verbindungslinie zwischen den Spitzen durch den Mittelpunkt verläuft. Mit etwas Übung haben Sie in Sekundenschnelle, nach einer oder zwei Korrekturen, die beiden Spitzen zentrisch ausgerichtet. Dies ist eine zeitsparende Arbeitstechnik. Damit können Sie die Paßgenauigkeit eines Dosendeckels oder die Größe eines Schalenfußes für das Zangenspannfutter am besten abmessen, wie die beiden Abbildungen darunter zeigen. Achten Sie darauf, daß die rechte Zirkelspitze das Holz nicht berührt, denn die nach oben gerichtete Drehung des Holzes rechter Hand erfaßt mögli-

cherweise die Spitze und schleudert sie nach links: Eine schmerzhafte Angelegenheit, wenn Sie einen Finger dazwischen haben.

Falls der Durchmesser größer als die Spannweite des Zirkels ist, gehen Sie anstatt vom Durchmesser vom Radius aus. Die Halbierung des Durchmessers ergibt den Radius. Stellen Sie den Radius auf dem Zirkel ein und setzen Sie die rechte Spitze an den Mittelpunkt. (Zur Erinnerung: Sobald die Spitze eine Kreisform auf dem rotierenden Holz ausführt, liegen Sie außerhalb der Mitte.) Gehen Sie langsam vor und achten Sie darauf, daß Sie das Holz rechts vom Zentrum nicht berühren. Sobald die rechte Spitze zentriert ist, markieren Sie mit der linken den Radius.

Bei der Markierung eines Durchmessers auf Querholz mit dem Stechzirkel liegen beide Spitzen in gleicher Entfernung zum Zentrum, wenn sie übereinstimmend in derselben Markierungsspur laufen. Aber nur die linke Spitze darf das drehende Holz berühren. Im linken Foto liegt die linke Spitze zu nah am Mittelpunkt, die rechte Spitze wird zu weit nach außen versetzt. Halbieren Sie den Abstand zwischen der rechten Spitze und der Markierungslinie und verlagern Sie die linke Spitze um diese Entfernung nach außen.

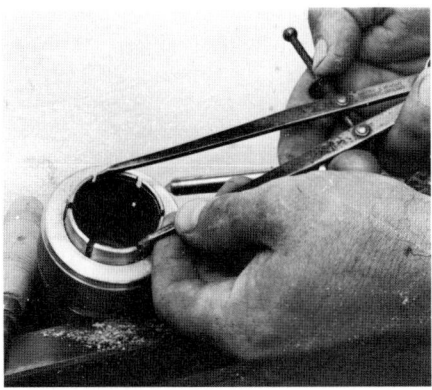

Man mißt den Fuß einer Schale mit dem Stechzirkel, um ihn in ein Backenfutter einzupassen.

Mit Bleistift und Lineal werden Durchmesser markiert.

Auf dieselbe Art – wie mit dem Zirkel – können Sie auch mit einem Lineal den Durchmesser anreißen, wie auf dem Foto oben. Das Messen mit dem Lineal basiert ebenfalls auf dem Radius. Auf dem Foto reiße ich einen Durchmesser von 250 mm auf der Stirnseite der Scheibe an. Das Lineal lege ich so an, daß sich die 125-mm-Marke im Zentrum befindet und ich bei Null einen Bleistiftstrich ziehen kann. Habe ich die Markierung korrekt angezeichnet, verläuft der gegenüberliegende Teil des Kreises genau auf der 250-mm-Marke. Um längere Durchmesser als Ihr Lineal zu messen, halten Sie die Null-Marke an den Mittelpunkt und reißen den gewünschten Radius an. Allerdings ist das Meßverfahren, dem der Durchmesser zugrunde liegt, genauer. Jeder Fehler beim Messen des Radius verdoppelt sich auf der Markierung des Holzes.

Die Tiefe von Aushöhlungen

Oft muß man die Ist- oder Soll-Tiefe einer Aushöhlung exakt bestimmen können. Bevor ich ein Werkstück aushöhle, bohre ich mit einer 6-mm-Röhre oder einem 6-mm-Spiralbohrer, die ich in ein Heft gesteckt habe (siehe S. 70) ein Loch in der gewünschten Tiefe und arbeite anschließend bis zu diesem Punkt hinunter. Für beide Werkzeuge gilt dieselbe Technik, ich benütze jedoch die Bohrspitze lieber für Arbeiten über 150 mm Durchmesser und die Röhre für alle kleineren Sachen.

Als erstes steche ich entweder mit der Röhre oder mit der langen Spitze des Flachmeißels ein V in die Mitte des sich drehenden Holzes ein, um eine Zentrierhilfe für das Werkzeug zu bekommen. Als nächstes bohre ich das Werkzeug ins Holz, wobei mein Daumen auf der Klinge als Anschlagpunkt für die gewünschte Tiefe dient. Auf dem Foto nächste Seite (Mitte) sind das 40 mm (1,5 inch). Ich bohre so lange, bis mein Daumen die Oberfläche berührt. In den Fotos nächste Seite rechts sehen Sie dieselbe Technik; ich bohre ein Loch in das Hirnholz. Die kleine Röhre wird leicht

über Spitzenhöhe gehalten, ihre Spitze liegt in der Lochmitte. Lassen Sie die Fase in der V-förmigen Kerbe schleifen und heben Sie dann das Heft parallel zur Drehachse an. Nun bohren Sie tief hinein. Beginnen Sie den Einstich nicht mit nach oben zeigender Werkzeugklinge, sie verfängt sich sonst an der linken Ecke. Sie fühlen sofort, wenn das Werkzeug zentriert ist. Nach den ersten 3 mm parallel zur Achse dürfte es leichtgehen. Das bereits gebohrte Stück des Lochs dient als Führung. Das Werkzeug schneidet nun, egal ob Sie die Klingenkante nach oben, zur Seite oder nach unten halten. Aber sobald es nicht mehr parallel zur Drehachse bohrt, bekommen Sie Probleme; es durchdringt das Holz nicht mehr so leicht, wenn überhaupt. Holz und Werkzeug geraten ins Schlingern. Nachdem das Vorloch gebohrt wurde, berührt das Werkzeug die Auflage nicht mehr.

Es gibt zwei Möglichkeiten, die innere Tiefe eines Lochs auf die Außenseite zu übertragen. Am schnellsten geht es, wenn Sie einen Bleistift am Boden der Öffnung aufsetzen und mit dem Daumen die

Stechen Sie mit der langen Spitze des Flachmeißels eine Kerbe in den Mittelpunkt. Sie dient als Führungshilfe für die Röhre oder den Bohrer.

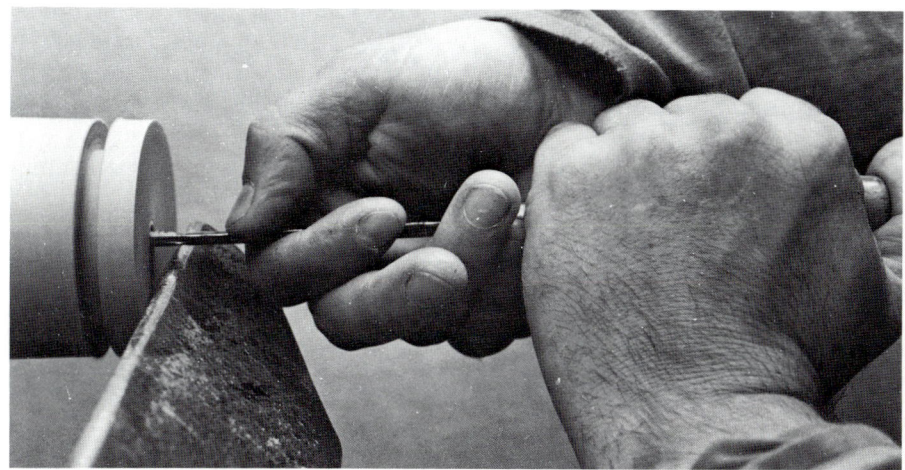

Drücken Sie den Daumen auf die Klingenoberkante. Er dient als Anschlagspunkt für die gewünschte Tiefe. Bohren Sie mit dem Werkzeug so lange, bis Ihr Daumen die Oberfläche berührt.

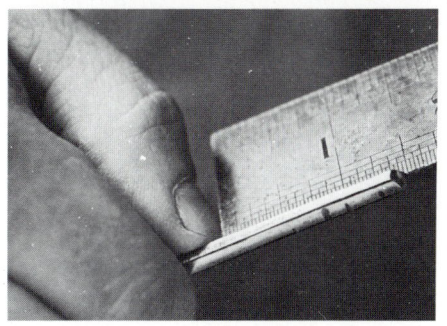

Tiefe abnehmen, wie bei der Bohrlochtiefe auf der vorigen Seite. Tragen Sie dieses Maß nun auf der Außenseite ab, indem Sie den Bleistift nach vorne abrollen. Diese Methode eignet sich für kleine Langholzarbeiten. Sie kann auch bei laufender Maschine angewendet werden.

Eine zweite, langsamere, aber genauere Möglichkeit ist, die Tiefe bei angehaltenem Motor mit dem Lineal zu messen. Welchen Weg Sie auch einschlagen, vermeiden Sie folgenden häufigen Fehler. Viele Leute meinen, sie müßten zu der genauen Tiefe noch ein wenig zugeben, besonders beim Drechseln von Dosen oder Kelchen, die vor der Gestaltung der Außenform ausgehöhlt werden. Machen Sie das nicht! Durch eine Zugabe, mit der Sie sich genügend Holzmaterial sichern wollen, verlieren Sie die exakte Angabe darüber, wo nun der Boden der Aushöhlung wirklich liegt, und Sie haben in späteren Schnitten keinen definitiven Anhaltspunkt. Bringen Sie also nur präzise Markierungen an.

Um die Tiefe einer großen, ausladenden Schale zu überprüfen, messen Sie die äußere Höhe mit einem Winkelmaß und subtrahieren Sie davon die gewünschte Stärke des

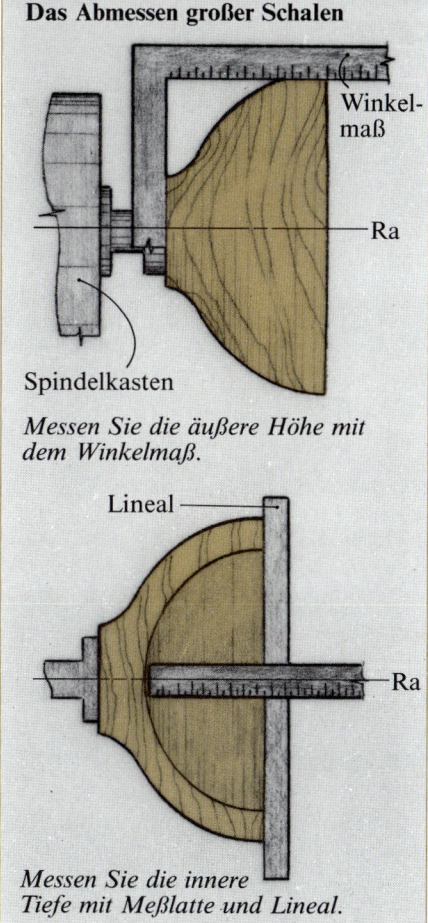

Das Abmessen großer Schalen

Winkelmaß

Ra

Spindelkasten

Messen Sie die äußere Höhe mit dem Winkelmaß.

Lineal

Ra

Messen Sie die innere Tiefe mit Meßlatte und Lineal.

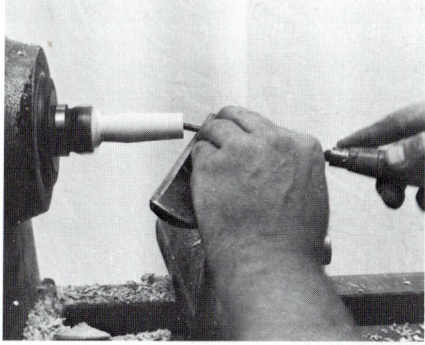

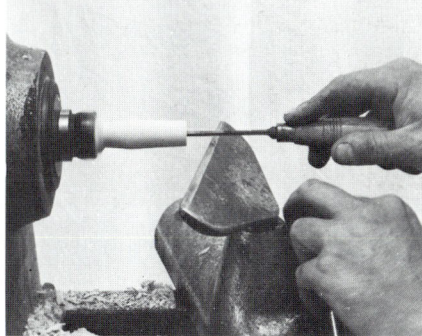

Halten Sie das Werkzeug leicht schräg und lassen Sie die Fase schleifen. Sobald das Werkzeug zentrisch läuft, heben Sie es parallel zur Drehachse an und drücken die Bohrspitze ins Holz.

Stellen Sie eine 150-Watt-Lampe hinter sehr dünne Werkstücke und schätzen Sie die Wandstärke anhand des durchscheinenden Lichts ab. Der dunklere Ring an der Standfläche zeigt den stärkeren Fuß an.

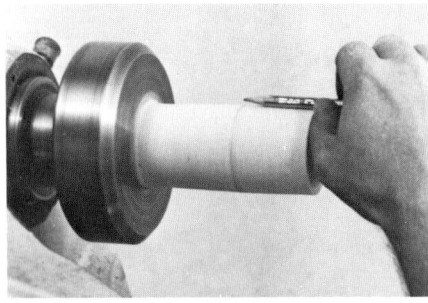

Nehmen Sie das Maß der Lochtiefe in den Bleistift. Der Daumen dient als Anschlag. Übertragen Sie dieses Maß auf die Außenseite, indem Sie den Bleistift nach unten neigen.

Bodens. Zum Abmessen der inneren Tiefe legen Sie eine Meßlatte quer über den Rand der Schale und nehmen von ihr aus das Maß zum Boden. Dann werden Sie feststellen, ob Sie noch tiefer aushöhlen müssen oder ob Sie schon des Guten zuviel getan haben.

Wandstärke

Beim Drehen von dünnen Wänden unter 6 mm Stärke bringen Sie hinter dem Werkstück eine Lampe an und schätzen Sie die Wandstärke über den Grad des durchscheinenden Lichtes ab. Bei blassen Hölzern, vor allem wenn sie noch naß sind, funktioniert dies ganz gut; bei dunklen Hölzern überhaupt nicht.

Messen Sie bei ausgeschaltetem Motor mit einem Greiftaster die präzise Wandstärke. Meine größeren Taster haben eine Feststellschraube und sind so flexibel, daß sie sich auch über einen Rand, der dicker als die übrige Wand ist, schieben lassen. Sie sehen dies oben auf der nächsten Seite.

Vereinfachte Meßverfahren

Ich versuche Zeit einzusparen, indem ich den Aufwand von Meßverfahren auf ein Minimum beschränke, vor allem, wenn der Gegenstand einmal auf der Drechselbank eingespannt ist. Ich schätze die Dinge lieber mit Augenmaß und Abtasten ab und verlasse mich dabei oft auf die Abmessungen meiner Werkzeuge. Dies ist besonders wichtig, wenn Sie eine Serie von Drehstücken planen.

Vor einiger Zeit fielen mir gewisse gemeinsame Merkmale an alten Stuhlbeinen auf, die ich kopieren mußte: Die Profilbänder hatten entweder dieselbe Breite wie meine Werkzeuge oder sie lagen um ein Vielfaches dieser Breite voneinander entfernt. Das war wohl nicht die Absicht des alten Stuhlmachers, aber jetzt ist es meine. Wenn ich Stuhlbeine mit Nuten und Rundstabprofilen aus einem Vierkantholz entwerfe, markiere ich so viel Linien wie möglich auf dem Holz selbst. Nur für die quadratischen »Schultern« benütze ich Schablonen. Alle anderen Entfernungen richten sich nach der Breite oder eines Teils der Breite des Flachmeißels.

Aber werden dann die Stuhlbeine nicht unterschiedlich? Ja, aber nur in dem Maße, wie sich »Handgearbeitetes« voneinander unterscheidet. Wenn sich das Stuhlbein einmal an Ort und Stelle befindet, kann man den Unterschied meist kaum noch erkennen. Die Nuten auf dem Zylinder rechts (nächste Seite) lege ich nach meinem Augenmaß aus - jeweils etwa in Breite des Flachmeißels. Bei den Serien kleiner Schalen gehe ich genauso vor.

An geschruppten Schöpflöffelrohlingen bleiben Teile der flachen Seiten erhalten, damit sie besser stapelbar sind. Als nächstes drehen Sie einen flachen Konus an ein Ende. Der Durchmesser ist etwas kleiner als das 50-mm-Vierkantholz. Der Konus paßt mit Sicherheit ins Einschlagfutter – ohne den Gebrauch des Greiftasters.

Die biegsamen Arme des Federgreiftasters erlauben ein Abmessen dünner Wandstärke über einem dickeren Rand, ohne daß das ursprüngliche Maß verlorengeht

Ich schneide die Scheiben auf der Bandsäge und drechsle anschließend den größt- möglichen Durchmesser. Das schließt natürlich kleine Abweichungen mit ein; Schalen von 150 mm Durchmesser differieren etwa um 3 mm. Sie sehen sich dennoch sehr ähnlich und sind möglicherweise besser stapelbar, als wenn ich sie genau gleich herzustellen versucht hätte. Ein Set von sechs identisch geformten Schalen verlangt natürlich mehr Präzision und individuelles Messen. Die Schöpfkellen für meine Küche drechsle ich aus einem 50-mm-Vierkantholz mit einer Länge von 200 mm. Ich drechsle sie zwischen Spitzen für die Aufnahme durch ein 50-mm-Einschlagfutter grob vor. Die flachen Seiten lasse ich fast auf der ganzen Länge des Rohlings stehen. Dann drechsle ich an einem Ende einen flachen Konus mit einem fertigen Durchmesser, der etwas kleiner als der 50-mm-Rohling ist. Sie passen immer, auch ohne Einsatz des Zirkels.

Wenn Sie einmal eine große Anzahl von Zapfen derselben Größe drehen müssen, lohnt es sich, sich bei einem Werkzeugmacher

eine Mitnehmerspitze anfertigen zu lassen, die denselben Durchmesser wie der Zapfen hat. Sie brauchen dann nur noch das Holz auf den Durchmesser der Mitnehmerspitze abdrehen, ohne ein einziges Meßinstrument in die Hand nehmen zu müssen. Möglichkeiten wie diese, Zeit und Mühe einzusparen, gibt es in Hülle und Fülle. Die meisten ergeben sich von allein, wenn Sie etwas gegen die aufkommende Langeweile bei Routinearbeiten tun wollen.

Eine Produktionsserie gut vorausplanen heißt, mit möglichst wenig Meßverfahren auszukommen. Um Zeit zu gewinnen, werden die Nuten nach Augenmaß angelegt – jeweils eine Flachmeißelbreite voneinander entfernt.

6

Langholzdrehen

Der Name bedeutet nicht – wie man annehmen könnte –, daß das Holz besonders lang ist und deshalb zwischen Spitzen gedreht werden müßte, sondern daß die Maserung parallel zur Rotationsachse der Drechselbank verläuft. Während Arbeiten wie Spitzenklöppel, Wellhölzer, Geländersprossen und -pfosten zwischen Mitnehmer und Körner gedreht werden, können Dosen oder Eierbecher nur am Antrieb eingespannt werden, da man ja die andere Seite aushöhlen will.

Je geradliniger die Maserung verläuft, desto leichter ist die Bearbeitung und desto glatter die geschnittene Oberfläche. Sogenanntes kurzes Holz, das schräg oder im rechten Winkel zur Drehachse verläuft, läßt sich nur schwer sauber und akkurat schneiden. Besonders schlecht ist es mit dem Flachmeißel zu bearbeiten, der das Hauptwerkzeug für Langholzdrehen darstellt. Sie sollten deshalb kurzes Holz, das strukturell nicht besonders stabil ist, bei langen, schlanken Arbeiten ganz vermeiden.

Bedenken Sie den natürlichen Aufbau des Holzes: Ein Bündel von langen Fasern, die alle in derselben Richtung verlaufen. Der schönste, sauberste Schnitt ergibt sich aus der Haltung des Werkzeugs gegenüber dem Holz derart, daß die jeweilige Faser während des Schnitts von den anderen Fasen unterstützt wird (siehe dazu Zeichnung auf S. 65). Dies ist meistens beim Schneiden mit der Maserung der Fall. Schneidet man in umgekehrter Richtung gegen die Faserrichtung, erhält man eine splittrige, ausgefranste Oberflä-che, weil die Fasern am Schneide-punkt nicht von den benachbarten unterstützt werden. Die Schneide-kante sollte in einem Winkel von 45° auf das Holz gehalten werden; das ergibt einen schälenden Schnitt (Schneidmethode). Ein Schabschnitt, bei dem die Schneide parallel zur Maserung liegt, hinterläßt eine auf-gerissene, rohe Oberfläche, da die Schneide die Fasern aus ihrer Bün-delung reißt. Wenn Sie vorsichtig arbeiten, erzielen Sie auf dichtem Hartholz mit der Schabmethode ganz gute Ergebnisse, aber besser ist auf jeden Fall das Erlernen der schä-lenden Schneidmethode. Auf Hirn-holz erreichen Schrotstähle oft die beste Oberfläche, da hier jede Faser optimal von der anderen geschützt wird. Dichte Hölzer bekommen durch einen Schabschnitt eine spie-gelglatte Hirnholzoberfläche.

In diesem Kapitel möchte ich Ihnen die wichtigsten Schnitte beim Langholzdrehen vorstellen und anhand von Übungen näher erläu-tern. Am Ende dieses Kapitels sind drei Übungsbeispiele vorgestellt. Ich rate Ihnen, die Übungen gewissen-haft durchzuarbeiten. Nur dadurch entwickeln Sie die Techniken und erreichen das nötige Selbstvertrauen, um sich an die einzelnen Gegen-stände heranzuwagen. Beurteilen Sie Ihre Ergebnisse nicht in Kategorien wie Erfolg oder Mißerfolg. Lediglich die Erfahrung zählt, und jedes Stück Drechselarbeit bringt Sie weiter voran. Möglicherweise werden Sie, während Sie sich durch dieses Kapi-tel »hindurchdrechseln«, auf die Sei-ten über die Beschreibung des Werk-zeugeinsatzes oder zu den Übungen und zur Bildanleitung vor- und zurückblättern müssen. Schlagen Sie in Kapitel 3 die nähere Erklärung der verschiedenen Werkzeugtypen nach und wie man sie schärft.

Die Außenform

Den saubersten Schnitt erzielen Sie mit Röhren und Flachmeißeln mit einem Schnitt schräg zur Maserung. Mit diesen beiden Werkzeugen kön-nen Sie fast jede erdenkliche Rund-stabform drechseln. Ich benutze Röhren, um Vierkanthölzer zu Rundstäben zu schruppen und um Hohlkehlen zu schneiden. In ande-ren Fällen nehme ich lieber den Flachmeißel, der in kurzer Zeit und mit weniger Anstrengung ein quali-tativ besseres Finish hinterläßt. Abstechstähle schälen das Holz wie ein sich drehendes Furniermesser. Sie werden im rechten Winkel zur Maserung eingesetzt, um Durch-messer anzulegen oder ein fertiges Werkstück von der Drechselbank abzustechen. Abgesehen von ein paar Ausnahmen bin ich der Mei-nung, daß Schrotstähle für Außen-formen beim Langholzdrehen nur dann benutzt werden sollen, wenn alles andere fehlgeschlagen ist.

Röhren

Die meisten Röhren können beim Langholzdrehen eingesetzt werden; von den schweren 50-mm-Röhren zum Schruppen eines Vierkanthol-

Profilformen und Werkzeuge

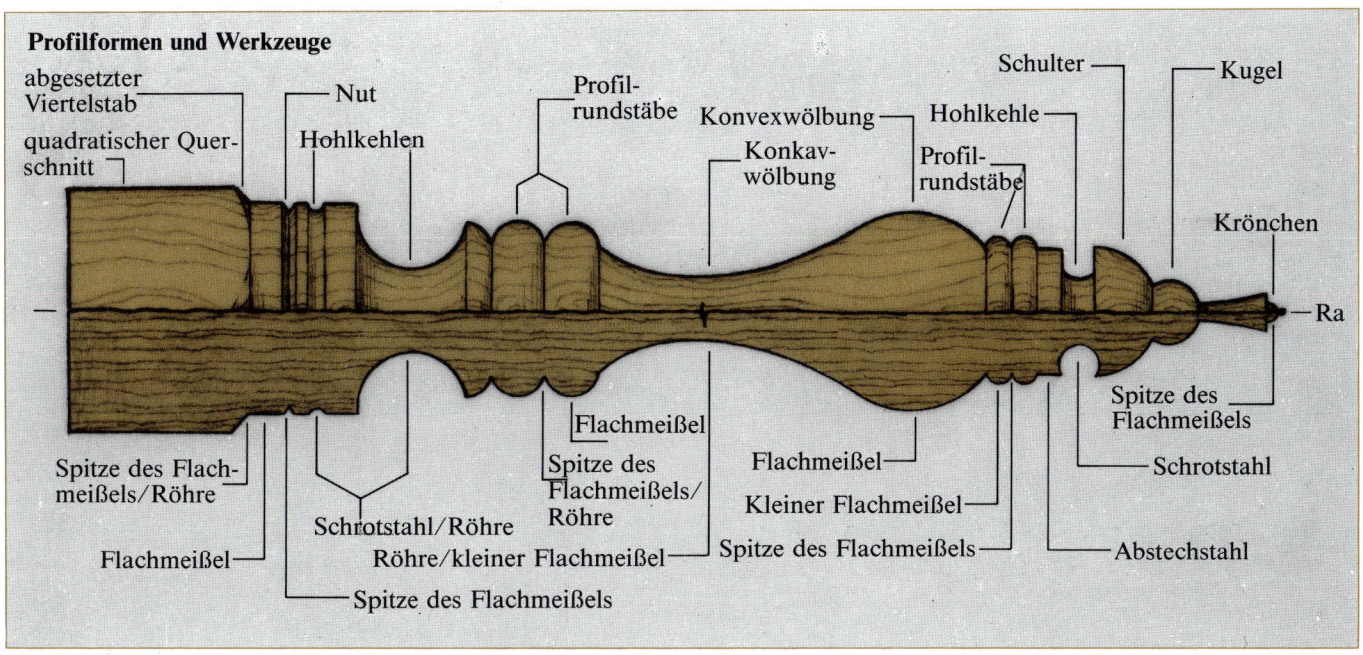

- abgesetzter Viertelstab
- quadratischer Querschnitt
- Nut
- Hohlkehlen
- Profilrundstäbe
- Konvexwölbung
- Konkavwölbung
- Schulter
- Hohlkehle
- Profilrundstäbe
- Kugel
- Krönchen
- Ra
- Spitze des Flachmeißels
- Schrotstahl
- Abstechstahl
- Spitze des Flachmeißels
- Spitze des Flachmeißels
- Kleiner Flachmeißel
- Flachmeißel
- Flachmeißel
- Spitze des Flachmeißels/Röhre
- Spitze des Flachmeißels/Röhre
- Röhre/kleiner Flachmeißel
- Spitze des Flachmeißels
- Schrotstahl/Röhre
- Flachmeißel
- Spitze des Flachmeißels/Röhre

zes zur Zylinderform bis zu den 4-mm-Röhren zum Einstechen von winzigen Hohlkehlen und zur Bearbeitung von knorriger Maserung, die mit dem Flachmeißel nicht gut geschnitten werden kann.

Röhren mit geradem Schliff (S. 38) nimmt man normalerweise zum Schruppen – ihre Form erlaubt einen Einsatz der gesamten Schneide – und für feine Schnitte an Zylindern und konischen Formen. Für das Schneiden von Hohlkehlen und Rundstabprofilen brauchen Sie eine lange, symmetrisch geschliffene Fingernagelschneide, wie auf S. 38, ohne Ecken, die sich im Holz verfangen könnten. Für Schruppschnitte und langgezogene Wölbungen benütze ich sowohl tiefstichige als auch flache Röhren, aber für Hohlkehlen oder Ecken eignen sich flache Röhren besser als tiefe; der langgezogene Stich einer flachen Schneide erzeugt einen guten Winkel für einen Schälschnitt, während der enge Radius an der Spitze eines tiefen Stichs in enge Ecken hineinreichen kann. Falls Ihr Werkzeugetat begrenzt ist, empfehle ich Ihnen die flachen Röhren mit Fingernagelschliff. Als Leitfaden schlage ich Ihnen den Einsatz folgender Werkzeuge für das Schruppen von Vierkanthölzern zu Zylindern vor:

Drehgeschwindigkeit beim Langholzdrehen

Durchmesser	Längen					
	150 mm	300 mm	460 mm	610 mm	915 mm	1220 mm
13 mm	3000	2500	1250	900	700	700
50 mm	2500	2500	1750	1250	700	700
75 mm	1750	1250	1250	900	700	700
100 mm	1250	900	700	700	700	700
125 mm	1250	900	700	700	700	700
150 mm	900	700	700	700	700	700

Anmerkung: *Die Werte in der Tabelle sind in U/Min. angegeben.*

- Werkstücke mit weniger als 25 mm Durchmesser: 12–20 mm breite Röhren oder Flachmeißel in Standardausführung.
- 25–50 mm Durchmesser: 25–35 mm breite Röhren oder 26–38 mm breite Flachmeißel in Standardausführung.
- 50–100 mm Durchmesser: 24–35 mm breite Röhren in Standardausführung.
- Über 100 mm Durchmesser: 50-mm-Röhren in schwerer Ausführung.

Schauen Sie sich dazu auch die obenstehende Drehzahltabelle für Langholzdreharbeiten an. Beim Drechseln der Zylinder, der Hohlkehlen und der Rundstabprofile in den folgenden Übungen ist es wichtig, daß Sie immer die obere Hand auf die Drehstahlauflage legen. Wenn das Holz dünner wird und zu schlingern beginnt, halten Sie Ihre Hand dahinter, um die Biegung zu beseitigen. Schneiden Sie mit vermindertem Druck. Klemmen Sie die Auflage parallel zum Werkstück ca. 6 mm über der Spitzenhöhe fest. Sie schneiden, indem Sie mit der oberen Hand das Werkzeug fest auf die Auflage drücken und es auf ihr entlangschieben. Die Schneidekante verbleibt so immer in derselben Stellung.

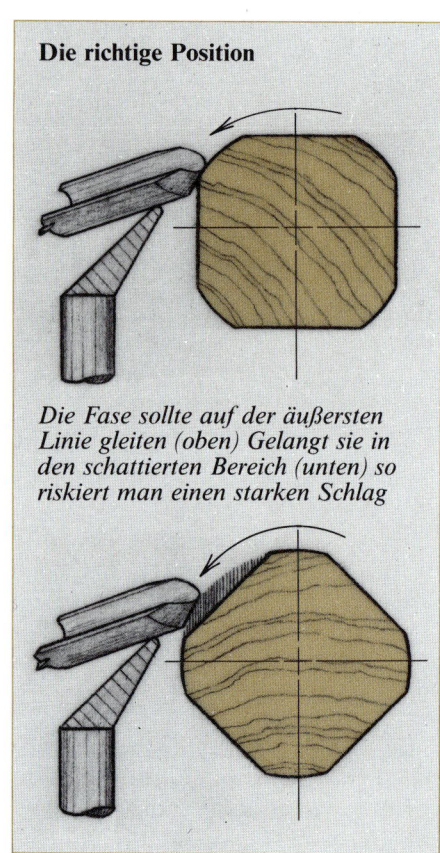

Die Fase sollte auf der äußersten Linie gleiten (oben) Gelangt sie in den schattierten Bereich (unten) so riskiert man einen starken Schlag

Schruppen Sie mit der Röhre im einfachen Übergriff. Vergewissern Sie sich, daß die Fase in jeder Schneidrichtung auf dem Holz gleitet.

Übung 1

Drehen Sie einen glatten Zylinder ohne Unebenheiten. Wählen Sie ein Vierkantholz von einer Länge zwischen 150 und 200 mm und einer Stärke zwischen 50 und 75 mm. Die Maserung sollte ebenmäßig sein, keine Äste oder Risse aufweisen und der Länge nach durch das Holzstück laufen. Spannen Sie das Holz zentrisch zwischen Mitnehmer- und Körnerspitze ein (siehe S. 20 und 70–71) und testen Sie, ob es frei läuft. Prüfen Sie den engen Sitz des Reitstockes nach. Falls Sie eine Tischkreissäge, eine Bandsäge oder einen Hobel besitzen, können Sie das Gewicht des Rohlings reduzieren, indem Sie die Ecken entfernen. Sie erhalten dann ein Oktagon; aber das ist nicht so wichtig. Ein genau zentrierter Rohling darf nicht vibrieren. Stellen Sie die Drehzahl auf maximal 900 U/Min. ein.

Nehmen Sie eine flache 25-mm-Röhre. Der Winkel, in dem man das Werkzeug gegen das Holz hält, richtet sich entweder nach der persönlichen Vorliebe, nach der Form der Röhrenschneide und nach ihrem Fasenanschliffswinkel. Meistens halte ich das Werkzeug zwischen 10° und 15° außerhalb des rechten Winkels. Drücken Sie das Werkzeug mit dem einfachen Übergriff (S. 61) auf die Auflage. Anfängliche Schnitte müssen leicht sein, um den exakten Verlauf der Holzkante bestimmen zu können. Anschließend können schrittweise kraftvollere Schnitte gemacht werden.

Machen Sie den ersten Schnitt mit der knapp neben dem Zentrum liegenden Stelle der Schneide. Sobald der Schneidepunkt auf der Röhre nach oben in die Seiten wandert, bekommt das Werkzeug keine Unterstützung im Schneidebereich mehr und wird auf die Auflage geschlagen, wenn man nicht aufpaßt (S. 67). Diese Art von Schlag verursacht meist spiralförmige Spuren oder ein Loch. Drehen Sie die Röhre behutsam mit der unteren Hand, so daß der obere Teil des Werkzeugs in Schnittrichtung zeigt, wie Sie auf den Fotos ersehen können. Bewegen Sie das Werkzeug in den Schnitt hinein, indem Sie mit der oberen Hand schieben oder ziehen, je nachdem, ob Sie gerade nach links oder nach rechts arbeiten. Lassen Sie die Fase schleifen, sofern es möglich ist. Da dies schwer durchführbar ist, wenn Ihr Vierkantholz noch nicht rund ist, müssen Sie das Werkzeug fest auf die Auflage drücken, um dem Flattern und Schlagen des Werkzeugs entgegenzuwirken.

In diesem Arbeitsstadium müssen Sie lernen, das Werkzeug nicht gegen das Holz zu pressen; die Fase soll lediglich gleiten, nicht daraufgedrückt werden. Setzen Sie lieber Ihre Kräfte zur Kontrolle der Hebelwirkung ein. Wenn Sie damit beginnen, die Kanten des Rohlings zu entfernen, sollten Sie den Zylinder in Teilabschnitten herunterdrehen. Ist im einen Abschnitt das Holz soweit abgedreht, müssen Sie das Werkzeug ganz vorsichtig auf derselben Höhe weiterbewegen, so daß, wenn die nächste Ecke kommt, die Schneide nur einen feinen Span abschält und die Fase wiederum auf der Zylinderoberfläche gleitet. Wenn Ihre obere Hand die Schneide nicht im selben Abstand zur Drehachse hält, neigt sich das Werkzeug nach vorne in den leeren Raum. Das erzeugt wahrscheinlich einen Schlag, wobei das Werkzeug unkontrollierbar auf der Auflage herumgeschnellt wird. Je weiter die Kanten abgedreht sind, desto eher ähnelt das Drehgut einem Zylinder. Die Arbeit wird einfacher. Wollen Sie einen Rundstab drehen, an dessen beiden Enden rechtwinklige Profilabsätze erhalten bleiben sollen, müssen Sie in der Lage sein, entlang einem bestimmten Abstand sowohl leeren Raum als auch Holz zu drehen. Gerade an solchen Beispielen bekommen Sie Übung.

Schruppen Sie den Zylinder in zwei Arbeitsschritten. Zuerst drehen Sie ihn von einem Ende aus mit einer Reihe von kurzen, schaufelnden Bewegungen herunter. Dies ist wahrscheinlich die zeitsparendste Methode, den Hauptabfall zu entfernen; das Werkzeug gleitet schnell auf der Auflage entlang. In den nebenstehenden Fotos werden die schaufelnden Bewegungen nach rechts ausgeführt, nach jeder Bewegung wird abgesetzt, und das Werkzeug beginnt 50 mm weiter links mit dem nächsten Schnitt. Den letzten Schaufelschnitt macht man vom anderen Ende des Zylinders aus nach links. Beginnen Sie nie einen Schnitt ganz am Ende des Stückes, sondern immer vom Ende etwas eingerückt, wie dies oben rechts gezeigt wird. Weil die Fasern parallel zur Drehachse verlaufen, splittert das Holz leicht aus, wenn man ins Hirnholz schneidet; auch kann man die Entfernung der Holzoberfläche in Relation zur Auflage und zum Werkzeug nur schwer abschätzen. Wo ein Schnitt aus dem leeren Raum ins Ende eines Zylinders angesetzt werden muß, machen Sie zuerst einen Versuch über der Oberfläche des Holzes, bevor Sie das Werkzeug schrittweise in Schnittposition bringen. Der Vorgang ähnelt dem eines Golfers, der

Machen Sie schaufelnde Schnitte nach rechts. Arbeiten Sie immer vom Ende des Zylinders nach innen. Nach jedem Schnitt setzen Sie 50 mm weiter links an und beginnen den nächsten Schnitt.

Fahren Sie mit den Schaufelschnitten fort, bis fast alle flachen Stellen entfernt sind.

Befindet sich der Zylinder in Rohform, drehen Sie ihn in langen fließenden Bewegungen nach beiden Richtungen rund, bis er wie dieser ausschaut.

Schneiden von Hohlkehlen

Ra

Auflage

Abb. 1   Abb. 2   Abb. 3   Abb. 4

Auflage

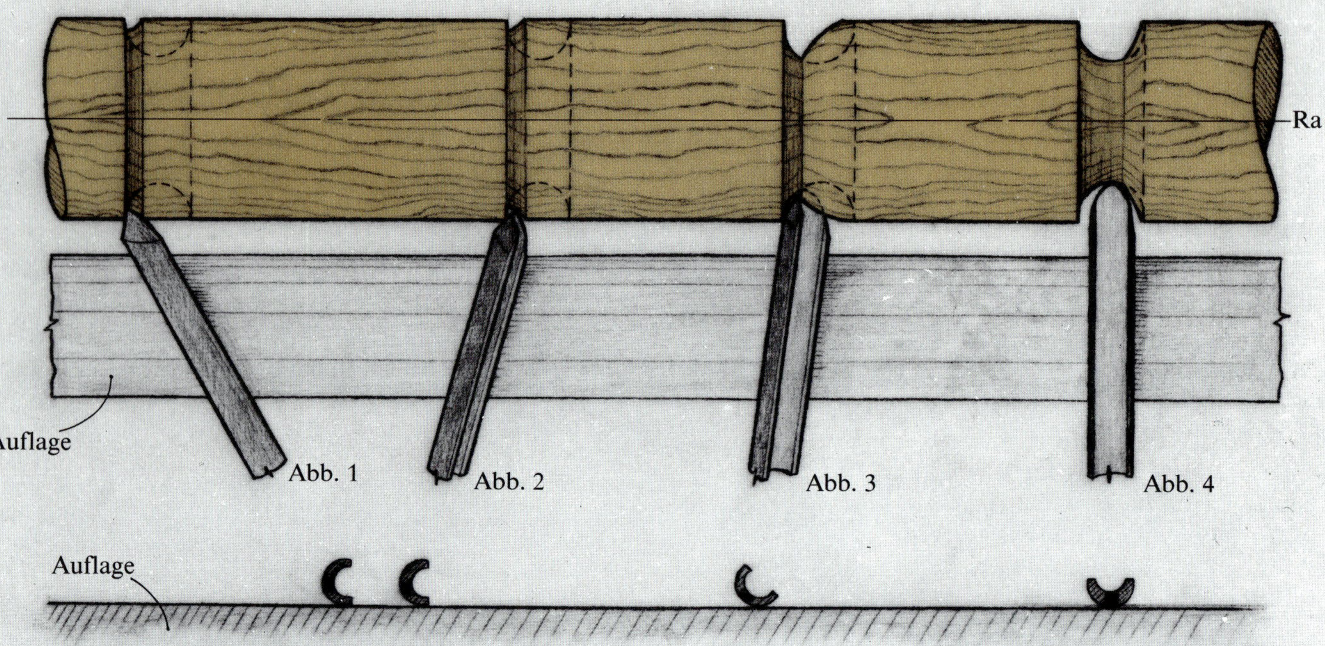

Die Querschnitte im unteren Bereich zeigen, wie sich der Schneidepunkt während der einzelnen Stationen durch den Schnittvorgang verlagert.

zunächst zum Probeschwung ansetzt, bevor er den Ball schlägt.

Wenn das Holz dünner geworden ist, justieren Sie die Auflage näher am Werkstück und schieben Sie sie ein wenig nach unten, so daß das Werkzeug weiterhin im selben Schneidewinkel gehalten werden kann. Bewegen Sie das Werkzeug entlang der Auflage, indem Sie das Heft mit dem Ellbogen gegen Ihren Körper klemmen und Ihr Gewicht verlagern. Am Ende angekommen, drehen Sie das Heft in die entgegengesetzte Richtung und beginnen Sie eine Reihe neuer Schnitte vom Ende aus etwas eingerückt nach innen.

Um die Geradlinigkeit des Zylinders zu prüfen, legen Sie einen Winkel an die Oberfläche und geben Sie sich erst dann zufrieden, wenn nur spärlich oder gar kein Licht mehr zwischen Winkel und Zylinder durchscheint. Sie können auch die obere Seite des Zylinders am Drechselbankett absehen. Das ist eine recht genaue Art, einen Zylinder ohne Meßwerkzeug zu beurteilen. Am Anfang ist es viel wichtiger,

eine ebene, glatte Oberfläche herzustellen als einen wirklich zylindrischen Rundstab. Wenn Ihr Zylinder vom einen zum anderen Ende leicht konisch verläuft, sollten Sie sich nichts daraus machen.

Übung 2
In den glatten Zylinder drehen Sie nun Hohlkehlen. Versuchen Sie, die Absatzkanten der Hohlkehlen deutlich stehen zu lassen und nicht abzurunden. Nehmen Sie am besten eine flache 12-mm-Röhre und markieren Sie die Absatzkanten im Abstand von etwa 20 mm. (Falls Sie eine Röhre von anderer Breite einsetzen, müssen Sie die Hohlkehlen proportional verkleinern oder vergrößern.) Markieren Sie die Hohlkehlen mit Bleistift und Lineal.

Zu Beginn der Arbeit an einer Hohlkehle kann die Fase nirgends gleiten, erst dann, wenn ein erster Einstich ins Holz erfolgt ist. Also müssen Sie mit Schlägen rechnen, wenn das Werkzeug nicht richtig kontrolliert wird. Halten Sie das Werkzeug im sicheren Übergriff und neigen Sie die Schneide um

Beim Schneiden von Hohlkehlen kontrollieren Sie das Werkzeug mit dem Stoppgriff. Bei fortgeschrittenem Schnitt lockern Sie den Griff, damit Sie das Werkzeug drehen können.

ca. 10° nach oben. Durch kräftiges Pressen, Drücken und Ziehen mit den Fingern und dem Rücken der oberen Hand haben Sie die Schneide und den Stützpunkt auf der Auflage unter guter Kontrolle.

Zu Beginn des Schnittes liegt die Röhre auf der Seite. Die Spitze der Röhre zeigt auf das Zentrum der Hohlkehle, und die Fase liegt in Richtung des vorgesehenen Schnittes, wie in Abb. 1 auf der Zeichnung links. Heben Sie das Heft leicht an, um die Schneide ins Holz eindringen zu lassen. Halten Sie – wie üblich – den Schneidepunkt etwas unterhalb des Zentrums der Schneide. In dem Moment, wo der Einstich erfolgt ist, hat die Fase die Möglichkeit, auf der entstandenen Schulter zu gleiten. Sobald Sie das Werkzeug weiter ins Holz hineintreiben, wird es zurückschnappen wollen. Um diesem entgegenzuwirken, halten Sie das Werkzeug in einem sicheren, aber flexiblen Stoppgriff (S. 61), wie auf dem Foto links. Mit Fortschreiten des Schnittes lockern Sie den Griff der oberen Hand behutsam, damit die untere Hand das Werkzeug gleichmäßig drehen kann (Abb. 2 und Abb. 3). Die Röhre setzt seitlich am oberen Teil der Hohlkehle an und endet im Boden der Hohlkehle. Dabei zeigen die Klingenkanten nach oben (Abb. 4). Gleichzeitig drücken Sie das Werkzeug über die Auflage ins Holz und lassen die Fase jeweils auf der neu entstandenen Oberfläche gleiten.

Schneiden Sie die Hohlkehle von beiden Schultern her ein. Versuchen Sie niemals, innerhalb eines Schneidvorgangs auf der einen Seite hinunter und auf der anderen wieder hoch zu schneiden. Das Holz würde oben an der Schulter absplittern, weil die Maserung dort nicht gestützt wird. Aber zuvor müßten Sie noch mit einem Schlag rechnen. Wenn Sie dagegen von beiden Schultern her einschneiden, können die Schnitte der Zentrifugalkraft des rotierenden Holzes, die immer das Bestreben hat, das Werkzeug vom Zentrum wegzuschlagen, besser standhalten.

Übung 3
Wenn Sie einen Zylinder mit einer Reihe von gleich weit voneinander entfernten Hohlkehlen gearbeitet haben, können Sie die flachen Zwischenzonen abrunden, und Sie erhalten eine gleichmäßig wellenförmige Oberfläche. Bei nach oben

gerichteten Klingenkanten lassen Sie die Fase der Röhre am oberen Teil der Hohlkehle gleiten. Dann drehen Sie das Werkzeug in Schnittrichtung, bis die Schneide feine Späne produziert, wie auf dem Foto rechts unten. Wiederum liegt der Schneidepunkt knapp unterhalb des

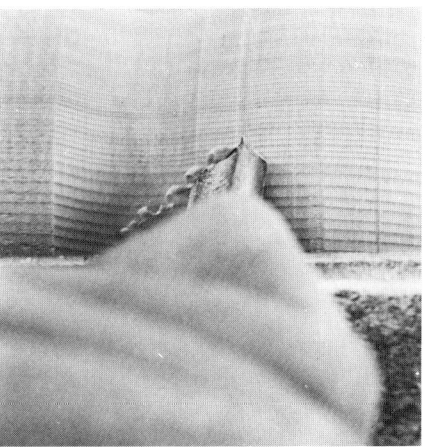

Verwandeln Sie die Hohlkehlen in eine wellenförmige gewölbte Fläche. Dazu schneiden Sie von der Hohlkehlenschulter nach unten (links). Halten Sie zu Beginn das Werkzeug mit der Klingenkante nach oben, dann drehen Sie die Röhre um 45°, so daß sie feine Späne erzeugt (oben). Drehen Sie die Röhre durch den Schnitt, so daß sie auf dem Grund der Wölbung wieder nach oben zeigt.

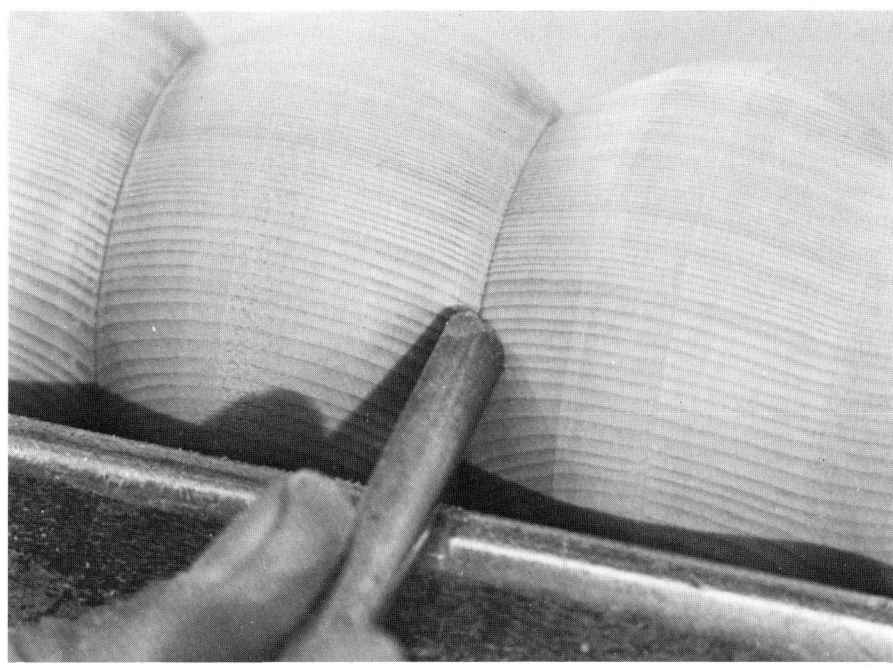

Ziehen Sie das V zwischen den Rundstabprofilen, indem Sie den Schnitt mit der auf die Seite gedrehten Röhre beenden.

Zentrums der Schneide. Sie verwenden entweder den Über- oder Untergriff. Die Kraft, die Sie auf das Werkzeug ausüben, sollte eher Rückschläge verhindern, als die Schneide ins Holz hineintreiben. Halten Sie Ihre obere Hand ständig auf der Auflage. Sie fungiert als beweglicher Anschlag, der mit dem Werkzeug mitgeht, sobald mehr Holz entfernt ist. Das Werkzeug schneidet unter erneuter Drehung bis auf den Grund der Wölbung und endet in der nach oben gerichteten Ausgangsstellung.

Um Rundstabprofile zu drehen, wandeln Sie diesen Arbeitsvorgang einfach etwas ab. Anstatt das Werkzeug am Schnittende nach oben zeigen zu lassen, ziehen Sie den Schnitt mit der Röhre in Seitenlage vollends durch, wie auf dem Foto S. 87 unten. Am tiefsten Punkt der Wölbung verlagert sich der Schneidepunkt vom seitlichen Teil der Schneide ins Zentrum. In dieser Stellung wird das Werkzeug einen Moment angehalten, um das V zwischen den Rundstäben einzustechen.

Widerstehen Sie der Versuchung, die Werkzeugspitze ins V hineinzudrücken. Wenn Sie eine Reihe von Profilrundstäben gedreht haben, ebnen Sie sie mit demselben Werkzeug wieder ein. Schließlich haben Sie einen dünneren, glatten Zylinder und Sie können die Übung wieder von vorne beginnen. Drehen Sie wiederum Profilrundstäbe und entfernen Sie sie wieder, bis das Holz auseinanderbricht. Auf diese Weise lernen Sie die Grenzen von Material und Technik kennen - eine Erfahrung, auf die Sie später aufbauen können.

Flachmeißel

Der Flachmeißel ist das ideale Werkzeug für die Arbeit entlang der Maserung. Am besten ist absolut ebenmäßig verlaufendes, astfreies Holz. Mit gewandten, flinken Bewegungen aus dem Handgelenk heraus wird das Werkzeug von der

Das Werkzeug schneidet in den verschiedensten Positionen recht gut. Hier wird der Flachmeißel mit der Spitze nach oben eingesetzt. Er hinterläßt einen idealen Span. Probieren Sie mehrere Winkelstellungen aus und beobachten Sie, was passiert.

einen Seite zur anderen gewendet, von der langen Spitze zum Ballen. Der schälende Schnitt hinterläßt ein nahezu perfektes Finish. Allerdings erfordert ein optimaler Einsatz dieses Werkzeugs sehr viel praktische Übung. Die Mühe lohnt sich allemal, denn wenn man es einmal beherrscht, ist die Arbeit mit dem Flachmeißel äußerst befriedigend.

Die Schneide eines Flachmeißels wird an beiden Seiten angefast und endet in einer langen Spitze. Ich schleife alle meine Flachmeißel mit einer gekrümmten Schneide an, wie auf S. 40, weil dadurch der Einsatzbereich erweitert wird. (Der Schälschnitt zum Einstechen von Nuten auf S. 91 kann mit einer ungekrümmten schrägen Schneide gar nicht ausgeführt werden.) Die Fase kann je nach Form des Werkstückes konkav oder konvex angeschliffen sein. Der konkave Anschliff der Schneide (mit eingeschliffener Hohlkehle) ist für die konvexen Wölbungen, die ich normalerweise drehe, geradezu ideal, obwohl er einen scharfkantigen Fasenansatz

hat, der das Holz leicht verletzen kann. Der Flachmeißel mit dem weicher geformten konvexen Anschliff ist besser geeignet, um flache Hohlkehlen und andere konkave Profile zu drehen. Auf jeden Fall muß der Grat gut abgezogen werden, damit das Werkzeug lange, zusammenhängende spiralige Späne erzeugt. Ich empfehle Ihnen folgende Flachmeißel:

- Für Werkstücke mit weniger als 6 mm Durchmesser: 6-12 mm breite Flachmeißel.
- 6-12 mm Durchmesser: 12-mm-Flachmeißel.
- 12-50 mm Durchmesser: 12-24 mm breite Flachmeißel.
- Über 40 mm Durchmesser: 24-50 mm breite Flachmeißel.

Es ist nicht möglich, die ideale Höhe der Auflage oder den Schneidewinkel allgemeingültig anzugeben, außer daß die Auflage knapp über der Spitzenhöhe eingestellt werden soll. Der genaue Schneidewinkel des Werkzeugs hängt von einer Anzahl von sich verändernden Faktoren ab: die Höhe der Drechselbank in bezug zu Ihrer Körpergröße, der Durchmesser des Holzes und die Art des Anschliffs des Werkzeugs. Das Werkzeug schneidet in verschiedenen Positionen recht gut, Sie müssen die jeweils beste von Fall zu Fall herausfinden. Anfangs wissen Sie wahrscheinlich nicht, wie ein gutes Ergebnis ausschaut. Der abgeschälte Span auf dem Foto links soll Ihnen eine Vorstellung davon vermitteln. Er entstand im gebremsten Lauf der ausgeschalteten Maschine. Das Holz drehte sich gegen ein in optimaler Schneidposition gehaltenes Werkzeug. Probieren Sie mehrere Schneidewinkel aus und vergleichen Sie die Ergebnisse.

Für die Arbeit mit dem Flachmeißel gibt es zwei Regeln. Erstens: Stellen Sie die Auflage so ein, daß das Werkzeug bei einer geringen, nach oben gerichteten Neigung relativ weit oben am Holz schneidet. Halten Sie den Kontakt zwischen der Auflage und Ihrer oberen Hand aufrecht und drücken oder ziehen Sie das Werkzeug je nach Schneidrichtung. Zweitens: Lassen Sie immer die Fase auf dem Holz gleiten, außer wenn die Spitze zum Schneiden einer Nut erstmalig ins Holz einsticht (denn da hat die Fase noch keine Gleitfläche). Die gleitende Fase ist Teil eines dreieckigen Stützverhältnisses für den Flachmeißel, das sich aus Fasenansatz, Schneidekante und Drehstahlauflage ergibt. Ihre obere Hand sollte gewährleisten, daß das Werkzeug in dieser Position bleibt. Meine Kursteilnehmer neigen dazu, der Fase zuviel Spiel zu lassen, so daß sie sich abhebt und nur noch die Schneide das Holz berührt. Dies hat zur Folge, daß das Werkzeug ins Flattern gerät, daß es Rückschläge verursacht und daß die Oberfläche rauh wird. Die Fase fungiert als zweiter Stützpunkt (neben der Auflage) und hilft, die Rückschläge zu kontrollieren. Wenn also das Werkzeug zu flattern anfängt, liegt das wahrscheinlich daran, daß die Fase nicht auf dem Holz gleitet.

Übung 1
Beginnen Sie damit, ein 200 mm langes 50-mm-Vierkantholz mit der Röhre abzurunden, wie es auf den Seiten 84–85 beschrieben ist. Stellen Sie die Auflage knapp über Spitzenhöhe ein und wählen Sie eine Drehzahl von ca. 900 U/Min. Nun schlichten Sie den Zylinder mit einem 20–24 mm breiten Flachmeißel mit konkavem Anschliff. Sie halten ihn im Übergriff, wobei die lange Spitze entweder nach oben oder nach unten zeigt. Probieren Sie beide Möglichkeiten aus.

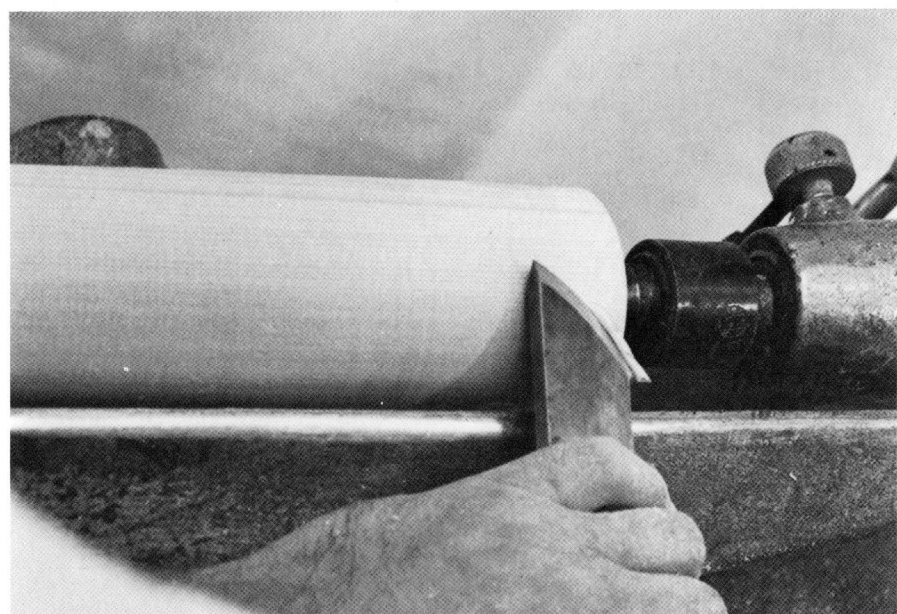

Wird der Schnitt mit der Spitze nach oben ausgeführt, halten Sie den Flachmeißel im 90°-Winkel zum Werkstück und in ca. 10° zur Oberfläche, damit er weit oben am Holz schneidet. Der Schneidepunkt liegt zwischen dem Ballen und der Mitte der Schneide.

Bei nach unten gerichteter Spitze hält man das Werkzeug, je nach Anschliffswinkel, ca. im 45°-Winkel zur Holzoberfläche. Der Schneidepunkt liegt zwischen Spitze und Mitte der Schneide. Das Werkzeug wird horizontal oder 10–15° nach oben geneigt gehalten.

Zuerst halten Sie den Flachmeißel mit der langen Spitze etwa im rechten Winkel zum Holz nach oben, wie auf der Abbildung S. 89 oben. Legen Sie das Werkzeug nicht flach auf die Auflage; es berührt die Auflage nur an seiner Kante zwischen Seite und Fläche. (Dies ist eine Ausnahme der Regel, daß Werkzeuge mit rechteckigem Querschnitt normalerweise flach auf der Auflage liegen.) Der Schnitt wird mit der unteren Hälfte der Schneidekante ausgeführt, aber keinesfalls mit der unteren Ecke, dem Ballen. Im Idealfall sollte man den Schnitt etwa im unteren Drittel vom Ballen aus gesehen ausführen. Wenn Sie mit dem Ballen schneiden, werden eher Holzfasern herausgerissen als daß geschält wird (S. 96). Die Oberfläche kann also niemals so glatt sein wie bei einem Schälschnitt. Wenn der Schneidepunkt in den oberen Teil des Werkzeugs verlagert wird, wird die ununterstützte Schneide wahrscheinlich auf die Auflage geschlagen, was auf dem Holz meist großen Schaden anrichtet. Je weiter der Schneidepunkt vom Ballen entfernt ist, desto größer ist die Hebelwirkung und die Wahrscheinlichkeit eines Schlages. Eine gedachte Linie durch Schneidepunkt und Stützpunkt auf der Auflage sollte im 90°-Winkel zur Drehachse liegen; dann kann sich das Werkzeug der Zentrifugalkraft wirkungsvoll entgegenstellen. Die Schwierigkeit, mit der nach oben gerichteten Schneide zu schneiden, besteht darin, zu verhindern, daß das Werkzeug während der Schneidebewegungen unruhig über das Holz hin und her rutscht. Das ständige Vor und Zurück der Schneide verursacht eine wellige Oberfläche. Wenn das Werkzeug mit nach unten gehaltener Spitze unruhig läuft, bekommen Sie wahrscheinlich keine so unregelmäßige Schnittfläche, da das Werkzeug tangential auf dem Holz schneidet.

Wenn Sie mit nach oben gerichteter Spitze gut zurechtkommen, versuchen Sie, einen Zylinder mit nach unten gerichteter Spitze zu schruppen. Dabei führen Sie den Schnitt so aus, wie das Foto S. 89 unten zeigt. In dieser Schneidhaltung wird der Schnitt zwischen der Spitze und der Mitte der Schneide gemacht. Das Heft wird viel weiter nach außen gestemmt, etwa 45° zur Holzoberfläche. In einer solchen tangentialen Werkzeugstellung kann man die Zentrifugalkraft nur schwer kontrollieren. Also halte ich meine untere Hand an den Klemmring und lege das Heft an meinem Unterarm an. Das Werkzeug muß horizontal oder mit einer um 10°–15° nach oben geneigten Spitze gehalten werden. In horizontaler Stellung befindet sich die Schneide in einer für den Schälschnitt idealen Schneidposition. Es entsteht eine besonders saubere Oberfläche. Wenn das Werkzeug allerdings leicht nach oben geneigt wird, bietet es den abwärts gerichteten Rotationskräften besseren Widerstand und es ist leichter zu handhaben.

Dies ist ein ausgezeichneter druckvoller Schnitt für eine schnelle Entfernung von überschüssigem Material. Ich setze das Werkzeug am liebsten auf diese Art ein, obwohl der Schneidepunkt weiter vom Stützpunkt auf der Auflage entfernt ist als bei der anderen, nach oben gerichteten, Stellung der Spitze. Jeder gegen das Holz ausgeübte Druck wird von Mitnehmer und Körner aufgefangen, und die Wahrscheinlichkeit des Biegens und des Schlingerns ist weitaus geringer, als wenn die lange Spitze nach oben zeigt. Weil die Kraft hinter dem Flachmeißel liegt, kann man ihn – besonders entlang eines Zylinders – besser steuern. Die schlanken Körper der Mikadostäbe auf S. 160 wurden mit dieser Technik gedrechselt. Ich benütze den Flachmeißel mit der langen Spitze nach unten, um die meisten Langholzwerkstücke mit weniger als 50 mm Durchmesser grob zu schruppen und um langgezogene Wölbungen zu schlichten.

Übung 2
Nach erfolgreichem Schlichten des Zylinders stechen Sie eine Reihe von Nuten ein. Markieren Sie im Abstand von 20–24 mm (je nach Breite Ihres Flachmeißels) die Mittellinien der Nuten. Schätzen Sie die Entfernung geschwind mit Ihrem Werkzeug ab, indem Sie es im rechten Winkel zum Zylinder flach auf die Auflage halten (S. 81). Schieben Sie es weit genug nach vorne, damit die lange Spitze die Oberfläche des drehenden Holzes anreißt. Dann setzen Sie weiter vorne neu an und wiederholen den Vorgang. Hierbei orientieren Sie den Ballen am eben gezogenen Riß. Während des Schneidens der Nuten sollten Sie darauf achten, daß das V eben verlaufende schräge Seiten hat und etwa 10 mm tief wird. Ebene Seiten sind Ihr Übungsziel, auf das Sie hinarbeiten und das Sie nachmessen können.

Es gibt zwei Möglichkeiten, Nuten einzustechen, beide mit nach unten gerichteter Spitze. In der ersten Methode wird die Spitze ca. 20° nach oben geneigt und in einem Bogen abwärts durch den Schnitt geführt. Die zweite Technik verlangt die Schneidmethode, die mit dem führenden Teil der Schneide, knapp unter der Spitze, ausgeführt wird, während das Holz geradeaus ins Holz gedrückt wird. Mit der zweiten Methode können Sie Hirnholz außergewöhnlich sauber schneiden, aber schwierig ist es, den Einstich, bei dem das Werkzeug weniger gut zu kontrollieren ist, anzusetzen. Stellen Sie mehrere Zylinder mit Nuten her, indem Sie nach der ersten Methode die Spitze in einem Bogen nach unten führen, bevor Sie sich an die Schneidmethode wagen. Dadurch lernen Sie viel über die Feinkontrolle.

Setzen Sie den ersten Schnitt mit der Spitze des Flachmeißels auf der Markierungslinie an und halten Sie das Werkzeug im rechten Winkel zum Werkstück. Die Spitze dringt in einer Bogenlinie etwa 3 mm tief ins Holz ein. (Drücken Sie sie nicht gerade hinein. Der Flachmeißel schneidet in der Bogenlinie in

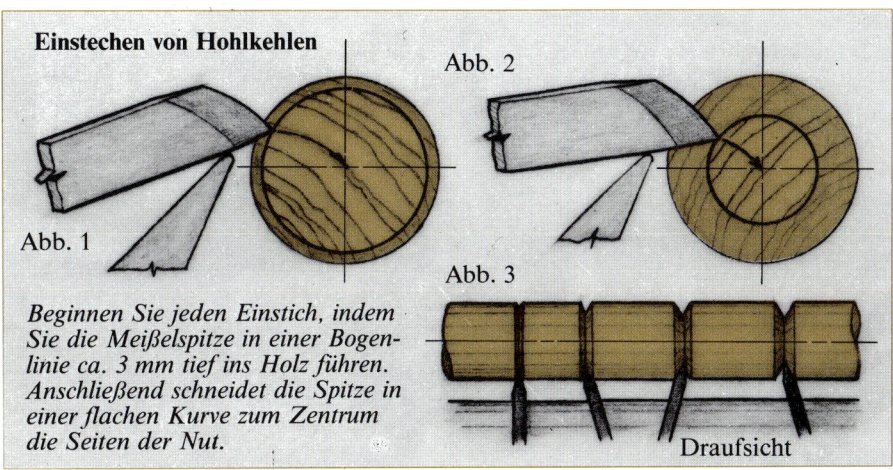

Einstechen von Hohlkehlen

Abb. 1

Abb. 2

Abb. 3

Beginnen Sie jeden Einstich, indem Sie die Meißelspitze in einer Bogenlinie ca. 3 mm tief ins Holz führen. Anschließend schneidet die Spitze in einer flachen Kurve zum Zentrum die Seiten der Nut.

Draufsicht

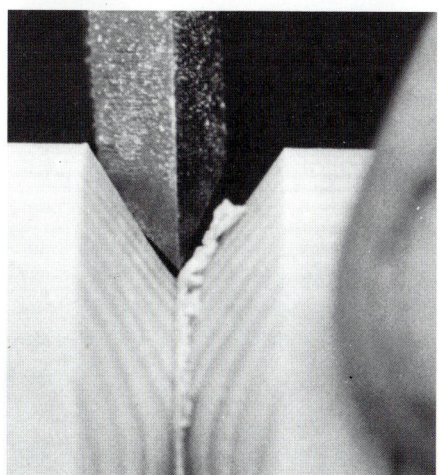

Nur die Fasenseite darf das Holz berühren (oben). Verlagern Sie die Meißelspitze nie aus dem Schnitt (Mitte). Lassen Sie niemals zu, daß sich die Fase von der Holzoberfläche abhebt (unten).

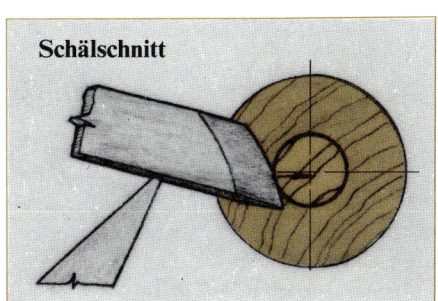

Schälschnitt

Stellen Sie die Auflage in Spitzenhöhe (oder leicht darunter) im Abstand von 10 mm vom Holz entfernt ein. Neigen Sie die Meißelspitze unter die Linie zwischen Drehmittelpunkt und Auflage. Die Schneide schneidet (knapp über der Werkzeugspitze) auf einer geraden Linie Richtung Zentrum.

einem weicheren Ton und mit weniger Anstrengung.) Der erste Einstich markiert den Verlauf der Nutentiefe, an der die Seitenschnitte ausgerichtet werden müssen. Der erste seitliche Einstich endet im Grund dieser Markierung; Sie haben jetzt ein halbes V. (Ich darf Sie daran erinnern, daß die seitlichen Einstiche ebenfalls in einer Bogenlinie eingeschnitten werden.) Der nächste Einstich von der anderen Seite her vervollständigt das V. Nun schneiden Sie von beiden Seiten her ein, achten aber darauf, daß die tiefste Spitze der Nut immer in der Mitte der beiden Schulterabsätze liegt. Wechseln Sie beim Schneiden mit den Seiten ab und weiten Sie schrittweise die Öffnung des V (Abb. 3, oben). Diese Schnitte werden mit der Spitze des Werkzeugs ausgeführt, und nur die Fasenseite – von der Spitze zum Fasenansatz – darf das Holz berühren und auf der frisch geschnittenen Oberfläche gleiten. Der Fasenanschliffswinkel diktiert den Winkel, in dem das Werkzeug zum Holz gehalten wird; im Foto oben links ca. 30°. Distanzieren Sie die Schneide von der Holzoberfläche, wie auf dem Foto zu sehen ist, um Verkantungen vorzubeugen.

Ein ebener Schnitt verlangt eine präzise und geschickte Handhabung des Werkzeugs. Die Meißelspitze muß in entschiedener Weise durch den Bogen geführt werden. Wenn Sie nun von beiden Seiten aus die Nut vertiefen, bewegen Sie (nachdem Sie die anfänglichen Einstiche in der Bogenlinie ausgeführt haben) das Werkzeug vorwärts und führen es locker mit Daumen und Fingern der oberen Hand über die Auflage. Die Spitze schneidet auf einer Linie ähnlich der Flugbahn beim Weitwurf: Sie beginnt in einer flachen Kurve und fällt dann steil ab, wie Abb. 1 und Abb. 2 oben zeigen. Lassen Sie es nicht zu, daß die Spitze unter die Linie zwischen Auflage und Drehzentrum abfällt (S. 68).

Wie bei anderen Schnitten auch, ist beim Einstechen von Nuten der kritische Punkt das Gleiten der Fase. (Die Fase kann so lange nicht gleiten, wie die Spitze nicht ins Holz eingestochen hat.) Wenn die Seiten der Nut holprig und uneben sind, hat das folgende Ursachen. Entwe-

der Sie schneiden daneben, wie auf
dem mittleren Foto auf S. 91, oder
Sie heben die Fasenseite durch eine
entgegengesetzte Bewegung ab (darunter). Dann berührt nämlich nur
noch die lange Spitze ohne den sta-
bilisierenden Kontakt der gesamten
Fase das Holz. Mit wachsender
Erfahrung werden Sie es fühlen,
wenn die Fase gleitet, und Sie werden sie automatisch anlegen, ohne
darauf schauen oder daran denken
zu müssen.

Wenn Sie mit dem Einstechen
von Nuten mit der Meißelspitze gut
zurechtkommen, probieren Sie seitliche Schälschnitte (nach der
Schneidmethode). (Machen Sie den
zentralen Einstich zur Markierung
des V, wie die Zeichnung auf der
Seite 91 oben zeigt.) Legen Sie den
Meißel auf die Auflage und heben
Sie das Heft leicht an, so daß die
Spitze unter die Linie von Auflage
zu Drehmittelpunkt sinkt. Schieben
Sie das Werkzeug nach vorne, so
daß die gewölbte Schneide knapp
über der Spitze als erstes auf der
Linie zwischen Auflage und Drehmittelpunkt ins Holz eintritt. Sobald
Sie die Schneide gegen das Holz
drücken, neigt sie zum seitlichen
Wegstoßen. Deshalb muß Ihre
obere Hand jede Seitwärtsbewe-
gung verhindern. Ihre untere Hand
schiebt das Werkzeug nach vorne.
Der Vorgang ähnelt dem Stoß mit
einem Billard-Queue. Sobald die
Schneide einmal ins Holz eingetre-
ten ist, haben Sie eine Oberfläche,
auf der die Fase gleiten kann. Dann
können Sie den Schnitt ohne Probleme fortsetzen.

Weil der Einstich zu diesen seitlichen Schälschnitten so schwierig ist,
schlage ich Ihnen vor, in der normalen Bogenlinie mit der Spitze 3 mm
tief ins Holz einzustechen (siehe
Abb. 1 auf der vorhergehenden
Seite), bevor Sie das Heft anheben
und die Spitze unter die Linie zwischen Auflage und Drehzentrum
absenken. Die Schneidekante führt
dann den Schnitt knapp über der
Spitze aus und kann geradewegs,
wie die obere Zeichnung zeigt,
in Richtung Zentrum gedrückt
werden.

*Für den Schälschnitt bewegen Sie den Meißel, als ob Sie einen Billardstoß ausführen
wollten. Winkeln Sie den Meißel so an, daß seine Spitze, wenn er geradeaus ins Holz
hineingedrückt wird, unterhalb der Linie zwischen Auflage und Rotationsachse liegt,
während die Schneide exakt auf dieser Linie schneidet.*

*Diese fertige Aneinanderreihung von Nuten verdeutlicht das typische Bild einer mit
dem Flachmeißel geschnittenen Oberfläche. Die klar konturierten Absätze dazwischen
deuten auf einen guten Schälschnitt hin.*

Falls Sie mit beiden Techniken
Schwierigkeiten haben, vergessen
Sie am besten die Nuten und
schneiden einfach Schnitte in einer
Richtung ein. Wenn Sie einen
befriedigenden Schnitt und eine
schöne Oberfläche erreicht haben,
wiederholen Sie denselben Vorgang
am selben Stück immer wieder. Tun
Sie so lange nichts anderes, bis Sie
es im Schlaf können. Daraufhin
probieren Sie die andere Richtung
aus. Dann kehren Sie wieder zu den
Nuten zurück. Lassen Sie sich nicht
aus der Ruhe bringen, wenn Sie
sehen, wieviel Nuten Sie entlang
des Rundstabes noch einstechen
müssen. Kümmern Sie sich im
Moment nur um diese eine Nut -
komme, was da wolle.

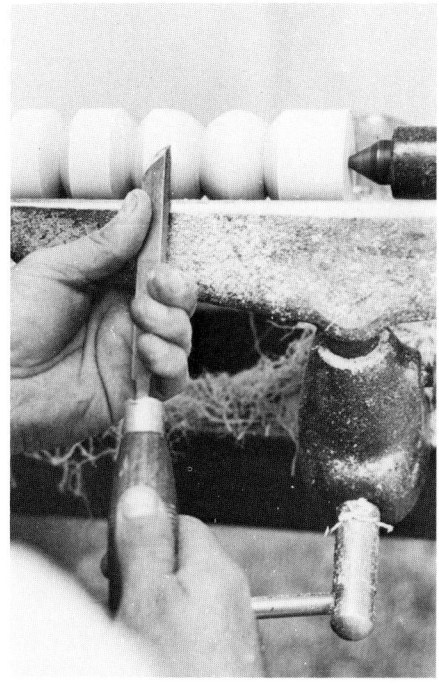 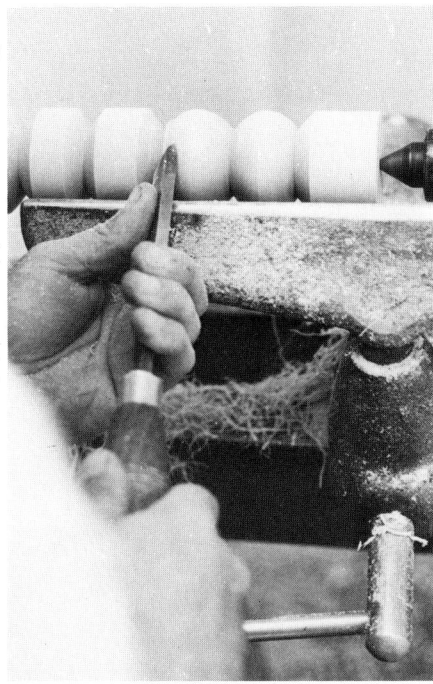 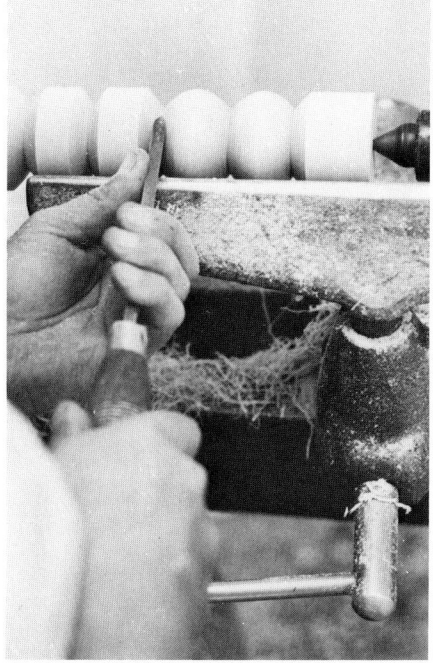

*Drechseln Sie aus den Nuten Rundstabprofile, indem Sie das Werkzeug in weich flie-
ßender Bewegung in Schnittrichtung drehen. Greifen Sie in umgekehrter Richtung als
die Schnittrichtung um das Holzheft. Auf diese Weise führen Sie die Bewegung entspannt und locker mit Handgelenk und Unterarm aus.*

Übung 3

Nachdem Sie einen Zylinder mit
mehreren gleichmäßigen Nuten
gedrechselt haben, verwenden Sie
nun denselben Flachmeißel, um die
Nuten in Rundstabprofile zu verwandeln. Haben Sie Selbstvertrauen! Sagen Sie nicht: »Das kann
ich mit Sicherheit nicht.« Es ist
ziemlich schwierig, den Beginn
eines Schnittes für ein Rundstabprofil mit nach unten zeigender
Spitze auszuführen, da durch den
Winkel des Werkzeugs zum Holz
der Stützpunkt auf der Auflage zu
weit vom Schneidepunkt entfernt
ist. Beginnen Sie folglich den
Schnitt mit nach oben gerichteter
Spitze. Die Bewegung ist auch öko-
nomischer, weil das Heft in dieser
Stellung beim Abrunden des Profils
keinen so weiten Radius beschreiben muß wie umgekehrt.

Halten Sie die Fase auf den Teil,
der später den höchsten Punkt des
Rundstabes geben soll, und drehen
Sie das Werkzeug mit festem, siche-
rem Griff in Schnittrichtung, bis die
Schneide Späne abschält. Dann

drücken Sie den Meißel nach vorne.
Es bedarf dazu guter Koordination
beider Hände. Ihre untere Hand
dreht das Werkzeug, während Ihre
obere Hand die Schneide tiefer ins
Holz hineindrückt. (Außer dem
gleichzeitigen Drehen und Eindrük-
ken des Werkzeugs ins Holz ist dieser Schneidvorgang derselbe wie
das Schlichten eines Zylinders.)

Ihr unteres Handgelenk sollte
sich fließend bewegen; Ihre obere
Hand fungiert als beweglicher Puffer gegen Rückschläge und als Feinkontrolle, während sie das Werkzeug mit vorsichtigem Druck durch
Daumen und Mittelfinger vorwärts
schiebt. Kleine Rundstabprofile
kann man aus einer Drehung des
unteren Handgelenks heraus drechseln. Sanft fließende Wölbungen
rühren von sanft fließenden Bewe-
gungsabläufen her. Entscheiden Sie
sich, was Sie machen wollen, und
versuchen Sie auch, es durchzufüh-
ren. Zögern Sie nicht inmitten eines
Schneidvorgangs.

Achten Sie darauf, daß das Werkzeug knapp unterhalb der Mitte der

Schneidekante Späne abschält. Das
Meißelheft liegt im 90°-Winkel zur
Holzachse, und es wird etwa um
10° während des Schnittes
geschwenkt. Das Werkzeug setzt zu
Beginn fast flach an, dreht sich
während seiner Vorwärtsbewegung
und endet schließlich an seiner
Seite. Das Abrunden einer Seite
eines Rundstabprofils darf höchstens eine oder zwei Sekunden in
Anspruch nehmen. Wenn Sie es
richtig machen, kommt es Ihnen
vor, als ob Sie mit einem Schwamm
über das Holz wischen; das Werkzeug stößt dabei auf geringen
Widerstand und schneidet sauber.

Oft bleibt ein Kranz von gekräu-
seltem Holz am Ende eines Rundstabprofils stehen, besonders dann,
wenn zwei Rundstäbe aufeinandertreffen. Um ihn zu entfernen, drehen Sie den Meißel um und schneiden mit der langen Spitze wie beim
Einstechen einer Nut. Lassen Sie
die Fase des umgedrehten Werkzeugs auf der eben geschnittenen
Oberfläche gleiten. Setzen Sie nun
die Schneidekante an und schneiden Sie zum tiefsten Punkt des
Rundstabes. Bei diesem Schnitt
liegt das Werkzeug fast im rechten
Winkel zur Drehachse. Dadurch
verlagert sich der Stützpunkt in die
Nähe des Schneidepunktes und ver-

Das Finish dieser Reihe von Rundstabprofilen ergibt sich lediglich aus der Bearbeitung durch den Flachmeißel.

mindert die Hebelwirkung (auch dann, wenn sich die Schneide weiter von der Auflage entfernt). Die Entfernung des Holzkranzes ist kein Kraftakt; eine leichte Berührung ist alles.

Haben Sie eine Aneinanderreihung von Rundstabprofilen erreicht, drehen Sie mit demselben Werkzeug die Holzspindel wieder auf einen kleineren Zylinder herunter. Sie beginnen am einen Ende des Zylinders auf der Rundstabmitte mit nach unten gerichteter Spitze. Schieben Sie das Werkzeug entlang der Auflage gleichmäßig durch leeren Raum und Holz. Lassen Sie die Schneide zwischen den Rundstäben nicht in den leeren Raum absacken. Dies ist eine gute Übung für die Bewegung eines Werkzeugs auf einer vorherbestimmten Linie. Der Vorgang wird um so einfacher, je mehr die Rundstäbe in ihrer Größe verringert werden. Nach dem Schlichten des Zylinders wiederholen Sie den gesamten Arbeitsablauf: das Einstechen der Nuten, dann die Rundstabprofile. Egal welche Flachmeißelbreite Sie einsetzen, es gelten dieselben Regeln. Der Schnitt wird mit dem knapp unterhalb der Schneidenmitte gelegenen Teil ausgeführt, und die Fase sollte möglichst immer auf dem Holz gleiten, bevor Sie die Schneide zum Schnitt ansetzen. Je schmaler Ihr Werkzeug, desto präziser müssen

Sie vorgehen. Ich benütze einen 8-mm-Flachmeißel für meine Salzlöffel, aber im allgemeinen können Sie alle schlanken Holzspindeln mit dem 12-mm-Flachmeißel drehen. Wenn der Arbeitsgang beendet ist, beginnen Sie von neuem, bis die Holzspindel bricht.

Erst wenn Sie einmal eine Anzahl von Holzspindeln nach diesem Zylinder-Nuten-Rundstabprofil-Zylinder-Prinzip bis zum Brechen des Holzes abgedreht haben, ist es sinnvoll, sich an einen Gebrauchsgegenstand zu wagen. Ich habe die Flachmeißeltechnik an folgenden Gegenständen erlernt: Wellhölzer, Fleischklopfer, Honiglöffel und Knäufe für Rollos oder Lichtschalter. Der Vorteil dieser Gegenstände ist, daß sie nicht identisch aussehen müssen. Es macht nichts aus, wenn man von der anfänglichen Konzeption wegen Schlägen und fehlender Werkzeugkontrolle abweichen muß. Bleiben Sie am Anfang bei einfachen Formen und entwickeln Sie nach und nach Ihr Repertoire an Schnitten. Haben Sie einen sauberen Schnitt erreicht, üben Sie ihn immer und immer wieder, bis Sie ihn im Schlaf können. Wenn Sie einen Schnitt beherrschen, gehen Sie zum nächsten über. Meine frühen Holzspindeln waren mit wenig Rundstabprofilen, dafür aber mit vielen langgezogenen Wölbungen und V-Nuten ausgestattet. Die Well-

hölzer hatten rechtwinklige oder konische Griffe, die leichter zu kopieren waren. Mit wachsendem Selbstvertrauen und verbesserter Technik wurden sie dann rund und hatten ein Krönchen als Abschluß. Drehen Sie am Anfang bei etwa 900 U/Min. Wenn Sie mehr Vertrauen zu der Sache gewonnen haben, Schläge immer seltener werden und das Finish durch das Werkzeug besser wird, erhöhen Sie die Drehzahl auf 1200 U/Min. Wenn Sie das Gefühl haben, daß das Schlichten eines Zylinders und das Einstechen von Nuten und Rundstabprofilen eigentlich kinderleicht ist, ist die Zeit gekommen, wo Sie sich anderen nützlichen Einsatzbereichen des Flachmeißels zuwenden können.

Der Flachmeißel als Schruppstahl (Schabmethode)

Hält man das Werkzeug mit der Schneide parallel zur Drehachse flach auf die Auflage, kann man innerhalb kürzester Zeit einen Durchmesser drastisch verringern. Diese Technik ist besonders bei Kelchstielen, Schöpflöffelgriffen oder anderem Drehgut nützlich, wo eine Menge Holz möglichst schnell abgetragen werden muß. Der Haken dabei ist der Winkel, in dem die Schneide gegen das Holz gehalten werden muß. Ist er richtig, nehmen Sie möglicherweise zu schnell zu viel Holz ab, weil es so mühelos geht. Ist der Winkel falsch, fliegt das Holz im selben Augenblick von der Drechselbank. Wirkungsvoll schaben heißt, daß die Schneide knapp unter die Holzoberfläche gehalten werden muß. Dringt sie tiefer ein, artet das Ganze in ein langsames, mühseliges Kratzen aus, das die Maserung aufreißt.

Zu Beginn dieses Schnittes sollte die Fase wie üblich zuerst auf dem Holz gleiten. Aber wenn Sie das Meißelheft anheben und somit die Schneide ansetzen, müssen Sie die Klinge über die Auflage leicht zurückschieben, bis die Schneide knapp unter der Oberfläche des Holzes liegt und sehr feine Späne abnimmt. In dem Moment, wo die Schneide zu schaben beginnt, schieben Sie das Werkzeug nach vorne unter Beibehaltung des Verhältnisses von Schneideposition zu Holzoberfläche. Etwas Gewandtheit ist erforderlich, wenn Sie die Schneidekante akkurat Richtung Drehzentrum schälen lassen wollen. Die gesamte Bewegung wird durch Ihre untere Hand kontrolliert; Ihre obere Hand hält nur das Werkzeug auf der Auflage. Die Späne sehen wie papierdünne Streifen aus, die sofort nach Verlassen des Meißels brechen. Die Oberfläche muß anschließend im Schälschnitt geschlichtet werden.

Dies ist keine Technik für rechtwinklige Drehgüter, da die Ecken leicht absplittern. (Trotzdem schruppe ich Rohlinge für das Einschlagfutter manchmal auf diese Art, denn die gelegentlich abgesplitterten Ecken werden später ohnehin abgerundet.)

Diese Technik – wenn sie ganz vorsichtig ausgeführt wird – ist meistens die beste Möglichkeit, mit einer wilden Maserung fertig zu werden oder das Ende eines Rundstabprofils oder einen Dosenflansch zur Anpassung eines Deckels sauber zu schneiden. Hier kommt die abgerundete Schneide des Flachmeißels voll zu ihrem Einsatz. Man hat nämlich die Möglichkeit, mit der Spitze des Flachmeißels seitwärts in eine Ecke vorzudringen, ohne daß die eben geschnittene Oberfläche berührt wird (S. 96, oben rechts). Ein scharfes Werkzeug hat drei wirkungsvolle Schneidekanten, die gemeinsam die Spitze bilden. Zwei davon können gleichzeitig benutzt werden – die normale Schneide und die obere Fasenseite. Somit kann man gleichzeitig Längsholz schneiden und Hirnholz schaben. Das Werkzeug muß vorsichtig nach innen bewegt werden, um ein Herausreißen der Fasern zu verhindern (eine vibrationsfreie Drechselbank ist für diesen Arbeitsvorgang unerläßlich). Die Fase hat keine Möglichkeit zu gleiten, die Schneide »streichelt« nur leicht über die Oberfläche. Es darf keine Späne, nur Sägemehl geben. Kontrollieren Sie die Bewegung mit der oberen Hand, während die untere Hand die Stabilität garantiert. Stehen Sie ruhig. (Möglicherweise müssen Sie während dieses Schnittes den Atem anhalten.)

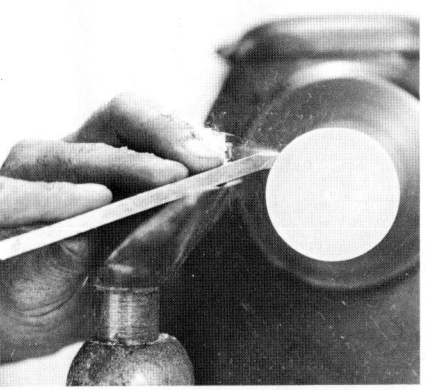

Den Durchmesser eines Zylinders können Sie sehr schnell reduzieren, indem Sie den Flachmeißel als Schruppstahl einsetzen. Halten Sie die Schneide direkt unterhalb der Oberfläche des Holzes. Sobald die Schneide zu schälen beginnt, drücken Sie den Meißel nach vorne und führen das Meißelheft nach oben, um dasselbe Winkelverhältnis zwischen Schneide und Holzoberfläche aufrechtzuerhalten.

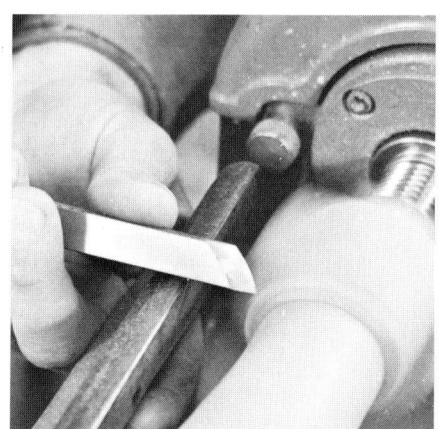

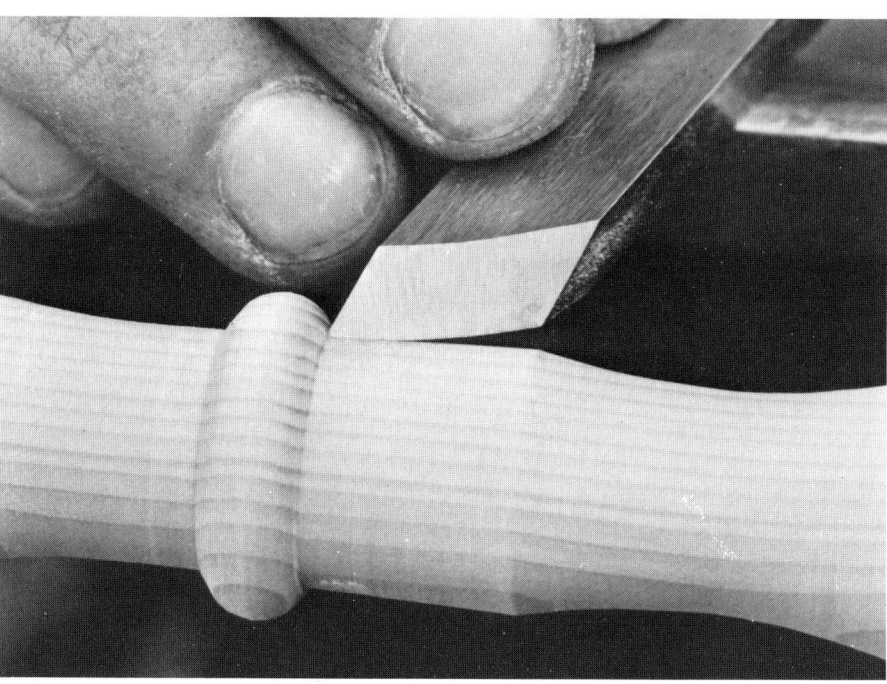

Beim Abrunden rechtwinkliger Drehgüter drehen Sie das Werkzeug so, daß die Spitze in einem Bogen nach unten wandert, wie beim Einstechen einer Nut.

Eine runde Flachmeißelschneide ist sehr viel nützlicher als eine gerade Schneidekante. Hier wird die Spitze einer abgerundeten Schneide seitwärts in eine Ecke geführt, um sie zu säubern, ohne frisch geschnittene Teile der Oberfläche zu berühren.

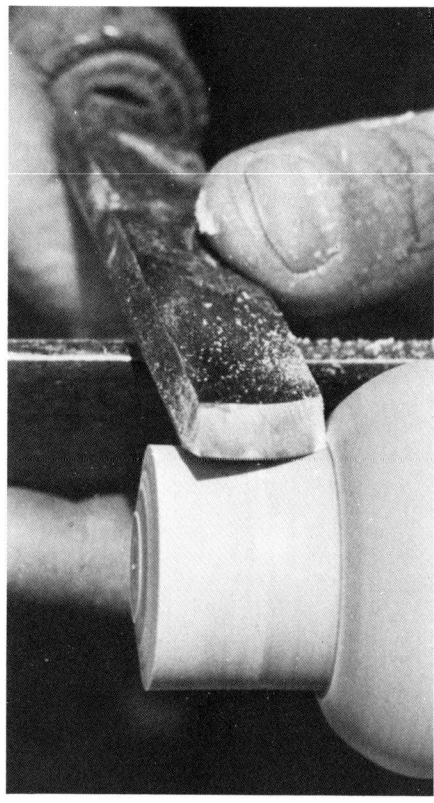

Beim Plandrehen einer Hirnholzfläche mit der langen Spitze (links), achten Sie darauf, daß nur die führende Spitze und die Fase, nicht die Schneidekante, das Holz berühren. Dadurch wird das Werkstück gegen den Spindelkasten gedrückt, ein sehr nützlicher Vorteil beim Drehen einer Dose. Der Ballen des Flachmeißels sollte nur dann eingesetzt werden, wenn eine präzise Kante erforderlich ist, wie z. B. beim Drehen einer Rundstabbasis (rechts).

*Schabschnitte mit dem Flachmeißel
an schrägen Flächen*
Dies ist eine Variante des vorhergehenden Schnittes und bietet die
Möglichkeit des schnellen und wirkungsvollen groben Einstechens
von V-Nuten. Aber auch hier müssen Sie mit einem Schälschnitt die
Oberfläche schlichten. Halten Sie
das Werkzeug wie für einen konven-
tionellen Schlichtschnitt, die lange
Spitze führt. Heben Sie das Meißelheft diagonal an. Das Werkzeug
kippt im Angelpunkt auf der Auflage. Die Spitze des Meißels bewegt
sich auf einer Bogenlinie tief ins
Holz hinein, und die Schneide
schält einen dünnen Streifen ab, wie
auf dem Foto rechts (fast so, wie in
der vorherigen Übung). Nach Erreichen der gewünschten Tiefe drehen
Sie das Werkzeug auf der Spitze, so
daß die Schneide von der Schnittfläche abhebt. Ansonsten ist zuviel
Holz in Kontakt mit der Schneidekante, was einen Schlag verursachen kann. Wie beim vorherigen
Schnitt müssen Sie sehr geschickt
und flink vorgehen; Sie können den
Schnitt nicht langsam ausführen.
Die Hauptkraft kommt von der
unteren Hand, aber die obere Hand
liefert zusätzliche Sicherheit für die
Vermeidung möglicher Schläge. Da

das Werkzeug die Auflage nur an
einer Stelle berührt, muß man auf-
passen, daß der Schnitt in der Nähe
der Spitze ausgeführt wird. Dieser
Schneidvorgang ist ähnlich wie der-
jenige zum Einstechen von Nuten
mit der Spitze (S. 91), nur mit einem
wichtigen Unterschied. Wenn Sie
Nuten einstechen, werden Sie sehr
bemüht sein, nur mit der Spitze zu
arbeiten und die Schneidekante von
der eben geschnittenen Oberfläche
fernzuhalten. Nun schneiden Sie
mit der Spitze und der benachbarten Zone der Schneidekante. Im
Grunde genommen tun Sie hier

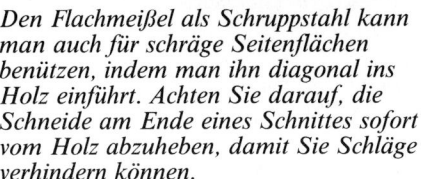

*Den Flachmeißel als Schruppstahl kann
man auch für schräge Seitenflächen
benützen, indem man ihn diagonal ins
Holz einführt. Achten Sie darauf, die
Schneide am Ende eines Schnittes sofort
vom Holz abzuheben, damit Sie Schläge
verhindern können.*

genau das, was Sie im anderen Falle
vermeiden, nur eben viel schneller
und unter Kontrolle. Was bei der
einen Arbeitssituation verheerende
Folgen hat, kann in einer anderen
großartige Ergebnisse erzielen.

Sie werden feststellen, daß der
Flachmeißel viele Übungsstunden
(Monate und Jahre) in Anspruch
nimmt. Aber es lohnt sich allemal.
Mit fachmännischem Geschick wird
Holz schneller entfernt und geformt
als der Ton auf der Töpferscheibe.
Ein Schöpflöffelgriff mit 50 mm
Durchmesser braucht zum Beispiel
nicht mehr als 10 Sekunden und die
Gestaltung der gesamten Außenform nur 20 oder 30 Sekunden. Auf
einem geradlinig gemaserten Holz
wird der Schnitt sauber. Eine Bewegung und Schneidetechnik ergibt
sich aus der anderen, und unter sur-
rendem Klang kräuseln sich die
Späne. Es ist ein großartiges
Gefühl.

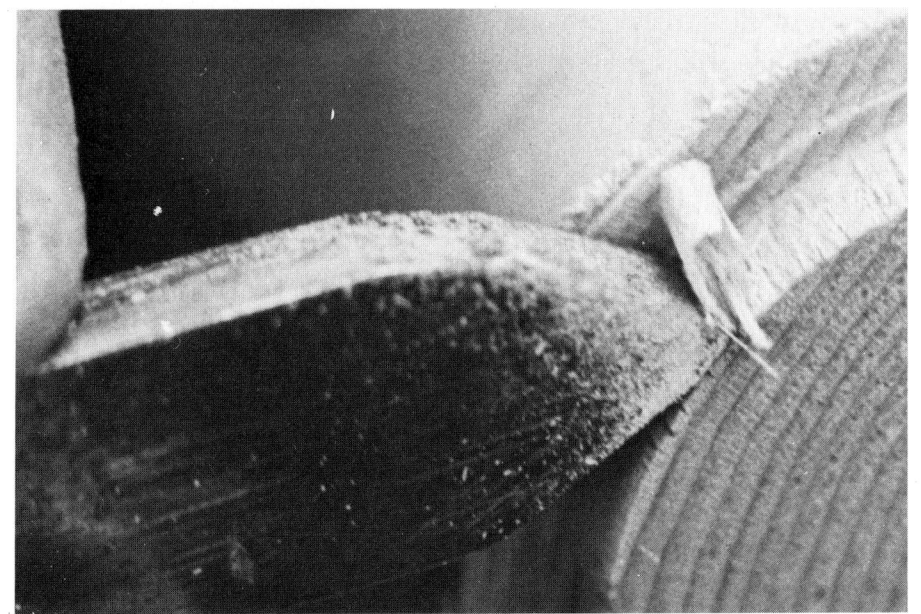

*Der Fischschwanz schneidet wie der Flachmeißel als Schruppstahl. Lassen Sie die
Schneide nicht zu tief ins Holz eindringen, sonst beginnt sie zu kratzen.*

Abstechstähle

Abstechen nennt man den Vorgang, bei dem man quer zur Maserung schneidet, um ein gedrechseltes Werkstück von der sich drehenden Drechselbank abzunehmen. Abstechstähle werden auch in engen Zwischenräumen eingesetzt, wo ein Flachmeißel oder eine Röhre nicht mehr hineinreichen, oder um einen bestimmten Durch-

Beim Abstechen kleiner Arbeiten dürfen Sie das Drehgut nicht berühren, sonst verzwirnt sich der letzte Rest der Fasern und wird herausgerissen.

messer bei Holzspindeln anzulegen. Die Schneide wird knapp unter die Holzoberfläche gehalten, wo sie – wie beim Schabschnitt des Flachmeißels – einen bandartigen Span abschabt. Die Schneide wird im rechten Winkel zum Werkstück gehalten und schneidet von der Außenoberfläche des Holzes zu dessen Drehzentrum, wobei sie mit der Abnahme des Durchmessers eine Bogenlinie beschreitet. Drücken Sie die Schneidekante nicht zu schnell ins Holz, sonst beginnt sie zu kratzen anstatt zu schaben.

Beim Abstechen schmaler Drehgüter müssen Sie am Ende des Arbeitsvorganges mit der oberen Hand das Stück Holz auffangen, während Sie das Werkzeug mit der unteren Hand halten. Die Abbildungen oben zeigen dies. Bei lau-

fender Maschine fällt das Drehgut in Ihre offene Hand. Wenn Sie große und lange Stücke bei laufendem Motor abstechen, riskieren Sie, daß Sie es nicht richtig auffangen, daß es weggeschleudert wird und kaputtgeht. Wenn Sie den Motor während des letzten Schnittes abstellen können, passiert das nicht. (Ich kann die Schalter meiner Drechselbänke durch Gegenlehnen oder Fußtritt ausschalten; auf diese Art ist es möglich, sie im letzten Moment anzuhalten.) Fassen Sie das Holz nicht an, bevor es ganz abgetrennt ist. Schon der leichteste Druck verursacht, daß die letzten Holzfasern aus dem fertigen Stück herausgerissen werden. Eine andere Methode des Abstechens ist, Sie schneiden mit dem Abstechstahl ein, lassen aber einen schmalen Teil

zwischen Abfall und Drehgut stehen und sägen diesen nachher ab. Ich verwende dazu eine kleine Bügel- oder Metallsäge.

Ebenso gebräuchlich wie der Abstechstahl ist auch die lange Spitze des Flachmeißels für diese Arbeit. Für das Abstechen des Werkzeugheftes auf S. 176 habe ich den Flachmeißel verwendet. Daumen und Finger meiner oberen Hand verhindern das seitliche Wegrutschen des Werkzeugs. Dieser Vorgang ist derselbe wie das Einstechen der Nuten von S. 91.

Schrotstähle

Schrotstähle können nicht generell zum Schruppen eingesetzt werden, besonders nicht an Langholzaußenflächen. Die durch den Schrotstahl entstandene Oberflächenqualität längs der Maserung hält dem Vergleich mit dem Ergebnis eines Schälschnittes durch den Flachmeißel nicht stand. Da die Schabmethode die Fasern des Holzes aufstellt, wird die Oberfläche durch einen kraftvollen Schnitt mit dem Schrotstahl rauh. Am besten setzt man Schrotstähle ganz vorsichtig und behutsam ein, dann erhält man eine feine Oberfläche; aber schon der leichteste Druck reißt die Maserung auf. In kleinen Zwischenräumen sind sie sehr nützlich. Man kann auch die Schneide zu einem Profilfräser anschleifen, so daß sich komplizierte Umrisse wie z. B. bei Schachfiguren in einem Arbeitsgang fertigen lassen.

Der Schrotstahl braucht für einen wirkungsvollen Einsatz einen Grat auf der Schneide. Meiner Meinung nach erhält man die beste Schneide nach einer kurzen Berührung mit der 60er-Schleifscheibe. Ob der Grat entsprechend angeschliffen wurde, sehen Sie, wenn Sie die Holzoberfläche leicht damit berühren. Wenn Sägemehl erzeugt wird, ist er scharf. Wenn nicht, drücken Sie ja nicht das Werkzeug weiter hinein, denn das verursacht einen gewaltigen Schlag. Gehen Sie statt dessen wieder an die Schleifmaschine. Falls der Grat zu groß geraten ist, ziehen Sie ihn auf dem Abziehstein ab, und beginnen Sie von neuem.

Lassen Sie Schrotstähle eine Spur unterhalb der Linie zwischen Auflage und Drehzentrum laufen, so daß das Werkzeug im Falle eines Schlags vom Holz weg in den leeren Raum abgleitet. Falls ein Schlag auftritt, während das Werkzeug über diese Linie geneigt wird, sucht es sich einen Weg in einem Bogen nach unten durch das Holz; da passieren die aufregendsten Dinge: mit Sicherheit ein Schaden am Holz, möglicherweise werden auch Sie verletzt.

Gelegentlich kommt es vor, daß Flachmeißel oder Röhre auf besonders wilder oder schwieriger Holzstruktur ihren Dienst versagen. Wenn ein sicherer, aber leichter Schnitt nach der Schneidmethode keine saubere Fläche hinterläßt, versuchen Sie, einen Flachmeißel als Schrotstahl einzusetzen. Schleifen Sie an eine Fase des Flachmeißels mit Hilfe der 60er-Schleifscheibe einen Grat. Halten Sie den Meißel flach auf die Auflage, die Schneide liegt auf Spitzenhöhe, der

Der sauberste Schnitt erfolgt quer zur Maserung. Wenn Sie gegen die Maserung schneiden, hebt das Werkzeug die Fasern an und hinterläßt eine rauhe Oberfläche. Diese Rundstabprofile aus Carolina Pine zeigen verschiedene Oberflächenbearbeitungen. Von links nach rechts: geschliffen, geschabt, mit Röhre geschnitten, mit Flachmeißel geschnitten.

Grat darüber. Schneiden Sie eine Serie sehr leichter seitlicher Schnitte, wobei die gesamte Schneide über die Holzoberfläche streicht. Wenn das nicht klappt, versuchen Sie die scharfe Spitze des Meißels langsam und stetig ins Holz einzuführen. Funktioniert auch das nicht, müssen Sie auf Schleifmittel zurückgreifen.

Auf Hirnholz erzielt man mit Schrotstählen bessere Ergebnisse. Viele der dichten oder ölhaltigen Hölzer wie Ebenholz, Sandelholz, Cocobolo, afrikanisches Blackwood, Mulga oder Veilchenholz lassen sich an Hirnholzflächen gut mit dem Schrotstahl schabend bearbeiten. Auf diesen Hölzern reicht schon ein ganz, ganz leichtes Berühren aus, um eine spiegelglatte Oberfläche zu produzieren, besser noch als durch einen Schälschnitt mittels Flachmeißel oder Röhre. Schon das kleinste Übermaß an Druck hat jedoch verheerende Auswirkungen, weil das Werkzeug ganze Holzbrokken aus der Hirnholzoberfläche herausreißt.

Auf Hirnholzflächen dichter oder ölhaltiger Hölzer, wie auf diesem Cocobolo-Stück, erhalten Sie mit dem Schrotstahl eine sehr glatte Oberfläche. Die beiden inneren Ringe wurden mit dem Flachmeißel geschnitten. Der äußere Ring wurde mit dem Flachmeißel, der flach auf der Auflage lag und mit einem angeschliffenen Grat versehen war, geschabt.

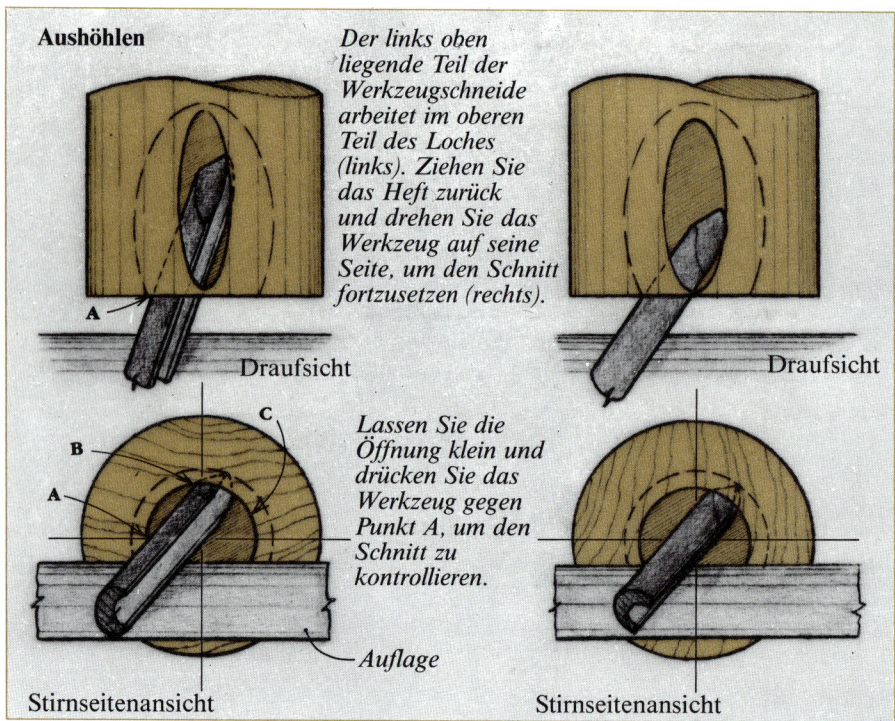

Aushöhlen

Der links oben liegende Teil der Werkzeugschneide arbeitet im oberen Teil des Loches (links). Ziehen Sie das Heft zurück und drehen Sie das Werkzeug auf seine Seite, um den Schnitt fortzusetzen (rechts).

Draufsicht

Draufsicht

Lassen Sie die Öffnung klein und drücken Sie das Werkzeug gegen Punkt A, um den Schnitt zu kontrollieren.

Auflage

Stirnseitenansicht

Stirnseitenansicht

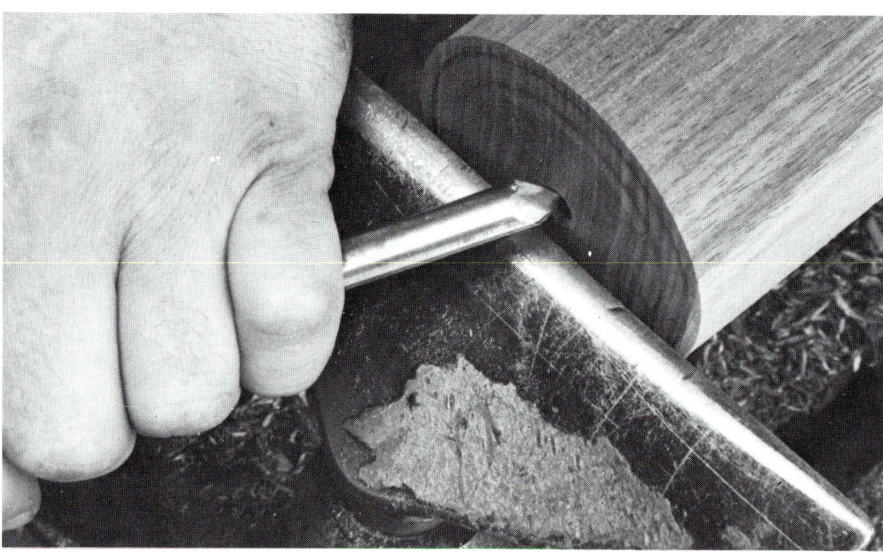

Zu Beginn zeigt die Röhre in die Mitte des Loches. Sie wird ca. 5° nach oben geneigt (oben). Durch Zurückziehen des Heftes wird der linke obere Teil der Schneidekante zum Schneiden gebracht (unten).

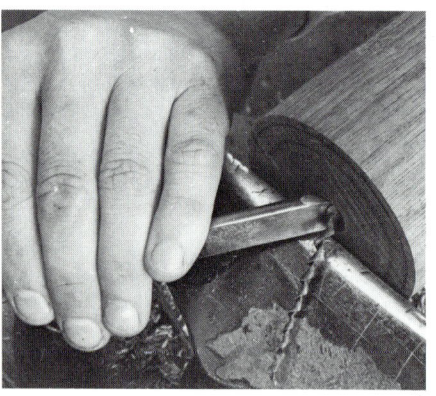

Aushöhlen

Mit einer Bohrspitze im Reitstock können Sie zwar beim Anfertigen von Dosen, Schöpfkellen, Eierbechern oder Kelchformen Löcher in das Hirnholz bohren, aber Sie erhalten niemals eine befriedigende Güte der Oberfläche (speziell des Bodens), und die geraden Seitenwände sind uninteressant. Mehr noch, die Bohrspitze hinterläßt sichtbare Spuren. Es gibt eine schnellere, reizvollere Methode des Innenausdrehens von Hirnholz. Sie erfolgt in zwei Schritten. Im ersten Schritt machen Sie mit der Röhre eine Öffnung; im zweiten Schritt höhlen Sie sie mit dem Schrotstahl aus.

Sie können ein Werkstück nicht zwischen Spitzen aushöhlen. Es kann nur an einem Ende eingespannt werden, am besten in einem Einschlagfutter oder Zangenspannfutter, die beide das Drehgut sicherer halten als ein Backenfutter. Zur Übung empfehle ich Ihnen Rohlinge von 150 mm Länge und zwischen 50 mm und 75 mm Breite. Wählen Sie eine feingemaserte Holzart; grünes, schlagfrisches Holz läßt sich leichter drechseln. Ein kleiner, gerader Ast ist ideal.

Röhren

Drehen Sie zuerst mit einer Röhre oder einem Flachmeißel die Hirnholzoberfläche plan (S. 95-96). (Mit einer Röhre geht es leichter, aber dies ist eine gute Möglichkeit, saubere Schnitte über das Hirnholz mit dem Flachmeißel zu üben.) Dann höhlen Sie mit der Röhre grob aus. Dafür benutze ich eine Technik, bei der das Werkzeug möglichst weit vom Zentrum entfernt und beinahe mit der Oberseite nach unten schneidet – entgegen allen Regeln und Ausnahmen. Ich wende diese Methode seit jeher bei Schöpflöffeln oder kleinen Dosen an. Wählen Sie dazu eine 12-mm-Röhre in schwerer Ausführung mit langer Fase (ca. 30°) aus, die an der linken Seite weit zurück angeschliffen ist.

Muster zum Innenausdrehen

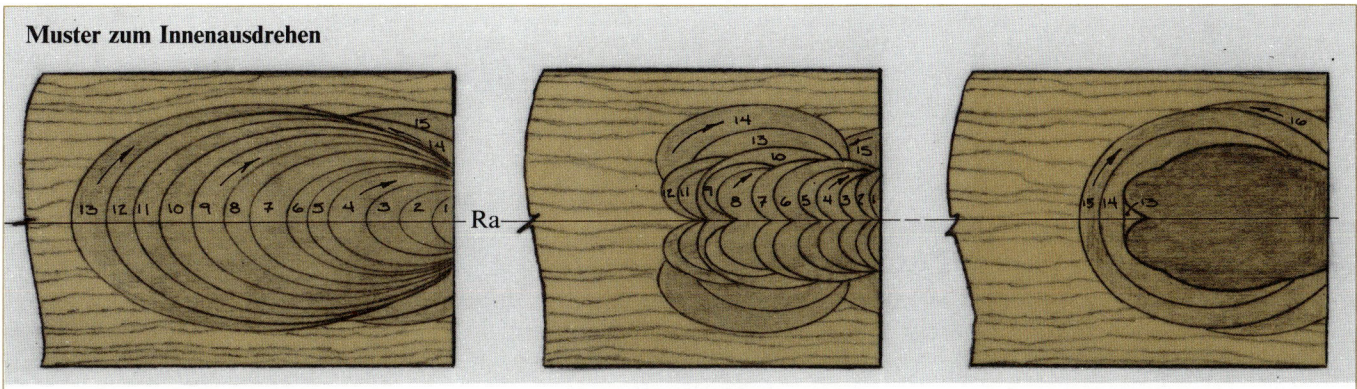

Abb. 1: Die Schnitte sollten vom Zentrum weg in Richtung der Bogenlinien ausschwingen. Folgen Sie der Zahlenfolge. Lassen Sie die Öffnung bewußt eng; sie dient als Stützpunkt.

Abb. 2: Dieses allgemein übliche Aushöhlschema wirft Probleme auf. Die Röhre beginnt zwar im Zentrum, es bildet sich jedoch durch das Vorwärtsdrängen des Werkzeugs in der Mitte ein Kegel. Dadurch wird die Schneidekante automatisch zur Seite geführt.

Abb. 3: So sieht das Loch nach den Schnitten 1-12 in Abb. 2 aus. Drehen Sie den zentralen Kegel mit einer Röhre oder einem rund angeschliffenen Schrotstahl ab und erweitern Sie die Öffnung durch die Schnitte 13-16.

Die Schneide sollte die Form einer vollendeten Kurve ohne Flachzonen haben. Klemmen Sie die Auflage so fest, daß sich die Mitte der Schneide bei einer Neigung um 5° nach oben genau auf Spitzenhöhe befindet. Um einen sauber schälenden Schnitt zu erhalten, schneiden Sie vom Zentrum weg nach außen. Halten Sie das Werkzeug auf seiner Seite auf die Auflage. Dabei zeigt die Oberkante der Röhre zum Drehzentrum, setzt aber links davon an. Die Fase gleitet auf dem Hirnholz, wie das Foto vorige Seite, links oben zeigt. Benützen Sie den Übergriff als sicheren Anschlag und als Stützpunkt, um einen Rücklauf des Werkzeugs zu verhindern. Drükken Sie das Werkzeug gegen das Zentrum des Holzes und schneiden Sie ca. 3 mm ein. (Jeglicher Druck wird durch den Spindelkasten absorbiert.) Dann ziehen Sie Ihre untere Hand zum Körper zurück, so daß das Werkzeug auf seiner oberen linken Schneidekante schneidet. Diese bewegt sich zwischen den Punkten B und C in der Zeichnung (vorige Seite) vom Zentrum weg und entfernt das sich nach oben drehende Holz. In dem Moment, wo Sie das Heft zurückziehen, drehen Sie das Werkzeug leicht nach rechts, um den optimalen Schneidewinkel zu erhalten. (Vergessen Sie

Das Werkzeug entfernt das Holz, indem es von oben nach rechts geführt wird. Mit etwas Übung können Sie diesen Arbeitsgang am Ende des Schnittes umkehren und das Werkzeug wieder zum Zentrum drehen.

nicht, die Fase auf dem Holz gleiten zu lassen, während sich das Werkzeug durch den Schnitt dreht.) Das Foto letzte Seite oben zeigt das Werkzeug in einem frühen Schnittstadium, es liegt rechts neben dem Zentrum. Sobald der Schnitt außen an der Öffnung angelangt ist (darunter), setzen Sie die Schneide ab, gehen zurück zum Drehzentrum und wiederholen den Vorgang. Von der Position am Schnittende aus können Sie den Vorgang auch in umgekehrter Richtung ausführen (wie bei einem rückwärtslaufenden Film), indem Sie die Schneide zum Zentrum zurückführen und noch mehr Abfall entfernen. Sobald sich die Öffnung etwas ausgedehnt hat, erreichen Sie an der Innenwand hinter dem Rand einen sauberen schälenden Schnitt. Nicht ganz so glatt wird die Oberfläche in der Nähe des Bodens, wo die Wölbung gegen das Drehzentrum zurückschwingt, weil dort das Werkzeug ins Hirnholz schneidet.

Ein stabiler Stützpunkt ist sehr wichtig. Das nach oben drehende Holz zwischen C und B wird das Werkzeug immer nach oben reißen, selbst wenn es kräftig nach unten gedrückt wird. Der Eingang des Loches (A) bietet einen zusätzlichen Stützpunkt. Das Werkzeug wird durch die Auflage unterstützt, wird aber auch gegen den Rand der Aushöhlung gepreßt. Das vermittelt Ihnen ein gewisses Gleichgewicht; daran kann der Druck, der auf die Schneide ausgeübt wird, aufgefangen werden. Wenn Sie diesen Druck nirgends ausgleichen können, kann es passieren, daß sich das Holz im Einschlagfutter verkantet, daß Holz absplittert oder nicht mehr zentriert läuft. Lassen Sie das Maul der Öffnung klein, bis der Innenraum ausgehöhlt ist. Damit haben Sie einen besseren Ansatz für die Hebelkraft als bei einer weiteren Öffnung und Sie können das Werkzeug eher in paralleler Richtung zur Drehachse halten, wo es leichter zu kontrollieren ist. Sobald die Röhre auf der Außenseite der Öffnung schneidet, muß man die Parallelität ohnehin aufgeben. Wenn der Einstieg in die

Aushöhlung breit ist, schneidet das Werkzeug am Rand eher im 90°-Winkel zur Drehachse; Schläge und Rückstöße sind dann wahrscheinlicher.

Falls der Rand ausgeschlagen und uneben wird, drehen Sie ihn wieder rund, sonst entsteht ein außerhalb gelegener zweiter Stützpunkt, der das Schneiden schwierig gestaltet. Es ist die meiste Zeit nicht möglich, die Arbeit der Röhre zu beobachten, besonders dann nicht, wenn man den Schnitt am Boden des Loches beginnt; also probieren Sie es auch nicht aus. Sie müssen es fühlen.

Wenn Sie die Schneidekante jenseits des Zentrums nach vorne drücken, entsteht ein Kegel (siehe Abb. 2 in der Zeichnung S. 101). Dieser vergrößert sich bei den nachfolgenden Schnitten, wenn Sie die Spitze des Kegels nicht genau treffen und die Fase seitlich am Kegel entlanggleiten lassen. Zu Beginn eines Schnittes sollten Sie das Zentrum des Lochbodens ertasten und dann die Schneide während einer Drehung des Werkzeugs ansetzen. Ziehen Sie erst dann das Heft zurück, wenn die Schneide tatsächlich schneidet. Ich empfehle Ihnen das Üben dieser Technik nur in gesundem, stabilem Hirnholz. (Beim Anfertigen der Dose auf den Seiten 110–115 habe ich zuerst ein tiefes Loch gebohrt. Die Fase wurde dann auf den Rand des Loches aufgesetzt, um mit dem Schnitt zu beginnen.)

Dies ist keine leichte Aushöhltechnik, hauptsächlich deswegen, weil Sie mehr fühlen müssen als sehen können - aber wenn Sie es einmal gelernt haben, ist dies eine sehr schnelle Methode. Der Hauptteil einer Dose mit 150 mm Durchmesser oder eines Schöpflöffels kann in 3-4 Sekunden entfernt werden. Die Oberfläche ist jedoch nicht besonders glatt. Der Arbeitsgang endet mit dem Schrotstahl.

Schrotstähle

Nachdem man den Hauptteil des Loches mit der Röhre herausgeholt hat, macht man normalerweise mit Schrotstählen das Finish (linker Hand vom Zentrum). Für diesen Vorgang verwende ich zwei verschiedene Schrotstahlformen (in verschiedenen Größen je nach Öffnung). Schrotstähle mit geradem Anschliff (rechts) eignen sich für die Seiten und den Boden von zylindrischen Löchern. Schrotstähle mit langem rundem Anschliff (auf der Zeichnung auf S. 105) verwendet man für die Seiten und den Boden von gewölbten Aushöhlungen. Zur Übung stellen Sie zwei verschiedene Formen her: einen Zylinder mit flachem Boden und einen mit einer runden Bodenhöhlung.

Übung 1

Drehen Sie zunächst einen Innenzylinder mit einem langfasigen, gerade angeschliffenen Werkzeug. Wie bei jedem meiner gerade angeschliffenen Werkzeuge hat die Schneide in Wirklichkeit eine leichte Rundung, in diesem Falle nimmt sie von links nach rechts ab. Damit vermeide ich, daß die ganze Schneide auf einmal das Holz berührt, besonders wenn 50 mm oder mehr entfernt von der Auflage geschnitten wird, wo ein schwerer Schlag kaum zu vermeiden wäre. Setzen Sie nur etwa ein Viertel der Schneide ein (auf der Zeichnung rechts entspricht das dem Abstand zwischen A und B). Wann immer Sie einen Schrotstahl benutzen, um lange gerade Wände eines tiefen Innenzylinders abzudrehen, ist es sehr wichtig, das Werkzeug horizontal zu halten, damit eine gerade verlaufende Seitenwand gewährleistet ist. Die Auflage muß hoch genug eingestellt sein, damit die untere Kante des Werkzeugs (zwischen Unterseite und Seitenkante des Stahls) nicht auf der eben durch die Spitze geschnittene Fläche aufläuft. Wenn die Auflage zu niedrig ist und jene Ecke des Werkzeugs schleift, hat dies zur Folge,

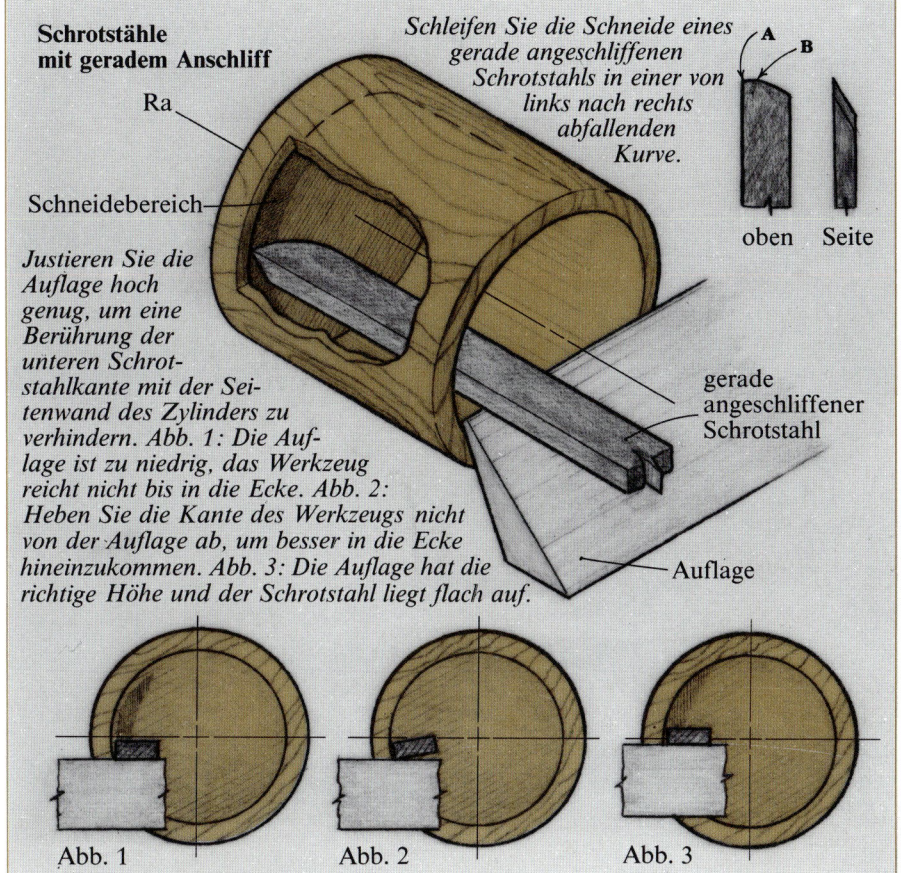

Schrotstähle mit geradem Anschliff

Ra

Schneidebereich

Justieren Sie die Auflage hoch genug, um eine Berührung der unteren Schrotstahlkante mit der Seitenwand des Zylinders zu verhindern. Abb. 1: Die Auflage ist zu niedrig, das Werkzeug reicht nicht bis in die Ecke. Abb. 2: Heben Sie die Kante des Werkzeugs nicht von der Auflage ab, um besser in die Ecke hineinzukommen. Abb. 3: Die Auflage hat die richtige Höhe und der Schrotstahl liegt flach auf.

Schleifen Sie die Schneide eines gerade angeschliffenen Schrotstahls in einer von links nach rechts abfallenden Kurve.

A B

oben Seite

gerade angeschliffener Schrotstahl

Auflage

Abb. 1   Abb. 2   Abb. 3

daß die Schneidekante zur Mitte hin gedrängt wird. Drücken Sie das Werkzeug fest nach innen, aber nicht zu schnell. Zuviel Druck, und der surrende, hohle Klang verändert sich zu einem vibrierenden Kreischen, und das Hirnholz reißt aus. Es ist auch sehr wichtig, daß der erste Schnitt mit dem Schrotstahl akkurat ausgeführt wird, denn das Werkzeug wird von der oberen Zylinderwand in die Höhlung geführt. (Vergewissern Sie sich, indem Sie nach einem Schnitt von 25 mm Tiefe die Öffnung mit einem Federlochtaster nachmessen.) Je weiter sich der Schneidepunkt von der Auflage entfernt, desto weniger Holz sollte auf einmal abgedreht werden. Die Hebelkraft hat kolossale Auswirkungen, und ein Schlag auf dem Boden eines tiefen Loches hat verheerende Folgen. (Selbst wenn Sie sich dabei nicht verletzen, reißen Sie dennoch Hirnholzfasern heraus oder das Werkstück bricht

auseinander.) Legen Sie das Werkzeugheft entlang Ihres Unterarms an, damit sich die Schneide nicht so leicht im Holz verfangen kann. Neigen Sie die Schneide auf dem Hirnholz am Boden der Aushöhlung nicht über die Horizontale.

Übung 2

Nun versuchen Sie das Finish einer runden Aushöhlung mit einem abgerundeten Schrotstahl. Da ich immer an der Innendrehvorrichtung arbeite, sind meine Schrotstähle, wie Sie auf Seite 105 sehen können, alle links abgerundet. Das Werkzeug, das ich auswähle, hat einen etwas kleineren Radius als die Kurve, die ich schneiden will. Es wird in schwungvollen Schnitten vom Boden nach außen und von der Innenwand nach unten geführt. (Auf diese Weise wird die Maserung so gut wie möglich unterstützt,

Arbeiten Sie die gerade Seitenwand eines Zylinders mit dem gerade angeschliffenen Schrotstahl fertig. Halten Sie ihn horizontal und führen Sie ihn entschieden nach innen. Der erste Schnitt ist sehr wichtig, da die obere Zylinderwand die Führung für das Werkzeug in die Aushöhlung bedeutet. Schneiden Sie zunächst 25 mm tief ein und messen Sie die Öffnung nach, um sicherzugehen.

Halten Sie den Schrotstahl nach oben, wenn Sie das Langholz an den Seiten schneiden (oben). Bei Hirnholz neigen Sie die Schneide nach unten, so daß sie in Spitzenhöhe schneidet (unten).

siehe dazu S. 65.) Wenn die Innenform nicht unterschieden ist, wie z. B. bei einer offenen Tasse, dann werden alle Schnitte vom Boden weg ausgeführt. Der Anfang des Schneidvorgangs darf kraftvoll sein, jedoch müssen die letzten Schnitte sehr leicht ausgeführt werden und dürfen nurmehr Sägemehl erzeugen. Das Innenausdrehen mit dem Schrotstahl wird meiner Meinung nach am schönsten, wenn man das Langholz an der Seite der Höhlung mit dem nach oben geneigten Werkzeug schneidet, wie das Foto links (Mitte) zeigt; falls es sich verkantet, ist noch genügend Raum darunter vorhanden. Wenn der Schrotstahl in das Hirnholz am Boden des Loches (links der Mitte) weiterwandert, müssen Sie die Schneide wieder nach unten neigen, so daß sie knapp unterhalb der Horizontale schneidet. Diesen Vorgang zeigt das Foto links unten.

Vergessen Sie beim Innenausdrehen von Kurven - und überhaupt beim Drechseln - nicht, daß flüssige Formen auch von flüssigen Bewegungen herrühren. Um eine qualitativ gute Innenform zu erhalten, dürfen Sie natürlich nicht mit einem stumpfen Schrotstahl im Holz herumstochern. Mit einem absolut scharfen Werkzeug und mit schwungvollen leichten Schnitten wird Ihnen eine ziemlich glatte Oberfläche ohne Unebenheiten gelingen. Sonst müssen Sie mit grobem Schleifpapier (P60) die Unebenheiten ausgleichen.

Häufig bleibt im Zentrum eine kleine Erhöhung stehen, wie sie rechts im Foto zu sehen ist. Wenn Sie jetzt hergehen und mit der Schneide des Schrotstahls einfach dagegenhalten, erzeugen Sie eine Vertiefung. Statt dessen legen Sie die Fase auf die Spitze der Erhebung, um ihre Position genau zu bestimmen. Dann bewegen Sie die Schneide um die Beule und schneiden unterhalb und links an ihr hinunter. So sollte eigentlich eine Kurve entstehen, die sauber und gleichmäßig durch den Boden der Aushöhlung schwingt.

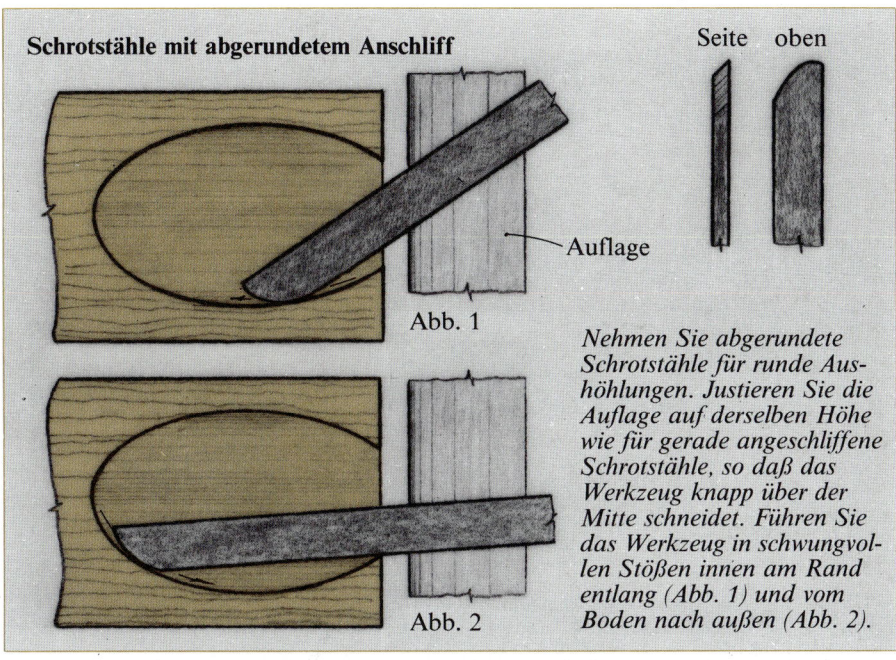

Schrotstähle mit abgerundetem Anschliff

Seite   oben

Auflage

Abb. 1

Abb. 2

Nehmen Sie abgerundete Schrotstähle für runde Aushöhlungen. Justieren Sie die Auflage auf derselben Höhe wie für gerade angeschliffene Schrotstähle, so daß das Werkzeug knapp über der Mitte schneidet. Führen Sie das Werkzeug in schwungvollen Stößen innen am Rand entlang (Abb. 1) und vom Boden nach außen (Abb. 2).

Diese quer durchgeschnittenen Aushöhlungen zeigen verschiedene Stadien des Innenausdrehens. Von rechts nach links: grob ausgehöhlt mit der Röhre; mit dem Schrotstahl bearbeitet, fertig zum Schleifen; geschliffen und fertig zum Einölen.

Herstellen eines Lichtschalters

1. Schlagen Sie ein 22 × 75 mm großes Holzstück in die Spindelwelle mit MK3. (Wenn Ihre Drechselbank nur einen kleineren Konus aufnehmen kann, drehen Sie den Rohling zwischen Spitzen auf sein Rohmaß.) Stechen Sie mit dem 12-mm-Flachmeißel am Antriebsende mit der Schruppmethode eine Nut ein. Die Nut ermöglicht während des Abrundens ein sauberes Schneiden der Maserung am Ende des Knaufes.

2. Schruppen Sie den Zylinder mit dem Flachmeißel.

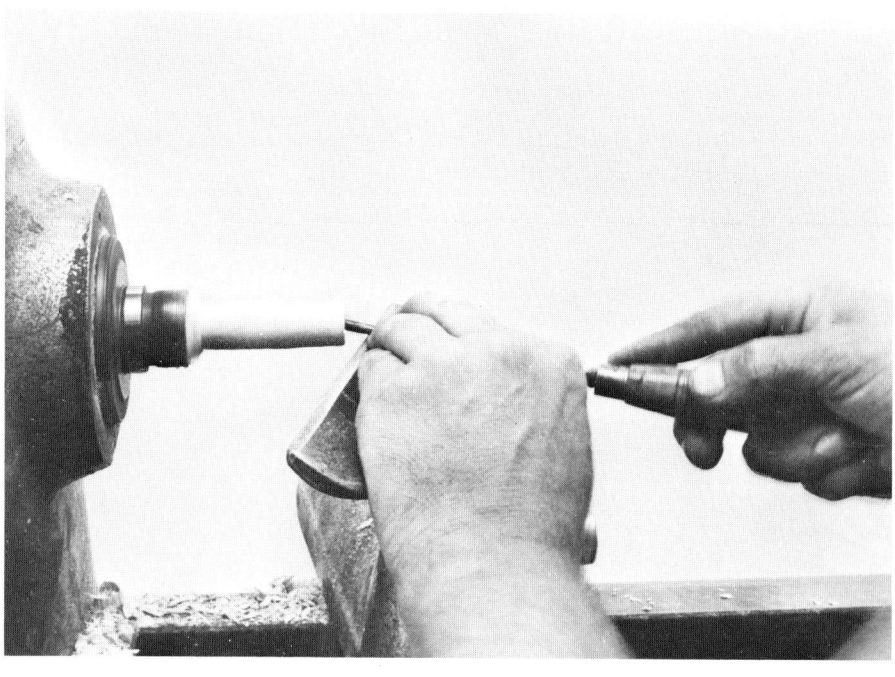

3. Stechen Sie mit der langen Spitze des Meißels 6 mm tief ein. Diese Vorbohrung führt die Bohrspitze im nächsten Arbeitsgang. Später verbirgt sich darin der Knoten am Ende der Ziehkordel.

4. Bohren Sie mit der 6-mm-Röhre (oder mit einem Bohrer) den inneren Schaft.

6. Dann wird der Lichtschalter geschliffen, eingeölt und poliert.

5. Drehen Sie die äußere Form mit dem Flachmeißel fertig.

7. Stechen Sie den Knauf mit der langen Flachmeißelspitze vorsichtig ab. Setzen Sie nur ganz wenig Vorwärtsdruck ein, so benötigt das Ende des Knaufes kaum ein Finish von Hand.

Herstellen einer Schaufel

1. Spannen Sie einen 65 × 125 mm großen Rohling in ein Einschlagfutter. Runden Sie ihn zu einem Zylinder ab und drehen Sie die Stirnseite plan.

2. Schruppen Sie die Aushöhlung mit einer 12-mm-Röhre bis auf eine Wandstärke von ca. 10 mm.

3. Arbeiten Sie die Innenseite mit einem abgerundeten Schrotstahl mit linker Spitze fertig. Schleifen Sie die Innenseite, so daß Sie die Außenform in Beziehung zu einer fertigen Fläche entwickeln können.

4. Markieren Sie die innere Tiefe mit einem Bleistift auf der Außenseite des Zylinders und stechen Sie ca. 12 mm tief ein. Dabei ist es sehr wichtig, daß Sie den Riß rechts neben dem Abstechstahl stehenlassen. Auf diese Art erhalten Sie eine gleichmäßige Wandstärke, wenn Sie die Schalenform der Schaufel anlegen.

5. Schneiden Sie die äußere Wölbung mit dem Flachmeißel.

6. Dann schruppen Sie den Handgriff mit dem Flachmeißel.

it dem
ferti g.

9. Runden Sie das Ende des Griffes ab.
Stechen Sie nun das Werkstück ab,
lassen Sie aber noch ca. 10 mm Holz
stehen, damit das Werkstück während
des Finishs noch hält.

10. Sch
Sie kein
entstehe

11. Stechen Sie nun die Schaufel mit
der langen Spitze des Flachmeißels ab.

12. Sägen Sie einen Teil der Schaufel auf der Bandsäge oder mit der Laubsäge ab
und glätten Sie die geschnittene Kurve auf dem Schwingschleifer. Schleifen Sie
die Oberkante und das Ende des Griffes von Hand. Nun ist die Schaufel fertig.

Herstellen einer Dose

1. Spannen Sie einen 150 × 75-mm-Rohling zwischen Spitzen ein und drehen Sie ihn rund. Drehen Sie an beiden Enden einen 3 mm langen Zapfen, der ins 50-mm-Zangenspannfutter paßt. (Falls Sie ein Dreibackenfutter verwenden, muß der Stumpf 12 mm lang sein. Stechen Sie dann auch eine Nut in den Stumpf, um ein Herausreißen des Hirnholzes zu vermeiden.)

2. Nach dem Drehen der Zapfen ziehen Sie mit dem Bleistift an einem Drittel der Gesamtlänge einen Riß. Danach trennen Sie den Rohling an der Linie in zwei Teile; das größere Stück ergibt die Dose, das kleinere den Deckel. An der fertigen Dose sollte die Maserung möglichst ineinander übergehen.

3. Spannen Sie das Deckelstück in das Zangenspannfutter und drehen Sie mit dem Flachmeißel die Seiten rund.

4. Drehen Sie die Stirnfläche des Deckels mit dem Flachmeißel plan. Schneiden Sie die ersten 6 mm sehr sauber, damit Sie sie kaum noch schleifen müssen. Sie sollten die Teile wegen der Paßgenauigkeit möglichst wenig schleifen.

7. Drehen Sie das Profilband zwischen Schale und Handgriff.

8. Arbeiten Sie den Handgriff mit dem nach oben geneigten Flachmeißel fertig.

9. Runden Sie das Ende des Griffes ab. Stechen Sie nun das Werkstück ab, lassen Sie aber noch ca. 10 mm Holz stehen, damit das Werkstück während des Finishs noch hält.

10. Schleifen Sie die Außenform; lassen Sie keinen rasiermesserscharfen Rand entstehen.

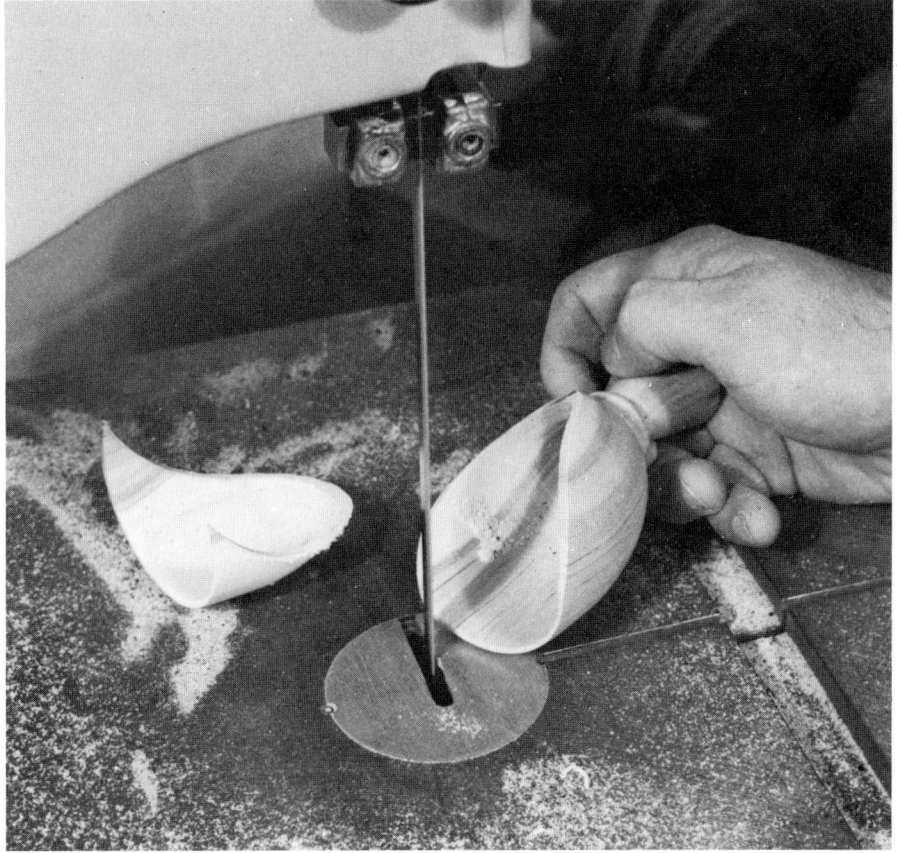

11. Stechen Sie nun die Schaufel mit der langen Spitze des Flachmeißels ab.

12. Sägen Sie einen Teil der Schaufel auf der Bandsäge oder mit der Laubsäge ab und glätten Sie die geschnittene Kurve auf dem Schwingschleifer. Schleifen Sie die Oberkante und das Ende des Griffes von Hand. Nun ist die Schaufel fertig.

Herstellen einer Dose

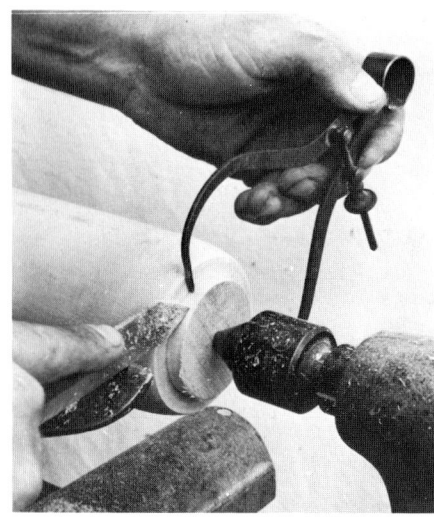

1. Spannen Sie einen 150 × 75-mm-Rohling zwischen Spitzen ein und drehen Sie ihn rund. Drehen Sie an beiden Enden einen 3 mm langen Zapfen, der ins 50-mm-Zangenspannfutter paßt. (Falls Sie ein Dreibackenfutter verwenden, muß der Stumpf 12 mm lang sein. Stechen Sie dann auch eine Nut in den Stumpf, um ein Herausreißen des Hirnholzes zu vermeiden.)

2. Nach dem Drehen der Zapfen ziehen Sie mit dem Bleistift an einem Drittel der Gesamtlänge einen Riß. Danach trennen Sie den Rohling an der Linie in zwei Teile; das größere Stück ergibt die Dose, das kleinere den Deckel. An der fertigen Dose sollte die Maserung möglichst ineinander übergehen.

3. Spannen Sie das Deckelstück in das Zangenspannfutter und drehen Sie mit dem Flachmeißel die Seiten rund.

4. Drehen Sie die Stirnfläche des Deckels mit dem Flachmeißel plan. Schneiden Sie die ersten 6 mm sehr sauber, damit Sie sie kaum noch schleifen müssen. Sie sollten die Teile wegen der Paßgenauigkeit möglichst wenig schleifen.

5. Drehen Sie mit der 12-mm-Röhre die Innenform grob heraus, bis die Wandstärke ca. 10 mm erreicht hat.

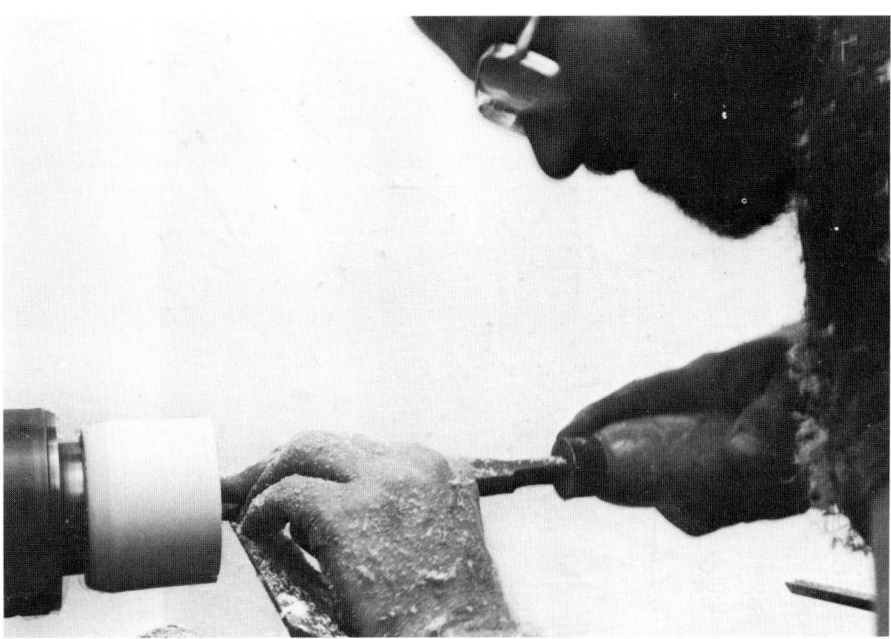

6. Arbeiten Sie das Innere des Deckels fertig. Machen Sie den Flansch mit dem geraden Schrotstahl mindestens 12 mm lang. Mit dem abgerundeten Schrotstahl bearbeiten Sie die restliche Seite und den Boden.

7. Schleifen Sie die Innenseite des Deckels und lassen Sie sie mit Öl und Wachs ein. Reißen Sie die innere Tiefe an der Außenseite an und stechen Sie etwa 3 mm außerhalb der Linie ab, damit genügend Holz im Oberteil des Deckels bleibt. Stechen Sie den Deckel nicht ganz ab - lassen Sie ca. 12 mm Holz im Zentrum stehen.

8. Die Außenform arbeiten Sie möglichst mit dem Flachmeißel bis an die tiefste Stelle des Abstechvorgangs.

Herstellen einer Dose (Fortsetzung)

9. Spannen Sie das Dosenteil in das Zangenspannfutter und drehen Sie die Stirnfläche plan.

10. Drehen Sie an das Ende des Zylinders einen konischen Flansch. Der Deckel sollte auf die ersten 6 mm ungefähr passen. (Verwenden Sie für die Anpassung des Deckels nicht zuviel Zeit, im Falle daß das Dosenteil während des Innenausdrehens aus der Mitte gerät.)

11. Höhlen Sie das Innere des Dosenteils mit der flachen 12-mm-Röhre aus.

12. Schlichten Sie die Innenseite mit einem abgerundeten Schrotstahl. Danach wird sie geschliffen, eingeölt und gewachst.

13. Drehen Sie den Flansch mit der langen Spitze des Flachmeißels noch etwas ab, damit der Deckel eng daraufpaßt. Der Flansch des Dosenteils sollte etwa 3 mm kürzer als der des Deckels sein. Falls Sie zuviel abgetragen haben und der Deckel zu locker sitzt, verlängern Sie den Flansch am Dosenteil. Wenn der Deckel zwar paßt, aber nicht richtig greift, tragen Sie auf dem Flansch so lange Wachs auf, bis sich eine zähflüssige Schicht gebildet hat. Halten Sie den Motor an und drücken Sie schnell, bevor das Wachs erkaltet, den Deckel auf. Ist das Wachs erkaltet und ausgehärtet, sollte der Deckel so fest sitzen, daß Sie ihn weiter schneiden und schleifen können.

14. Arbeiten Sie nun die Außenfläche des aufgesetzten Deckels fertig und drehen Sie ein Krönchen obendrauf.

15. Schlichten Sie die Außenwand des Dosenteils. Dann entfernen Sie den Deckel und fasen mit der langen Spitze des Flachmeißels die Flanschschulter an, ausgehend von der Seite der Dose zum Flansch hin.

Herstellen einer Dose (Fortsetzung)

16. Stechen Sie mit dem Flachmeißel eine dekorative Nut in den Zylinder ein (oben). Eine horizontale Linie gliedert die Länge der Seitenwand. Markieren Sie mit einem Bleistift die innere Tiefe auf der Außenwand. Stechen Sie mit dem Abstechstahl 3 mm unterhalb dieser Linie ca. 6 mm tief ein (rechts). Fasen Sie auch diese Kante bis in den Abstechschnitt leicht an. Die Fase schafft einen plastischeren Übergang zwischen den Seiten und der Standfläche, als es eine scharfe Kante tun würde.

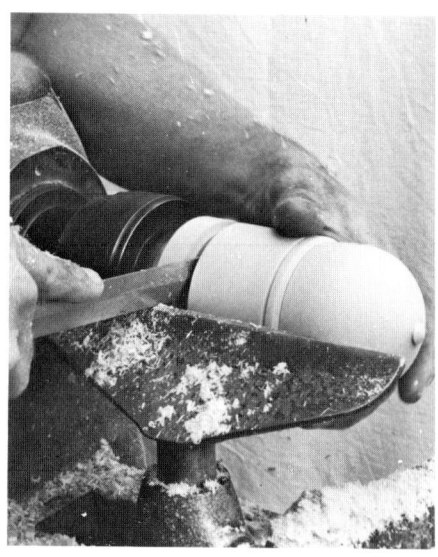

17. Schleifen Sie die Außenseite und finishen Sie sie mit Öl und Wachs. Erzeugen Sie einen satten Schlupf durch leichtes Überschleifen des Flansches. Stechen Sie die Dose vollends mit dem Diamant-Abstechstahl ab (oben).

19. Drehen Sie die Unterseite der Dose mit dem Flachmeißel leicht konkav. Schleifen und finishen Sie die Standfläche.

18. Drehen Sie auf den im Zangenspannfutter verbliebenen Stumpf einen konischen Flansch, nachdem das Dosenteil abgestochen wurde. Drehen Sie das Dosenteil um, und klemmen Sie es über den Flansch des Stumpfes.

Gestaltungsmerkmale: Eine abgerundete Innenseite sieht interessanter aus als eine zylindrische Innenform. Aus dem Inneren könnte noch mehr Holz entfernt werden, um die Basis leichter zu gestalten. Da sich Holz auf Grund seines Feuchtigkeitsgehaltes in seiner Form verändert, kann es passieren, daß auf einer ungegliederten Außenfläche, die nach ihrer Fertigstellung wohl gut zusammengepaßt hat, bald sichtbar auseinanderklaffende Fugen entstehen. Die angefaste Schulter am Zusammentreffen von Deckel und Dose kann dies kaschieren. In der Mikadodose (S. 160) habe ich dies mit Nuten erreicht.

20. Sägen Sie die fertige Dose in zwei Hälften und untersuchen Sie das Profil. In diesem Fall könnte die Innenkurve des Deckels voller sein. Gleichermaßen dürfte die Kurve an der Standfläche weiter in die Ecken hineinreichen. Die beiden Flansche aber passen haargenau aufeinander.

7

Querholzdrehen

Beim Querholzdrehen verläuft die Maserung im rechten Winkel zur Rotationsachse des Holzes. Das Hirnholz zeigt also nach außen, nicht gegen Spindelkasten oder Reitstock. Werkstücke, bei denen der Durchmesser größer als die Höhe ist (wie bei Schalen oder Tellern), werden normalerweise auf diese Art bearbeitet. Generell wird das Werkstück nur an einer Seite auf der Drechselbank befestigt.

Das Sortiment an Werkzeugen ist beim Querholzdrehen umfangreicher als beim Langholzdrehen, da hier besondere Probleme beim Schneiden von wirbliger Maserung oder Hirnholz auftauchen. An Innen- und Außenflächen treffen Sie zweimal auf Hirnholz, und dabei entstehen

die meisten Schwierigkeiten. Ich benütze Röhren, um den Hauptteil des überschüssigen Holzes mit verschiedenen Schab- und Schälschnitten zu entfernen. Danach bearbeite ich die Oberfläche mit Schrotstählen, anschließend wird geschliffen. An Außenflächen setze ich die Röhre seitlich liegend für Schabschnitte ein, anstatt der flachen Schrotstähle, die nur für Innenflächen vorbehalten sind. Für Nuten, Hohlkehlen und Profilbänder verwende ich Flachmeißel und Röhren.

Hirnholz sollten Sie immer quer zu den Fasern (quer zur Maserung) schneiden, wo die einzelnen Fasern gegenseitig unterstützt werden (siehe Zeichnung S. 65). Das bedeutet im allgemeinen, an Außenflächen vom kleineren zum größeren Durchmesser, an Innenflächen vom größeren zum kleineren Durchmesser zu arbeiten. Wenn Sie eine Kante zwischen Seite und Stirnfläche einer Scheibe anlegen müssen, schneiden Sie immer von der Stirnseite aus nach innen, wie Sie links sehen können. Schneiden Sie niemals von der Seite aus zur Stirnfläche, denn da liegen die Fasern ungeschützt, und die Kante würde absplittern. Schneiden Sie - wann immer möglich - parallel zur Drehachse, so daß jeglicher Druck vom Spindelkasten aufgefangen wird (S. 67-68). Falls die Form eine Wölbung bekommen soll (wie z. B. in einer Schale), brauchen Sie den Rohling vor der Entwicklung der Form nicht rund zu drehen. Entwickeln Sie zuerst die Außenform. Dabei wird der Rohling an der späteren Oberseite befestigt. Es ist

sicherer und schneller, zunächst die rohen Seiten unbeachtet zu lassen und sich zu Beginn der Entfernung der Kante und der Formung der Standfläche zu widmen. Mit dieser Methode kann anschließend das überschüssige Holz schnell entfernt werden, und Vibrationen lassen sich eher vermeiden. Eine genau herausgesägte Scheibe dürfte jedoch nicht stark vibrieren.

Die Außenform

Da ich häufig Röhren als Schrotstähle einsetze, verwende ich kaum Werkzeuge mit flachem Querschnitt zur Bearbeitung der Außenform. (Falls ich doch einmal konventionelle Schrotstähle benütze, schleife ich meistens eine bizarre Schneide an, um in schwierige Ecken hineinzukommen oder Profilbänder und Nuten einzustechen.) In diesem seltenen Fall nehme ich einen schweren Schrotstahl mit schräger Schneide, so daß er das Holz tangential schneidet. Dies erlaubt mir leichte, streichende Schnitte vom kleinen zum großen Durchmesser, wie auf der Zeichnung auf S. 131. Ein gerade angeschliffenes Werkzeug würde im rechten Winkel zur Oberfläche liegen, was es erschweren würde, das Werkzeug genau und gleichmäßig an der Holzoberfläche entlangzuführen. Halten Sie die Schrotstähle immer so, daß kein Holz direkt unterhalb der Schneidekante liegt, wie auf S. 132. Falls sich das Werkzeug verkantet, wird es in den leeren Raum geschlagen.

Schneiden einer Kante Stirnfläche
Seite

Schneiden Sie von der Stirnfläche zur Seite hin (schwarze Pfeile). Wenn Sie von der Seite zur Stirnfläche hin schneiden (rote Pfeile), splittert das ungeschützte Holz ab.

Röhren

Die Techniken des Innen- und Außendrehens mit Röhren sind gleich. Jedoch entstehen an Außenflächen weniger Probleme, weil das Holz leichter erreichbar ist und die Werkzeugschneide genau unter dem Schneidepunkt aufgelegt werden kann. Am besten erlernen Sie die Arbeit mit Röhren an Außenformen, bevor Sie sich den Innenflächen zuwenden. Machen Sie sich mit den Arbeitsgängen in den Übungen der Seiten 118–124 vertraut, bevor Sie an das Aushöhlen einer Schale gehen oder in größerer Entfernung zur Auflage schneiden, wo die Hebelkräfte nur schwer zu kontrollieren sind.

Meiner Meinung nach sind alle meine Röhren, außer den flachen von mehr als 25 mm Breite, für die Bearbeitung der Außenform nützlich und effektiv. Röhren können von einer geraden bis zu einer langen Fingernagelschneide angeschliffen sein, wie auf S. 38 beschrieben ist. Wie auch immer, achten Sie darauf, daß der mittlere Teil der Schneide in gleicher Höhe mit den Seiten liegt oder erhaben vorsteht. Dies ermöglicht einen guten, breiten Span, der für ein Schruppen wünschenswert ist. Beim Schleifen kann es leicht passieren, daß die Mitte der Schneide hinter die Seiten rückt. Damit aber wird der Einsatzbereich des Werkzeugs sehr stark eingeschränkt. Doch keine Regel ohne Ausnahme: Oft erhält man den besten Schälschnitt durch eine entweder in der Mitte der Schneide

Drehgeschwindigkeiten beim Querholzdrehen			
Durchmesser	Längen 50 mm	75 mm	100 mm
200 mm	1250	1250	1000
250 mm	1250	1000	900
300 mm	1250	1000	900
350 mm	1000	900	850
400 mm	750	650	600
450 mm	650	500	400

Anmerkung: Die Werte in der Tabelle sind in U/Min. angegeben. Verringern Sie die Drehzahl bei breiteren oder längeren Werkstücken.

oder an den vertikalen Seiten der Schneide angeschliffene Spitze an einer normalen Röhre mit Fingernagelschliff. Sie sehen dies links unten.

Fünf meiner Röhren benutze ich ständig. Diese Größen empfehle ich Ihnen auch für die Übungen in diesem Kapitel. Drei davon haben einen tiefen Stich: 6 mm, 12 mm und 24 mm. Alle haben einen langen Fingernagelschliff und können gleichermaßen Schälschnitte wie auch Schabschnitte ausführen. Mit dem Fingernagelschliff sind sie vielseitiger als mit einem geraden Anschliff. Alle meine Röhren haben einen runden Querschnitt und bestehen aus hart vergütetem Werkzeugstahl.

Montieren Sie eine Scheibe von 150–180 mm Durchmesser und einer Stärke von 75–100 mm auf ein Scheibenfutter oder auf eine Planscheibe (S. 23–24). Spannen Sie das Holz nicht zwischen Spitzen, während Sie den Einsatz der Röhre üben, sonst verkrampfen Sie und engen das Werkzeug in seinem Einsatz ein. Vergessen Sie nicht, eine leicht zu bearbeitende Holzart auszuwählen. Nehmen Sie lieber feuchtes Holz, weil es leichter zu schneiden ist. Am Hirnholz bereitet Hartholz weniger Probleme als Weichholz. Stellen Sie die Drehzahl nicht höher als 850 U/Min. ein. Obwohl Scheiben dieser Größe bei einer Geschwindigkeit von 1250 U/Min.

noch sicher laufen, ist die höhere Geschwindigkeit in diesem Stadium nicht nötig. Die niedrigere Drehzahl erfordert ein genaues Arbeiten mit dem Werkzeug, und Sie können besser mitverfolgen, was passiert. Darüber hinaus sind die unvermeidlichen Schläge weniger gefährlich. Die Tabelle oben dient als Hilfe bei der Bearbeitung von Scheiben verschiedener Größen.

Beginnen Sie mit dem Drehen gewölbter und gerader Flächen und folgen Sie den Übungen 1 bis 5. Als erstes drehen Sie die Stirnfläche der Scheibe plan (Übung 1), dann drehen Sie eine gefällige konvexe Kurve (Übung 2 und 3). Im nächsten Schritt machen Sie daraus eine gerade Linie (Übung 4), anschließend eine flache Konkavwölbung (Übung 5). Üben Sie jeden Arbeitsvorgang, bis kein Holz mehr da ist (aber achten Sie auf die Befestigungsschrauben der Planscheibe). Üben Sie diese Arbeitsschritte an mehreren Holzblöcken, bevor Sie einen Zylinder drehen, denn dieser ist – besonders am Hirnholz – schwieriger zu schneiden.

Während all dieser Übungen sollten Sie Ihren Schnitt möglichst parallel zur Achse (gegen die Fixierung) ausführen und das Werkzeug horizontal oder bis zu 10° nach oben geneigt halten. Schalten Sie die Maschine häufiger ab und prüfen Sie die Oberfläche und die Qualität Ihres Schnittes. Hören Sie auf

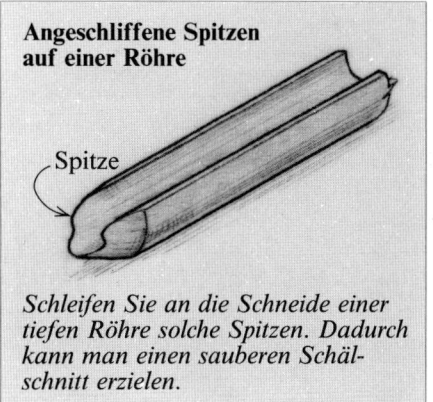

Angeschliffene Spitzen auf einer Röhre

Spitze

Schleifen Sie an die Schneide einer tiefen Röhre solche Spitzen. Dadurch kann man einen sauberen Schälschnitt erzielen.

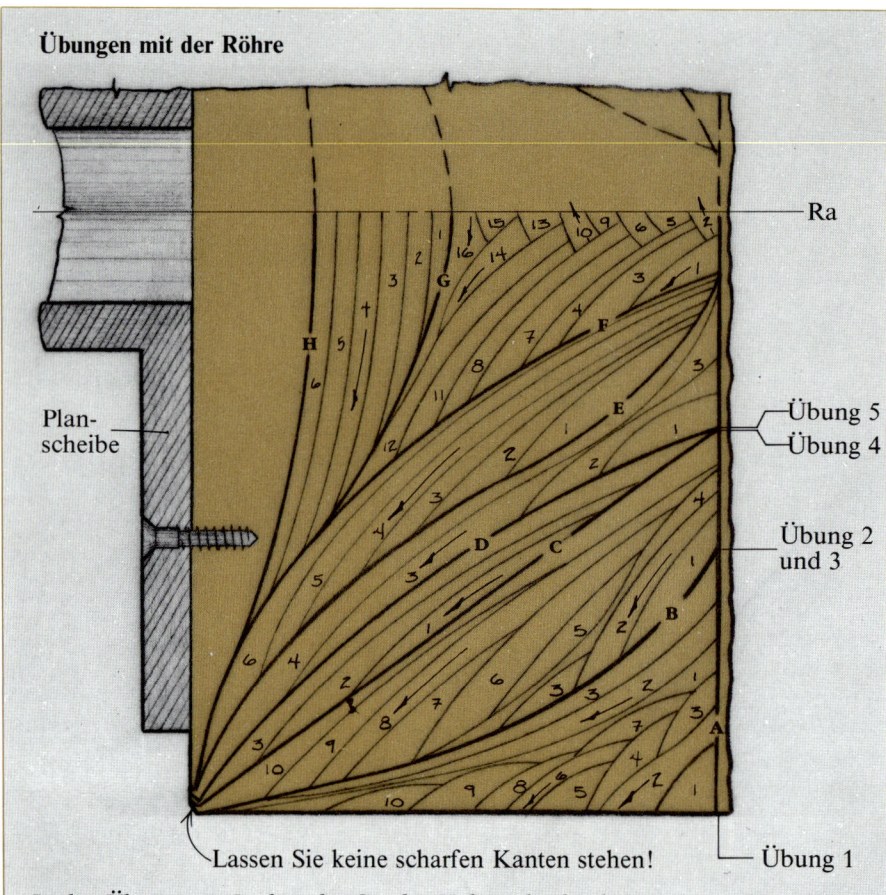

Übungen mit der Röhre

Ra

Plan-
scheibe

Übung 5
Übung 4

Übung 2
und 3

Lassen Sie keine scharfen Kanten stehen!

Übung 1

*In den Übungen 1–5 schneiden Sie das Holz in die durch A–D angegebenen For-
men. Die Formen E–H können Sie zusätzlich ausprobieren. Die numerierten
Schnitte in jeder Übung stellen lediglich ein Vorschlag für die Reihenfolge dar,
sie sind kein verbindliches, unabänderliches Rezept.*

das Geräusch während des Schneidens und prägen Sie es sich in
bezug auf eine qualitätvolle Oberfläche ein. Sie werden feststellen,
daß ein effektiver Schnitt von
Scheibe zu Scheibe unterschiedlich
sein kann, selbst wenn die Scheiben
vom selben Rohblock stammen.

Übung 1
Drehen Sie zunächst die Stirnseite
der Scheibe plan. Dies ist der einfachste Ort, um mit der Arbeit zu
beginnen, da Sie sich hier noch
nicht mit Hirnholz abmühen müssen. Es begegnen Ihnen nur Fasern
in ihrer vollen Länge im rechten
Winkel zur Drehachse. Durch den
Schnitt werden die Fasern aus der
Oberfläche herausgehoben. Es ist
etwas schwierig, eine glatte Oberfläche herzustellen, da die Fasern für
einen Schnitt nach der Schneidmethode im falschen Winkel liegen.

Um eine plane Stirnseite herzustellen, arretieren Sie die Auflage
parallel zur entstehenden Fläche, so
daß das Werkzeug immer im selben
Abstand zur Auflage gehalten werden kann. (Später, wenn Sie eine
ebene oder leicht konkave Oberfläche im Boden der Aushöhlung einer
100–150 mm tiefen Schale drehen
möchten, erzielen Sie mit der Röhre
kein gutes Ergebnis, wenn sie nicht
ganz steil angeschliffen wurde. Statt
dessen benutzen Sie einen schweren
Schrotstahl.)

Um beim Plandrehen einer
Scheibe oder eines Tellers eine
ebene Fläche zu erhalten, setze ich
eine flache Röhre wie einen Schrotstahl ein, indem ich sie vom Mittelpunkt nach außen zum Rand ziehe.
Am Rand angelangt, mache ich
einen Schälschnitt zurück in Richtung Zentrum. Durch den anfänglichen Schabschnitt vom Zentrum

nach außen werden Sie nicht mit
plötzlichen Überraschungen konfrontiert. Wenn Sie z. B. eine aufge-
worfene Scheibe plandrehen, gibt es
im Zentrum keine wandernden wel-
lenförmigen Bewegungen. In dem
Moment, wo Sie das Zentrum verlassen, werden Sie die Unregelmäßigkeiten der Oberfläche, die gegen
den Rand hin immer ausgeprägter
werden, zu spüren bekommen.
Wenn Sie am Rand beginnen, ist ein
Schlag viel wahrscheinlicher, da Sie
auf Grund der Unebenheiten nicht
genau wissen, wo die Oberfläche
nun eigentlich liegt. Es wird Ihnen
auch zu Beginn des Schälschnittes
zur Mitte hin eine Hilfe sein, wenn
der Rand eine glatte Oberfläche hat,
um die Fase darauf gleiten zu lassen. Ist die Oberfläche noch sehr
holprig und rauh, machen Sie mehrere Schabschnitte vom Zentrum
nach außen, bevor Sie zum Schälschnitt nach innen ansetzen.

Für den Schabschnitt setzen Sie
die Röhre im Zentrum der Scheibe
auf. Dabei wird die Röhre um
höchstens 45° gedreht, und die
Spitze zeigt in Schnittrichtung, wie
auf der Zeichnung der nächsten
Seite. Zeigt die Werkzeugspitze
nach oben, verursacht der Druck
des drehenden Holzes auf der
ununterstützten linken Schneide
einen Schlag (S. 67). Es wäre so, als
ob Sie auf den Dollbord eines leeren Bootes treten würden. Sowohl
das kleine Boot als auch die Röhre
würden mit voller Wucht zur Seite
kippen, wenn kein Gegendruck ausgeübt würde. Indem das Werkzeug
in Schnittrichtung gedreht wird,
wird die Schneide nahe beim
Schneidepunkt gut unterstützt, und
Sie können feine Späne abnehmen.

Drücken Sie die Schneide mit der
oberen Hand in das Holz. Bewegen
Sie das Werkzeug entlang der Auflage zum Rand hin. Auf einer unregelmäßigen Oberfläche gehen Sie
gleich vor wie beim Langholzdrehen. Passen Sie auf, daß das Werkzeug nicht in die Kluft zwischen
Holz und Auflage abrutscht. Führen Sie die Schneide konstant auf
einer Bahn immer im selben
Abstand zur Auflage und gebrau-

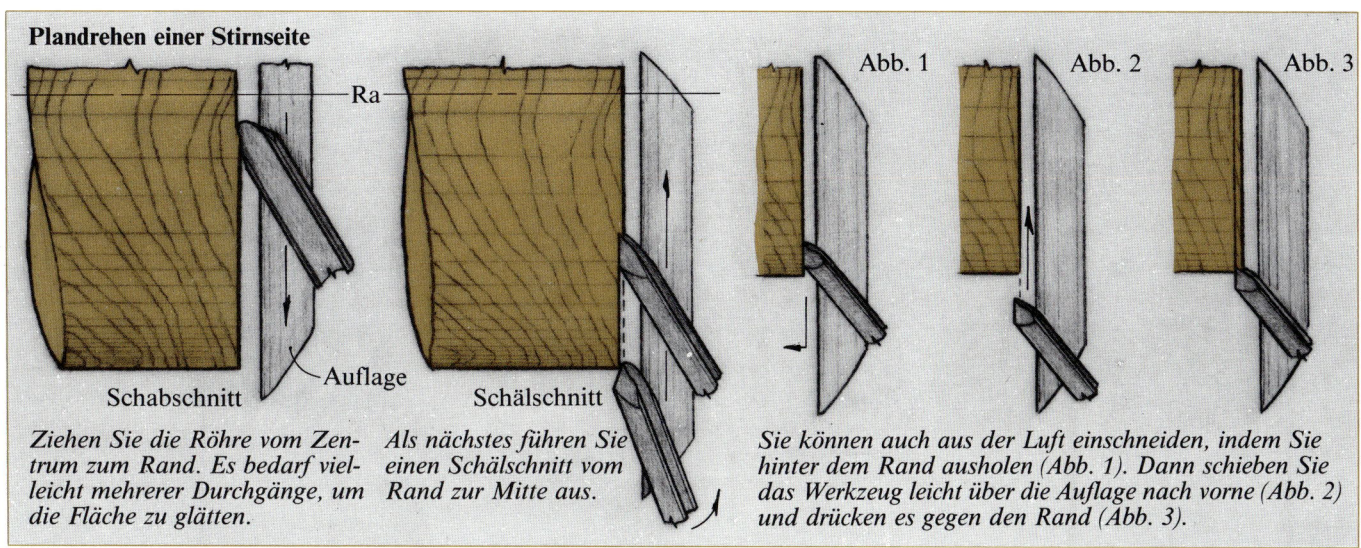

Plandrehen einer Stirnseite

Ra

Schabschnitt — Auflage — Schälschnitt — Abb. 1 — Abb. 2 — Abb. 3

Ziehen Sie die Röhre vom Zentrum zum Rand. Es bedarf vielleicht mehrerer Durchgänge, um die Fläche zu glätten.

Als nächstes führen Sie einen Schälschnitt vom Rand zur Mitte aus.

Sie können auch aus der Luft einschneiden, indem Sie hinter dem Rand ausholen (Abb. 1). Dann schieben Sie das Werkzeug leicht über die Auflage nach vorne (Abb. 2) und drücken es gegen den Rand (Abb. 3).

chen Sie dabei Ihre obere Hand als Stoßdämpfer. Das Laufgeräusch sagt Ihnen, wann die Oberfläche glatt ist: Das anfängliche Klopfen geht über in ein gleichmäßiges Tick-Tick, sobald die Unregelmäßigkeiten entfernt sind. (Vergessen Sie nicht, die scharfen Kanten zwischen Seite und Stirnfläche abzurunden, sonst schneiden Sie sich, wenn Sie abrutschen.)

Sobald die Stirnfläche relativ eben ist, machen Sie einen letzten 6 mm breiten Schabschnitt vom Rand nach innen, um sicherzugehen, daß auch die äußere Kante der Scheibe plan ist. Dies schafft eine glatte Fläche, auf der Sie die Fase schleifen lassen können. Dann drehen Sie die Röhre auf die andere Seite, so daß ihre Spitze ca. im 45°-Winkel auf das Zentrum zeigt (Fotos). Beginnen Sie am Rand, legen Sie die Fase auf, drücken Sie dann die Schneide nach vorne und führen Sie den Schälschnitt zum Mittelpunkt hin aus. Dabei ist es wichtig, den durch die Zentrifugalkraft eventuell ausgelösten Schlägen vorzubeugen. Ihre obere Hand verhindert mit dem Stoppgriff den Rücklauf des Werkzeugs. Meine Handfläche bildet den Anschlag gegen die rückläufige Bewegung.

Mit mehr Erfahrung können Sie auch versuchen, aus der Luft in den Rand einzuschneiden. Um auf diese Art zu beginnen, holen Sie zum Schnitt aus wie für den Schlag eines Golfballes. Halten Sie das Werkzeug in Schälschnittposition – dabei gleitet die Fase – und schwenken Sie es entgegen der Schnittrichtung zurück. Dann schieben Sie das Werkzeug leicht über die Auflage nach vorne, bevor Sie am Rand einstechen, und führen Sie die Schneide im rechten Winkel zur Drehachse. Die Bewegung zum Zentrum muß mit Entschiedenheit ausgeführt und die Schneide aufs genaueste kontrolliert werden, um einen Rückschlag zu verhindern.

Mit einem Schälschnitt drehen Sie die Stirnseite plan. Drehen Sie dabei die Röhre im 45°-Winkel in Schnittrichtung. Die Fase gleitet auf dem Holz, und das Werkzeug schneidet knapp unterhalb der Mitte der Schneide.

Den Schruppschnitt mit dem unteren Teil der Schneide führen Sie folgendermaßen aus: Drehen Sie die Röhre, so daß ihre Spitze im 45°-Winkel in Schnittrichtung zeigt. Mit dem sicheren Übergriff führen Sie das Werkzeug mit zusätzlicher körperlicher Unterstützung um die Kurve herum. Während des Schnittes wird das Heft nach rechts gedreht. Der Schnitt endet fast parallel zur Drehachse des Holzes.

Übung 2

Drehen Sie eine Kurve in die äußere Form, wie Linie B auf der Zeichnung auf S. 118. Schruppen Sie mit dem unteren Teil der Schneide. Dies ist eine schnelle Schrupptechnik während früher Arbeitsstadien an allen Außenflächen. Die geschnittene Oberfläche wird nicht besonders glatt, weil das Werkzeug im 90°-Winkel zur Holzoberfläche steht, aber das Hirnholz dürfte eigentlich nicht aufgerissen werden. Flache Röhren sind zu diesem Zweck grundsätzlich besser geeignet als tiefe, weil hier der obere Teil der Klinge bzw. Schneide im Weg steht und die Größe des Spans verringert. In jedem Falle muß die Schneide in Fingernagelform angeschliffen werden. Diese Methode wird in einer relativ sicheren ziehenden Aktion ausgeführt, indem man das Werkzeug vom Zentrum nach außen zieht, so daß jede Holzfaser durch andere unterstützt wird.

Legen Sie die Röhre auf die Auflage und drehen Sie sie auf die Seite, so daß die Klingenoberkante im 45°-Winkel in Schnittrichtung zeigt. Halten Sie das Werkzeug im 45°-Winkel zur Drehachse des Holzes, entweder horizontal oder die Schneide leicht nach oben geneigt, wie auf dem Foto links. Ihre obere Hand braucht festen Kontakt zur Auflage. Ihre Finger greifen über und um das Werkzeug. Ihre untere Hand kontrolliert den Schnittwinkel. Setzen Sie mit dem Schnitt an, indem Sie das Werkzeug gegen das Holz drücken und gleichzeitig mit Ihrem Körper das Heft herumführen, so daß es parallel zur Drehachse arbeitet. Dadurch tritt die Schneide in einer bogenförmigen Linie ins Holz ein, wie auf der Zeichnung links zu sehen ist. (Achtung: Eine Bewegung der Schneide um 5 mm überträgt sich auf den Klemmring am Heft auf 100–120 mm!) Nach dem ersten Schnitt schwingt das Werkzeug wieder in den Ausgangswinkel zurück, während Sie es gleichzeitig mit Ihrer oberen Hand etwa 25 mm weiter herziehen, um den nächsten Schnitt entlang der Kurve anzusetzen. Während des Vorgangs sind Ihre Ellbogen angezogen und das Werkzeugheft ist in Ihre Seite gestemmt oder liegt entlang Ihres Unterarms (am besten beides). Nehmen Sie einen sicheren, ausbalancierten Stand ein, so daß Sie Ihr Gewicht hinter das Werkzeug verlagern können, wenn Sie es mit dem Heft vor- und zurückdrehen (S. 57). Ein häufiger Fehler ist, das Werkzeug nach oben und nicht zur Seite gedreht zu halten. Das verursacht einen Schlag. Solange nur eine Seite des Werk-

---

Übung 2: Grobe Schabschnitte (1–10)

Ra

Auflage

45°

Die Röhre wird gedreht, so daß die Klingenoberkanten im 45°-Winkel zur Schnittrichtung liegen. Zu Beginn drücken Sie die Schneide ins Holz und schwenken gleichzeitig das Heft in Richtung Drehachse. Arbeiten Sie in schaufelnden, schabenden Schnittbewegungen.

B

Das Werkzeug wird gleichzeitig auf der Auflage gedreht und durch den Schnitt gezogen.

zeugs die Auflage berührt, kann die Schneide nicht nach unten schnappen, weil sie bereits unten ist.

Am Anfang müssen Sie die Auflage nach ein paar Schnitten nachstellen, besonders wenn Sie eine Kante entfernen. (Stellen Sie den Schaft der Auflage so ein, daß Sie nur die Auflage, nicht die gesamte Vorrichtung neu festklemmen müssen.) Sobald die Schnitte länger werden, brauchen Sie das Werkzeug mit der oberen Hand nur noch entlang der Auflage zu ziehen, während Sie mit der anderen den optimalen Schnittwinkel aufrechterhalten und das Heft herumschwenken. Sie sollten ein Gespür dafür entwickeln, wenn das Werkzeug gut schneidet. Wenn Sie meinen, der Span könnte größer sein, üben Sie deswegen nicht mehr Kraft aus, sondern verändern Sie mit der unteren Hand den Schnittwinkel ganz leicht. Passen Sie auf, daß Sie die Seite einer Scheibe nicht über den Rand hinaus schneiden, denn auf diese Weise splittert die Kante ab. Schneiden Sie immer von der Stirnfläche nach innen, wie auf dem Foto rechts und ganz links auf der Zeichnung unten zu sehen ist.

Da die Fase während des Schabens mit der Röhre nicht auf dem Holz gleiten kann, dürfen Sie keinen Druck auf die Drehachse ausüben, weil sonst das Hirnholz herausgerissen wird und sich die Wahrscheinlichkeit eines Schlages erhöht. Wenn sich der Schneidewinkel auf 45° zur Drehachse annähert, wird ein Gutteil der Kraft von der Planscheibe aufgefangen. Aber bei erhöhtem Druck erhöht sich auch die Wahrscheinlichkeit von aufgerissener Maserung (obwohl dies bei anfänglichen Schnitten noch keine Rolle spielt, wo es eher auf die Abnahmegeschwindigkeit als auf eine saubere Oberfläche ankommt). Mit dieser Methode können Sie eine relativ glatte Oberfläche mit streckenweise rauhen Hirnholzpartien erreichen. Oft bleiben noch Werkzeugspuren zurück. Diese Oberfläche wird nun durch eine andere Methode mit demselben Werkzeug geglättet.

Schneiden Sie jeweils von der Stirnseite nach innen. Wenn Sie über das Ende der Seite hinausschneiden, splittert die Kante ab. Das Foto zeigt einen Schabschnitt mit dem unteren Teil der Schneide.

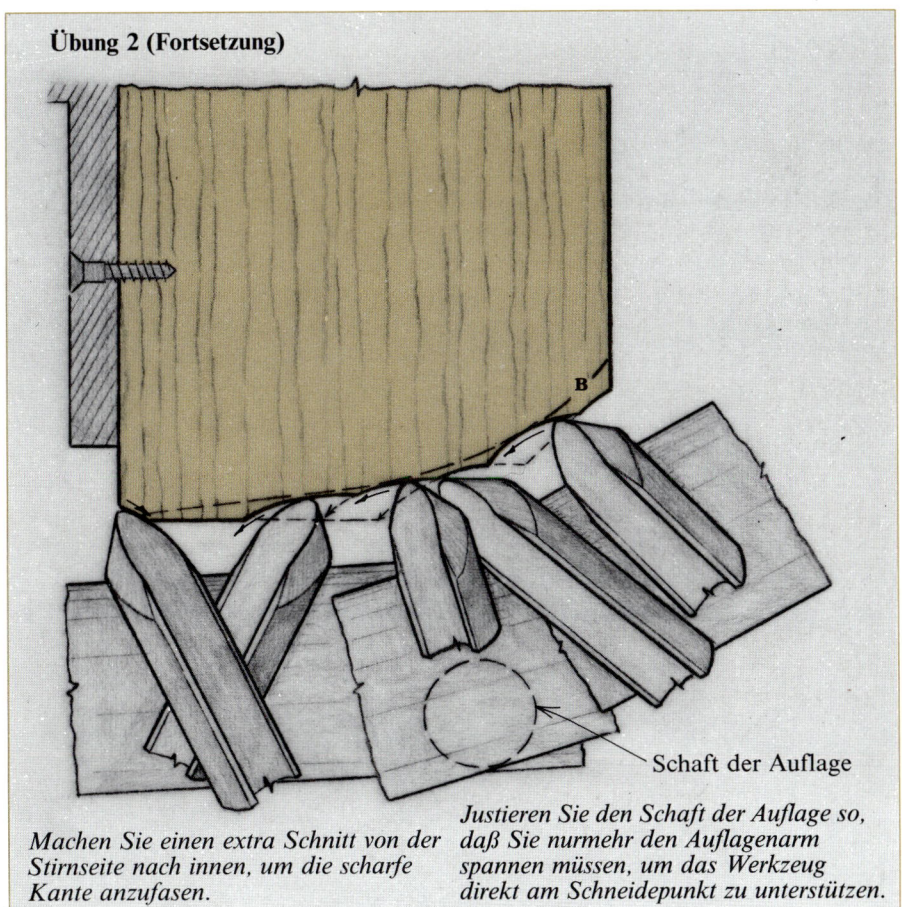

Übung 2 (Fortsetzung)

Schaft der Auflage

Machen Sie einen extra Schnitt von der Stirnseite nach innen, um die scharfe Kante anzufasen.

Justieren Sie den Schaft der Auflage so, daß Sie nurmehr den Auflagenarm spannen müssen, um das Werkzeug direkt am Schneidepunkt zu unterstützen.

Übung 3
Glätten Sie die Kurve mit feinen abschließenden Schabschnitten. Benützen Sie dazu den unteren Teil der Schneide einer Röhre. Sie sehen den Vorgang in Linie B auf S. 118 und im Foto unten. Durch eine auf die Seite gedrehte, wie ein Schrotstahl gebrauchte Röhre erhalten Sie eine sehr glatte Oberfläche. Die flachen Röhren sind für diesen Arbeitsvorgang besser geeignet. Ich benütze am liebsten die 12-mm-Röhre. Wie bei den Schrotstählen ist auch hier der Grat von Bedeutung. Wie ich schon sagte, kommt der beste Anschliff von einer leichten Berührung mit der 60er-Schleifscheibe.

Legen Sie das Werkzeug fast auf die Seite, wie die Zeichnung unten zeigt. Halten Sie die Röhre horizontal; der untere Teil der Schneide soll in Spitzenhöhe schneiden. Achten Sie bei der Handhabe darauf, daß ein eventueller Schlag das Werkzeug in den leeren Zwischenraum befördert. Die Schneide sollte die Oberfläche lediglich »streicheln« und (ohne Druck) in einer Reihe von schwingenden Schnitten vom Zentrum aus über die Wölbung fahren. Wenn die Schneide weder Sägemehl noch feine lockige Späne produziert, üben Sie nicht mehr Druck aus, sondern gehen Sie zurück zum Schleifapparat. Jeglicher Druck kann einen Schlag zur Folge haben und Büschel vom Hirnholz herausreißen. (Falls dies passiert, hören Sie zuvor ein leises Tick-Tick.)

Oft ist diese Methode am einfachsten und schnellsten, eine weichfließende Oberfläche zu erhalten, die anschließend geschliffen werden kann. Aber so ein feiner Schnitt erfordert absolute Kontrolle über das Werkzeug. Um Schläge zu vermeiden, achten Sie darauf, daß das Werkzeug auf seiner Seite liegt und nicht nach oben zeigt. Stemmen Sie das Heft in Ihre Seite und machen Sie seine Bewegung mit. Ihre obere Hand liefert die Feinabstimmung, d. h. daß die Schneide in einer Reihe von fließenden Bögen über die Fläche gleitet. Ich nehme am liebsten den einfachen Übergriff, bei dem meine Hand mehr Bewegungsfreiheit entlang der Auflage hat.

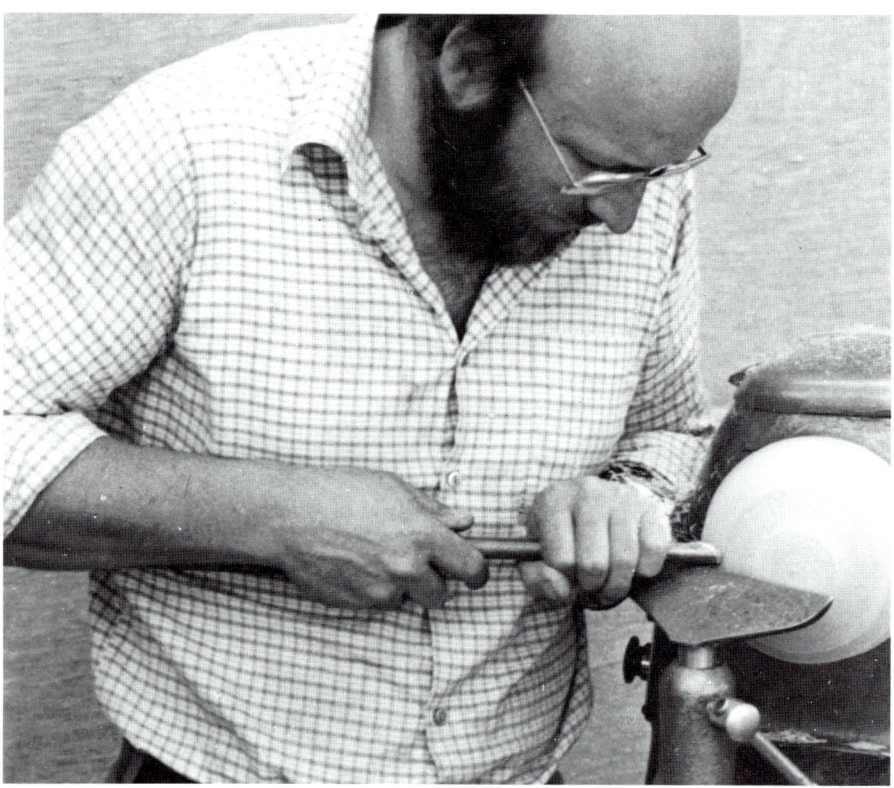

Glätten Sie die Oberfläche mit einem abschließenden Schabschnitt mit dem unteren Teil der Röhrenschneide. Halten Sie das Werkzeug horizontal. Die Schneide schneidet in Spitzenhöhe.

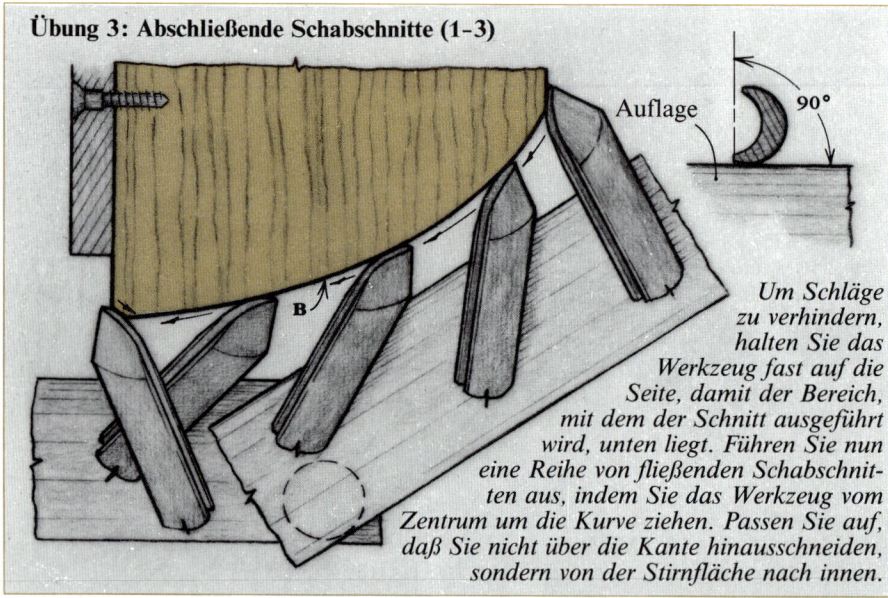

Übung 3: Abschließende Schabschnitte (1–3)

Auflage   90°

Um Schläge zu verhindern, halten Sie das Werkzeug fast auf die Seite, damit der Bereich, mit dem der Schnitt ausgeführt wird, unten liegt. Führen Sie nun eine Reihe von fließenden Schabschnitten aus, indem Sie das Werkzeug vom Zentrum um die Kurve ziehen. Passen Sie auf, daß Sie nicht über die Kante hinausschneiden, sondern von der Stirnfläche nach innen.

Übung 4
Entfernen Sie die Wölbung und drehen Sie nach der Schneidmethode mit dem unteren Teil der Schneide ein gerades Profil, wie Linie C auf S. 118. Das ist der beste Schruppschnitt, eine zügige, schnelle Methode. Dabei liegt das Werkzeug in Schnittrichtung. Die

Fläche wird glatter als beim saubersten Schaben. Sie können flache oder tiefe Röhren dazu verwenden. Der beste Schnitt erfolgt durch einen langen Fingernagelschliff.

Legen Sie die Röhre auf die Auflage, drehen Sie sie um 45°, wie auf dem Foto rechts. Halten Sie das Werkzeug horizontal oder die Schneide leicht nach oben geneigt und lassen Sie es in Schnittrichtung zeigen. Die Fase sollte immer auf der eben geschnittenen Fläche gleiten. Falls Sie dies nicht einhalten, stellt nur die Schneide den Kontakt zum Holz her; die Fläche wird uneben, sobald das Werkzeug zu flattern anfängt. Sie sollten das Gleiten der Fase so lange beobachten, bis Sie es im Gespür haben. Haltewinkel und Bewegung des Werkzeugs werden mit der unteren Hand kontrolliert. Die obere Hand hält es auf der Auflage und achtet darauf, daß die Fase gleitet und die Späne abgeleitet werden. In dieser Position steht die Mitte der Schneide fast senkrecht und schneidet quer zur Maserung, während der untere Bereich der Schneide fast waagrecht liegt und den Hauptteil des Abfalls in einem Schabschnitt entfernt. Das Ergebnis sind spira-

lige Späne und eine sauber geschnittene Oberfläche. Der Arbeitsgang ähnelt dem eines Pfluges, der Erde gleichzeitig aufbricht und umpflügt.

Das Schwierigste an diesem Schnitt ist der Anfang, bevor die Fase eine Gleitfläche hat. Sie müssen für den ersten Schnitt das Werkzeug auf einer Bogenlinie ins Holz hineindrehen oder das Werkzeug mit festem Griff gerade ins Holz

einführen. Die Fase kann schon bei 3 mm Holzfläche gut gleiten. Sobald sie gleitet, haben Sie einen zweiten Stützpunkt, der Ihnen eine genaue Kontrolle über die Schneide vermittelt. Klemmen Sie die Auflage ganz knapp fest, um die Hebelkraft zu verringern.

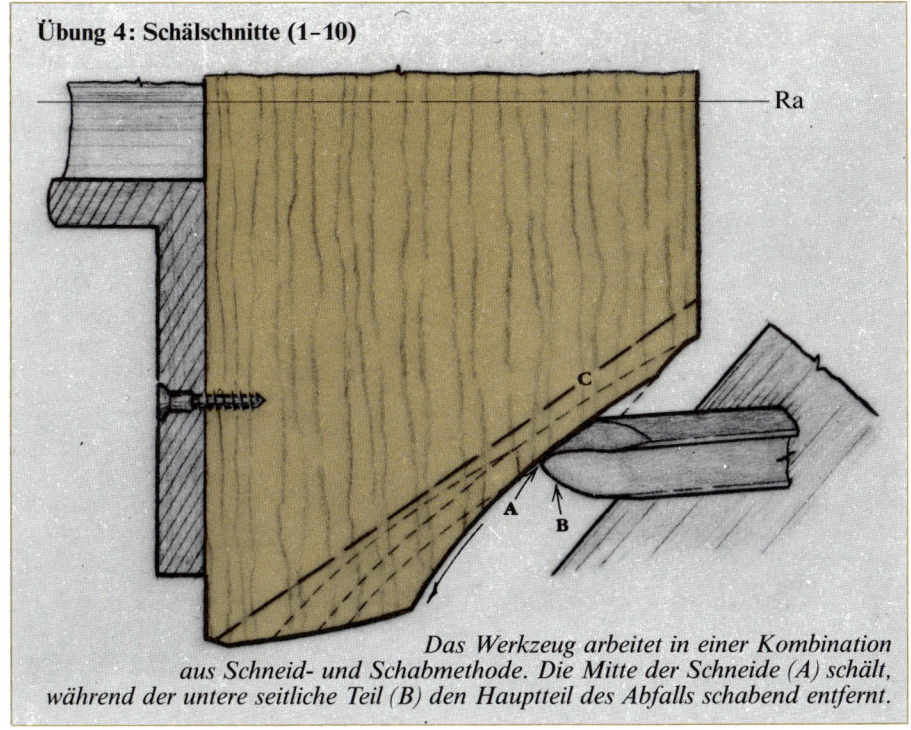

Übung 4: Schälschnitte (1–10)

Ra

Das Werkzeug arbeitet in einer Kombination aus Schneid- und Schabmethode. Die Mitte der Schneide (A) schält, während der untere seitliche Teil (B) den Hauptteil des Abfalls schabend entfernt.

Flachen Sie die Kurve mit einem Schälschnitt nach der Schneidmethode ab. Die Schneide der Röhre schneidet an ihrem unteren Teil. Dieser Vorgang produziert sogar eine glattere Oberfläche als der beste Schabschnitt.

Übung 5

Mit einem Finish-Spezialschnitt mit der tiefen Röhre drehen Sie nun eine flache Konkavwölbung wie Linie D auf S. 118. Dies ist ein sehr wirkungsvoller Schälschnitt ähnlich dem vorigen, aber das Werkzeug zeigt nach oben, wie Sie unten sehen, ist also nicht in Schnittrichtung gedreht. Das Werkzeug schneidet mit dem oberen Teil der Schneide. Benützen Sie keine flache Röhre (denn sie hat keine vertikale Seite) und auch keine tiefe Röhre über 12 mm Breite (Sie riskieren damit einen Schlag). Dies ist strenggenommen ein Finish-Schnitt. Man erhält feine Späne und die schönste Oberfläche, die das Werkzeug leisten kann. Versuchen Sie nicht, einen groben Span wie beim vorherigen Schnitt zu produzieren.

Die Qualität dieses Schnittes wird durch die Form der Schneidekante bestimmt. Meiner Meinung nach erhält man das beste Ergebnis durch eine Spitze, die in den sonst durchgängigen Stich der Röhre eingeschliffen wurde (siehe S. 117). Die genaue Position der Spitze hängt vom Gebrauch des Werkzeugs und der Schneidsituation ab. Sie sieht beim Schneiden von konvexen Flächen anders aus als bei konkaven. (Normalerweise steht die Spitze etwas über, ganz entgegen der oben

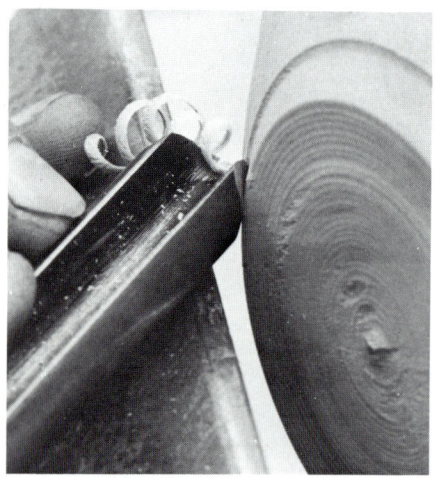

Der schälende Spezialschnitt benötigt eine an der Schneide angeschliffene Spitze. Das Werkzeug schneidet an dem fast senkrechten Flügel. Es erzeugt eine glatte Oberfläche. Beachten Sie das Gleiten der Fase.

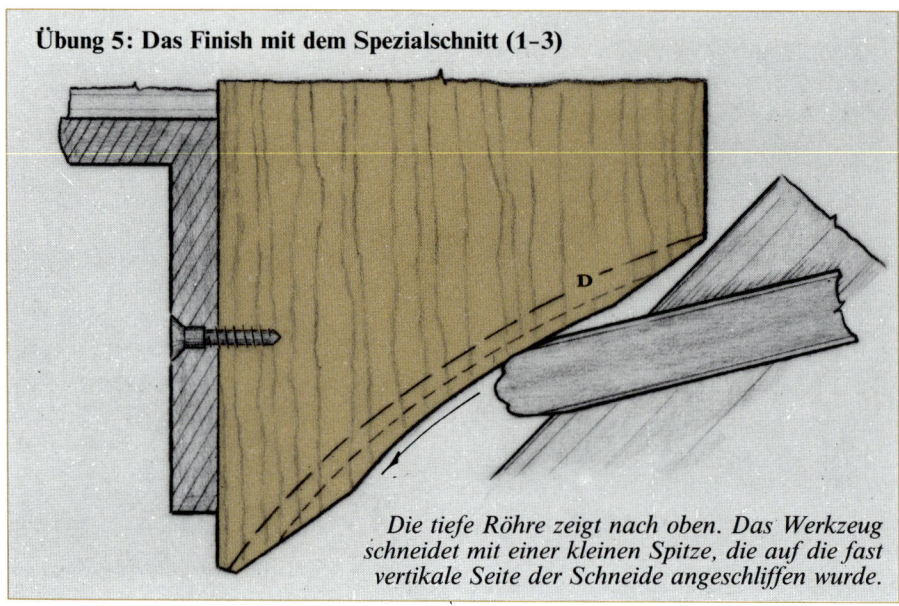

Übung 5: Das Finish mit dem Spezialschnitt (1–3)

Die tiefe Röhre zeigt nach oben. Das Werkzeug schneidet mit einer kleinen Spitze, die auf die fast vertikale Seite der Schneide angeschliffen wurde.

aufgestellten Regel, daß die Seiten nicht über die Mitte der Schneide hinausreichen sollten.) Diese kleine Spitze kann man leicht anschleifen – ich entdeckte diese Art von Schnitt, weil ich kein Werkzeug mit gleichmäßiger Schneide schleifen konnte. Schleifen Sie die Spitze nach Ihrem Gutdünken an. Halten Sie das Werkzeug in einem festen Untergriff an die Schleifscheibe und drehen Sie es etwas. Sie werden feststellen, daß die Position der Spitze um einen Bruchteil entlang der Schneide leicht zu verändern ist. Ich schleife mir so eine Spitze an jede tiefe Röhre an, wann immer ich sie brauche. Anschließend entferne ich sie durch ein schnelles Überschleifen am Schleifrad wieder. Ich muß zugeben, dies klingt ein bißchen nach Materialverschwendung, aber im Grunde wird nur ganz wenig entfernt und der Schnitt ist um so besser.

Ich wende diesen Schneidvorgang immer im Anschluß an den Schälschnitt mit dem unteren Teil der Schneide (Übung 4) an. Der Schälschnitt entfernt den Hauptteil des Abfalls und hinterläßt eine gute Oberfläche. Drehen Sie das Werkzeug nach oben und machen Sie mit der angeschliffenen Spitze einen Enddurchgang. Das Werkzeug wird horizontal (oder mit leicht nach oben geneigter Schneide) gehalten.

Der Schnitt wird mit dem fast vertikalen Teil der Schneide ausgeführt, während die Fase auf der gerade geschnittenen Fläche gleitet. Da der Schnitt ganz oben an der Schneide und im maximal möglichen Abstand zum Stützpunkt erfolgt, hat das Werkzeug die Tendenz, sich zum Holz hin zu drehen. Das kann einen ordentlichen Schlag auslösen; hierbei ist es also noch wichtiger als sonst, das Werkzeug sicher zu halten und mit ihm zu gehen. Wie so oft, lauert die Gefahr hinter allem, was gut ist, am meisten. Schneiden Sie also möglichst nahe am Stützpunkt.

Jetzt haben Sie das Repertoire erarbeitet, das die Röhren zu leisten vermögen. Wenn Sie eine schön geschnittene Linie D erzielt haben, machen Sie alle Schnitte noch einmal durch und ändern dabei die Ausformungen der Kurven. Mir ist es klar, daß man in dieser Situation nur schwer dem Versuch widerstehen kann, gleich ans Aushöhlen zu gehen. Aber ich lege Ihnen dringend ans Herz, zunächst mehrere Blöcke zu Spänen abzudrehen und die Schnittvorgänge zu üben. In der Zeichnung auf S. 118 sehen Sie weitere Kurvenvorschläge (E, F, G, H).

Mit einiger Erfahrung werden Sie Kombinationen der oben beschriebenen Techniken und Ihre eigenen Tricks und Kniffe beim Schärfen und Handhaben des Werkzeugs herausfinden. Sie können Ihren Stil entwickeln. In den Schruppstadien setze ich nicht mit dem Schneiden ab, sondern eine Technik geht in die andere über, indem ich das Werkzeug in einer einzigen, flüssigen Bewegung zum Einsatz bringe. Mit wachsender Erfahrung sollten Sie dasselbe tun können. Achten Sie auf die Schneidgeräusche und prägen Sie sie sich ein. Sobald sich der Ton ändert, sollten Sie innehalten und die Ursache klären. Beim Dünnerwerden des Holzes klingen die letzten 25 mm am Rand sehr spröde. Ein Tick-Tick kann bedeuten, daß Sie eine Befestigungsschraube erwischt haben.

Wenn Sie um eine lange Kurve herumschneiden, müssen Sie darauf vorbereitet sein, die Bewegung mit Ihrem Körper nachzumachen. Es gibt immer ein gutes Gefühl, eine Kurve in einem Durchgang zu schneiden. Aber um dies zu erreichen, muß Ihr eines Bein, über dem das Gewicht liegt, in einiger Entfernung zum anderen stehen. Folgen sie dem Schnitt durch die Kurve mit Ihrem Körpergewicht und verlagern Sie es dann auf den anderen Fuß. Oder Sie halten an, justieren die Auflage, stellen sich neu hin und fahren mit der Arbeit fort.

Schultern
Bevor Sie ans Aushöhlen gehen, müssen Sie lernen, wie man eine Schulter oder einen Fuß drechselt, damit man die Schale umgekehrt in ein Futter spannen kann. Dafür verwende ich normalerweise eine flache Röhre, denn deren Spitze reicht leichter in Ecken hinein als ein tiefstichiges Werkzeug. Der Schnitt wird, wie alle Schnitte aus der Luft, folgendermaßen ausgeführt: entweder man holt mit der Schneide in einem Bogen aus oder man drückt sie sofort ins Holz. Dies sollte unter größter Kontrolle geschehen, bis die Fase genügend Gleitfläche hat. Halten Sie das zur Seite gedrehte Werkzeug auf die Auflage, die Spitze zeigt in Schnittrichtung. Neigen Sie die Schneide um ca. 10° nach oben

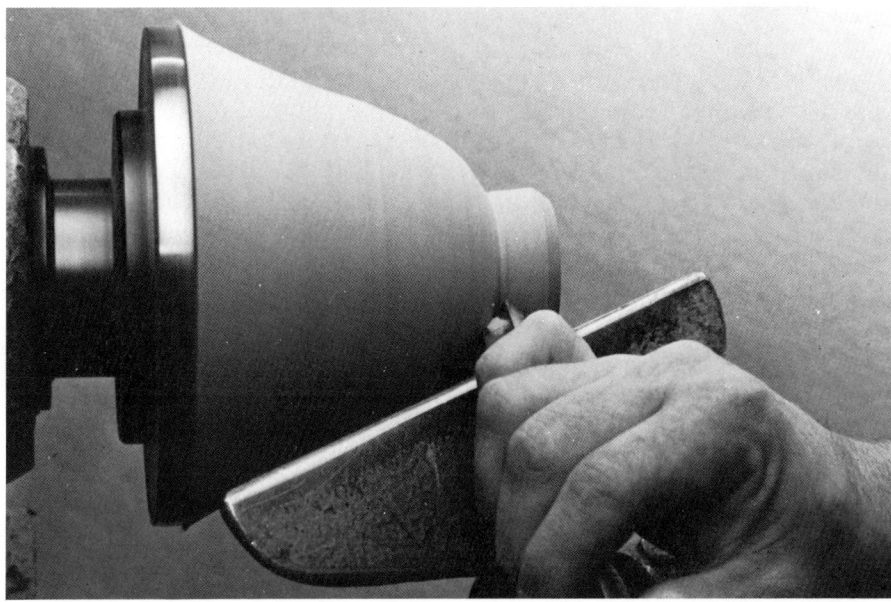

Wenn der Schälschnitt das Fußende erreicht, drehen Sie das Werkzeug, so daß der untere Teil der Schneide das Ende der Kurve und die Ecke im Schabschnitt schneidet.

und bewegen Sie sie möglichst parallel zur Drehachse.

Den ersten Schnitt führen Sie mit der Spitze und dem darunterliegenden Bereich der Schneide aus. Am Fußende drehen Sie das Werkzeug, so daß die untere Schneide die Kurve und die Ecke herausarbeitet, wie oben auf dem Foto. Als Alternative (und im Gegensatz zu einer früher aufgestellten Regel) können Sie auch vorsichtig gegen die Maserung schneiden, um die Kurve in die Ecke münden zu lassen. Diesen Vorgang sehen Sie auf S. 141 oben rechts. Schnitte gegen die Maserung werden lange nicht so glatt wie solche mit der Maserung. Versuchen Sie also, den größten Teil Ihrer Schnitte vom kleineren zum größeren Durchmesser (so nah wie möglich am Fuß beginnend) auszuführen, bevor Sie das allerletzte Stückchen in der Ecke von der anderen Richtung her säubern. Wenn ich Formen zwischen Spitzen schruppe, muß ich ebenfalls gegen die Maserung arbeiten. In diesem Falle verhindert der Reitstock den Zugang von der anderen Richtung. Die Oberfläche ist hinsichtlich des groben Schnittes ganz akzeptabel. Ich beobachte nebenbei, wie der obere Umriß Gestalt annimmt. Das hilft mir bei der Entwicklung einer flüssigen Linie, die in einem späteren Arbeitsstadium sauberer geschnitten wird.

Zylinder
Einen Zylinder zu drehen, konfrontiert Sie nicht nur mit der Schwierigkeit eines glatten, geraden Schnittes, sondern auch mit der lästigen Tatsache, daß bei einer Umdrehung zweimal eine große Fläche von Hirnholz erscheint. Üben Sie das Abdrehen eines Zylinders erst, wenn Sie mit dem Werkzeug vertraut sind. Es ist sehr viel schwieriger, Hirnholz im 90°-Winkel zu schneiden als die Schälschnitte an den gewölben Seiten der vorigen Übungen. Nutzen Sie die Auflage als Führungshilfe für Ihre Hand, indem Sie sie parallel zur gewünschten Fläche justieren. Mit dem Spezialschnitt und einer engen und tiefen Röhre von 6–12 mm Breite, wie auf dem Foto auf der vorigen Seite, erzielen Sie die besten Resultate. Halten Sie das Werkzeug horizontal in einem spitzen Winkel zur Holzoberfläche. Es ist äußerst wichtig, den Druck gegen den Spindelkasten und nicht gegen die Drehachse auszuüben. Forcieren Sie den Schnitt nicht, sondern führen Sie ihn gleichmäßig und stetig entlang der Auflage.

Aushöhlen

Wenn Sie einmal ein paar Blöcke in Späne verwandelt haben und Ihnen das Drehen gewölbter Flächen von der Hand geht, ist es Zeit, die Form innen auszudrehen. Versuchen Sie es zunächst an einer geöffneten Schalenform. Vermeiden Sie vorerst unterschnittene Ränder, da sie alle Arten von Kontroll- und Schneideprobleme hervorrufen. Lassen Sie sich durch die Einfachheit der Form nicht täuschen. Es ist sehr schwierig, eine schön aussehende, flüssige Linie zu gestalten. Die Innenkurve ist genauso wichtig wie die Außenkurve, und die Relation der beiden ist ein weiterer Gesichtspunkt. Ein gängiger Fehler bei Schalen ist, daß sowohl die Außen- als auch die Innenseite für sich allein ganz gut aussehen, daß beide zusammen aber nicht harmonieren. Oft wurde zuviel Material an den falschen Stellen stehengelassen. Das Wort »hölzern« wird in meinem Lexikon definiert mit: »langweilig, unsensibel und schwerfällig; leblos, reizlos, ohne Stil oder Wirkungskraft«. Das trifft genau den Sinn. Und ich nehme an, es kommt, zumindest teilweise, von den Millionen von faden, schwerfälligen Gegenständen, die Drechsler hergestellt haben und es immer noch tun. Ich hätte gerne, daß sich dieser Trend umkehren ließe. Wenn Sie also eine Schale machen, streben Sie nach einer Form, die sich augenfällig vom Boden abhebt, die sich nicht schwülstig, bedrohlich und unbeweglich ausbreitet.

Mit steigendem Selbstvertrauen können Sie sich auch an größere Schalen wagen. Aber Sie tun gut daran, an Blöcken, die kleiner sind als 200×100 mm, zu üben, denn sie werfen weniger technische Probleme auf und stellen, wenn es schiefgeht, keinen so großen finanziellen Verlust dar. Meine erste größere Arbeit – eine Schale aus Esche mit den Maßen 300×75 mm – habe ich immer noch. Ich brauchte damals, als ich gerade sechs Wochen gedrechselt hatte, einen ganzen Vormittag dazu. Heute dient

sie mir in meinen Workshops als Anschauungsobjekt, wie man es nicht machen sollte. Die Schale ist handwerklich ganz gut gelungen, aber das Ergebnis erscheint im optischen wie im haptischen Sinne klotzig und unausgewogen.

Sie werden – wie ich – bald feststellen, daß mit wachsendem Durchmesser auch die Kontrolle über die Hebelkraft schwieriger wird. Das Holz hat mehr Gewicht, was zu heftigeren Schlägen führt. Sie gebrauchen dieselben Werkzeuge wie für die kleineren Übungsschalen, müssen sie aber sicherer angreifen. An Außenformen können Sie die Auflage eng am Holz einstellen; nach der Zentrierung dürften hier keine Probleme entstehen. Innenseiten sind da ein anderes Kapitel. Die Werkzeuge müssen oft mehr als 125 mm vom Stützpunkt entfernt schneiden. Gehen Sie also äußerst vorsichtig vor.

Röhren

Beim Aushöhlen gilt die Regel, zur Spindelwelle (und zur Planscheibe oder zum Futter) hin zu arbeiten. Ich schneide nie vom Zentrum entlang einer Kurve zum Rand hin, da die Kontrolle über das Werkzeug mit großen Schwierigkeiten verbunden ist und der Schnitt gegen die Faserrichtung verläuft. Die Hauptsache beim Aushöhlen ist, überschüssiges Material so schnell und

wirkungsvoll wie möglich zu entfernen und dennoch eine relativ glatte Oberfläche zu erhalten. Bohren Sie immer zuerst ein tiefes Loch in die Mitte (S. 79). Dadurch brauchen Sie während des Drechselns nicht dauernd die Tiefe des Loches nachzumessen. Versuchen Sie, den Schnitt möglichst parallel zur Drehachse auszuführen, damit sich der Druck auf die Drehspindel überträgt. Wenn der Schnitt innerhalb des Durchmessers einer Planscheibe stattfindet, kann ein gewisser seitlicher Druck ausgeübt werden. Ist dieser jedoch zu stark, verursacht er einen Schlag, wahrscheinlich lockern sich die Befestigungsschrauben oder das Holz wird aus dem Futter katapultiert. Nur mit Übung und Erfahrung lassen sich die kritischen Momente vorhersagen. Sobald die Schrauben sich gelockert haben, fängt das Holz beim Schneiden an zu rattern. Und wie immer, wenn etwas ungewöhnlich klingt, sollten Sie die Maschine anhalten und nachschauen, was los ist.

Ich drehe die Grobform mit Röhren heraus und beende das Aushöhlen mit Schrotstählen. Die weitaus beste Methode, wie man den Einsatz von Röhren erlernen kann, ist das grobe Aushöhlen einer Vielzahl von Schalen. Normalerweise höhle ich 150-mm-Schalen mit der tiefen 6-mm-Röhre aus. Da dieses Werkzeug weniger Späne abschält als eine breitere Röhre, benötigt man für die gewünschte Innenfläche

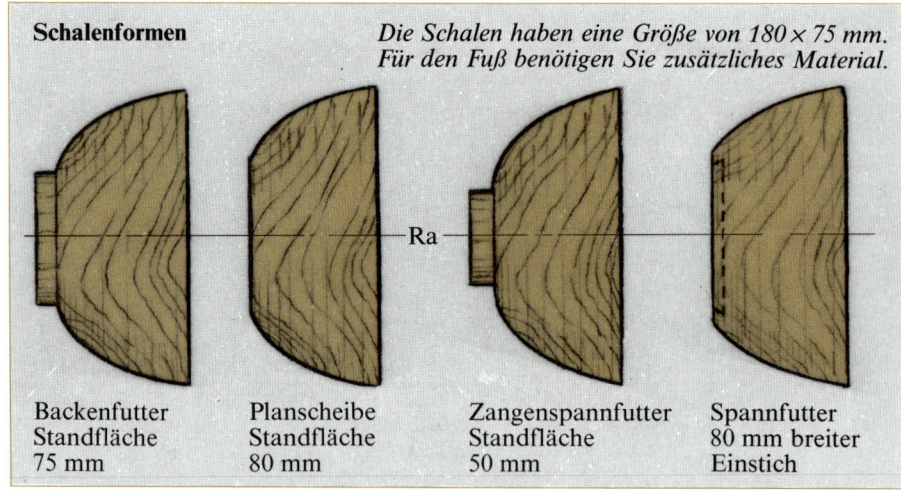

Schalenformen

Die Schalen haben eine Größe von 180×75 mm. Für den Fuß benötigen Sie zusätzliches Material.

Ra

Backenfutter
Standfläche
75 mm

Planscheibe
Standfläche
80 mm

Zangenspannfutter
Standfläche
50 mm

Spannfutter
80 mm breiter
Einstich

mehr Schnitte. Dies ist aber eine gute Übung. Versuchen Sie, jeden Schnitt so sauber wie möglich auszuführen, und lassen Sie keine Chance verstreichen, um Ihre Technik zu verbessern.

Da die Schnitte in Richung Drehspindel ausgeführt werden, ist es schwierig, das Werkzeug, ohne daß es auf der Fase gleitet, zu benützen. Die tiefstichigen Röhren sind hier besser als die flachen. Falls Sie jedoch flache Röhren benützen wollen, sollten Sie die extra starke Ausführung haben. Die einzelnen Techniken entsprechen im Grunde denjenigen an Außenflächen, mit der einen Ausnahme, daß Sie Röhren wegen der Zentrifugalkraft nicht als Schrotstähle einsetzen sollten. Wenden Sie beim Aushöhlen nur Schälschnitte nach der Schneidmethode an.

Fertigen Sie die Schale in zwei Arbeitsschritten. Zuerst befestigen Sie die Holzscheibe an ihrer zukünftigen Oberseite auf einer Planscheibe und drehen Sie Außenform und Standfläche mit den oben beschriebenen Techniken. Die Form

Bringen Sie die Fase in Schnittrichtung und stechen Sie in einem Bogen nach unten ins Holz ein (oben). Dann drehen Sie die Oberkante der Röhre in einen Schnittwinkel von ca. 45° und führen einen längeren Schnitt aus (oben rechts). Drücken Sie die Schneide nach vorne und lassen Sie die Fase in Richtung Zentrum gleiten (rechts). Achten Sie auf die Bewegung des Heftes während des Schneidevorgangs. Die Finger können auch etwas angehoben werden, um die Späne abzuleiten.

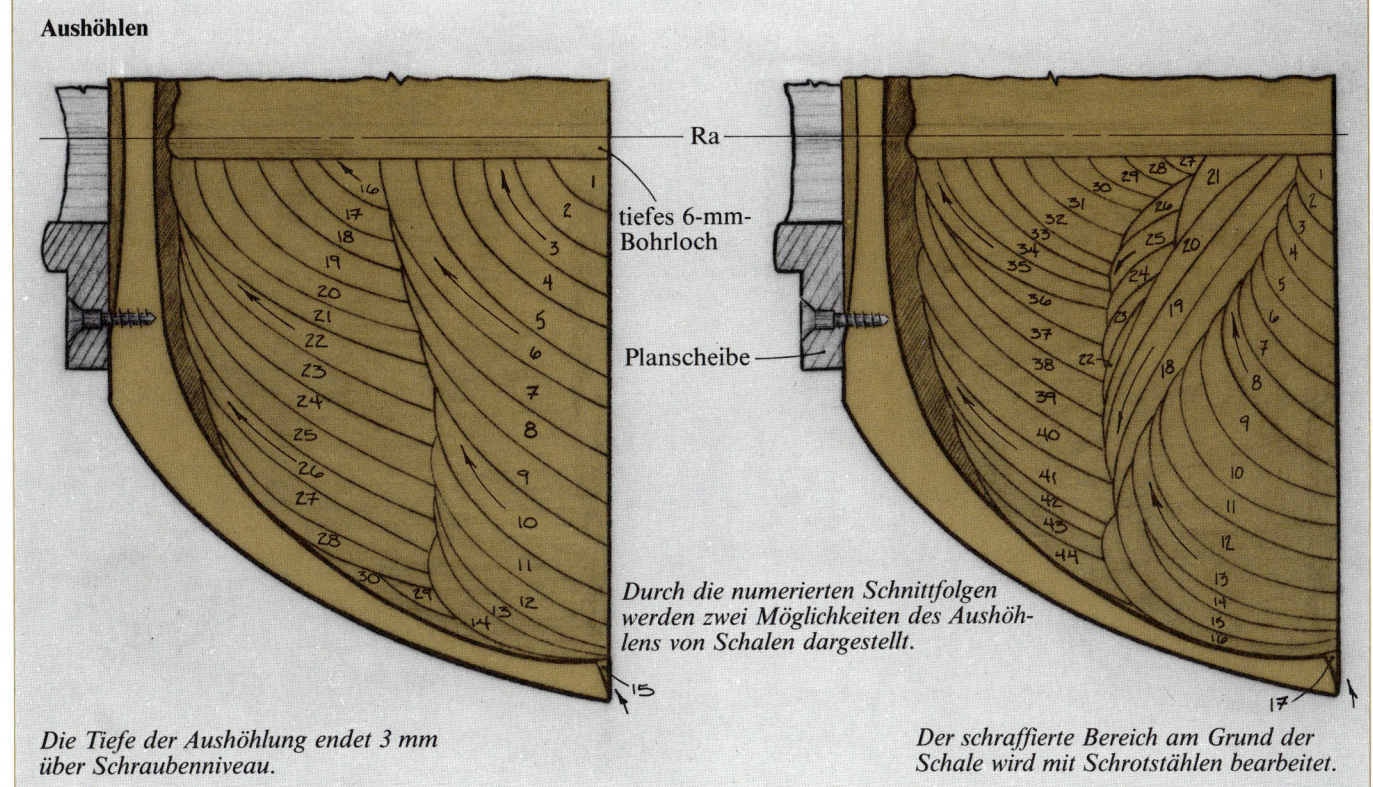

Aushöhlen

Ra

tiefes 6-mm-Bohrloch

Planscheibe

Durch die numerierten Schnittfolgen werden zwei Möglichkeiten des Aushöhlens von Schalen dargestellt.

Die Tiefe der Aushöhlung endet 3 mm über Schraubenniveau.

Der schraffierte Bereich am Grund der Schale wird mit Schrotstählen bearbeitet.

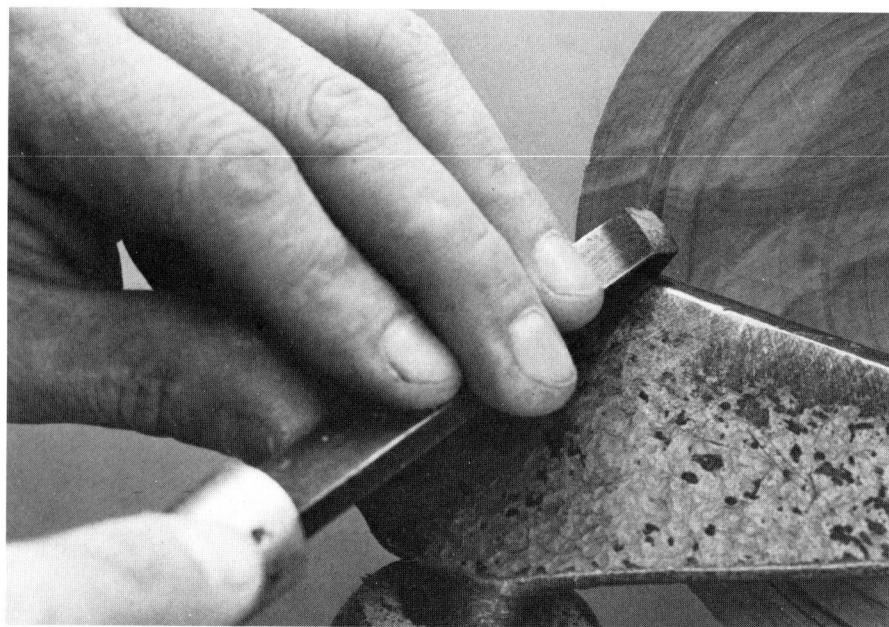

Einen Rücklauf des Werkzeugs können Sie unter Kontrolle halten, indem Sie mit der langen Spitze des Flachmeißels eine Nut einstechen (oben). Setzen Sie die Fase der Röhre an der Nut an, schieben Sie das Werkzeug nach vorne und ziehen Sie den Schnitt durch (rechts).

sollte denjenigen auf der Zeichnung auf S. 126 ähnlich sein. Dann drehen Sie die halbfertige Schale um und spannen Sie sie an ihrer Standfläche in ein Backen-, Zangenspann- oder Spannfutter oder auf eine Planscheibe. Nun können Sie die Innenseite aushöhlen. Machen Sie die Wände Ihrer ersten Schalen etwa 10 mm stark. Später, wenn die Arbeit im Innern abgeschlossen ist, können Sie die Schale auf ein Klemmfutter aufsetzen und die Form des Fußes und der unteren Kurve herausarbeiten (S.134–135).

Stellen Sie die Auflage vor der auszuhöhlenden Fläche ein. Bei einer leichten Neigung nach oben sollte die Schneide des Werkzeugs knapp über Spitzenhöhe schneiden. Denken Sie daran, daß mit stärkerer Neigung nach oben sich auch der Schneidepunkt weiter vom Stützpunkt auf der Auflage entfernt. Um so mehr müssen Sie auf die Kontrolle der Hebelwirkung achten. Ein Neigungswinkel von 5° ist ideal, ein steilerer Winkel schafft Probleme und ist gefährlich. Vermeiden Sie, daß die Röhre im 90°-Winkel zur Holzoberfläche schneidet. Das Schneiden bei gleitender Phase in einem Neigungswinkel von weniger

Eine Alternative des Aushöhlens ist das Schneiden vom Zentrum nach außen. Halten Sie das Werkzeug in einem festen Stoppgriff, um das Flattern zu verhindern. Führen Sie die Schnitte möglichst parallel zur Drehachse aus, damit der Druck auf das Einspannfutter übergeht.

als 5° funktioniert nicht. Das Heft sollte zwischen 30° und 45° zur Schnittfläche liegen (der genaue Winkel hängt vom Fasenanschliffswinkel ab). Ich sah, wie ein paar meiner Kursteilnehmer die Fase zwar gleiten ließen (gut!), aber das Werkzeug etwa 45° nach oben (schlecht!) und dazu noch im rechten Winkel zum Holz hielten (noch schlechter!). Dadurch gerät der Schneidepunkt in zu große Entfernung zum Stützpunkt; es steckt keine Kraft hinter dem Schnitt, und der Weg der Schneide läßt sich nicht mehr so gut kontrollieren. Denken Sie daran, die ersten Schnitte leicht auszuführen, um die Laufbahn der höchsten Erhebungen festzustellen. Drehen Sie die Stirnseite vor dem Aushöhlen plan und folgen Sie in etwa den unten beschriebenen Arbeitsschritten.

Der Einstich konfrontiert Sie mit zwei Problemen. Erstens, es gibt noch keine Gleitfläche für die Fase. Zweitens, die Zentrifugalkraft schleudert das Werkzeug tendenziell aus dem Zentrum. Für einen sauberen Einstich ohne Rückschlag halten Sie die Röhre im Stoppgriff auf ihre Seite, so daß die Oberkante in Richtung Zentrum (in Schnittrichtung) zeigt. Wie Sie auf S. 127 sehen können, bildet die obere Hand einen stabilen Gegenhalt am Rand der Öffnung. Legen Sie die Fase in Schnittrichtung an, neigen Sie die Schneide um 15°–20° nach oben, um sie in einem Bogen nach unten ins Holz zu führen. Nach einer Schnittlänge von 3 mm kann die Fase schleifen. Drehen Sie die Oberkante der Röhre in einen besseren Schnittwinkel von etwa 45°, wie Sie S. 127 oben außen rechts sehen können, und setzen Sie Ihr Werk fort. Achten Sie auf eine einzige flüssige Bewegung. Sobald Sie es sich zutrauen, versuchen Sie, das Werkzeug horizontal zu halten und es behutsam vorwärtszudrücken, bis die Fase gleiten kann.

Eine andere Möglichkeit, einen Rückschlag während des ersten Einstichs zu verhindern, ist eine Nut, in der Sie die Fase der Röhre gleiten lassen können. Dafür neh

 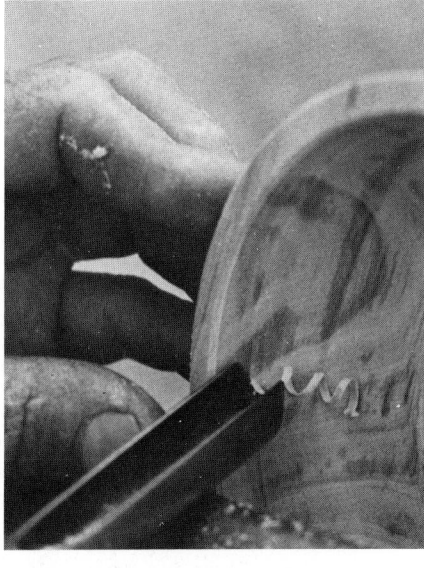

Wenn Sie vom Rand zum Zentrum hin arbeiten, läuft die Vorwärtsbewegung des Werkzeugs gegen die Zentrifugalkraft. Sie brauchen also nur einen Anschlag, um den Rücklauf des Werkzeugs zu verhindern. Dies ist sehr vorteilhaft, wenn Sie dünne Schalen drechseln, die eine Unterstützung Ihrer oberen Hand von außen her benötigen.

men Sie die lange Spitze eines Flachmeißels wie auf der Abbildung S. 128, links oben. Drücken Sie die Spitze vorsichtig, aber entschieden nach innen und mildern Sie dann den Druck zu einem leichten Schabschnitt.

Wenn ich vom Zentrum nach außen schneide, liegen meine Finger über dem Werkzeug, während meine Handfläche eine Art Stoßdämpfer und Anschlag gegen das Flattern des Werkzeugs bildet. Wenn ich vom Rand zum Zentrum arbeite, wie auf den Fotos oben, läuft die Vorwärtsbewegung des Werkzeugs gegen die Zentrifugalkraft. Somit brauchen Sie nur für einen Anschlag zu sorgen. Dies wiederum erlaubt Ihnen, mit Ihrer oberen Hand besonders dünne Ränder während des Drehens abzustützen.

Den wirkungsvollsten Schruppschnitt liefert der untere Teil der Röhre (wie an Außenformen auch). Das Werkzeug schneidet fast in jedem Winkel, von dem feinen schälenden Spezialschnitt, wo die Gefahr eines Schlages allgegenwärtig ist, bis zu einem schweren Scha

ben, wenn das Werkzeug zur Seite gedreht wird. Während der Vorwärtsbewegung drehen Sie das Werkzeug so lange, bis Sie – irgendwo zwischen den beiden Extremen – den größten Span mit einem Minimum an Anstrengung erreicht haben. Ich wiederhole noch mal: Üben Sie auf das Werkzeug keinen Druck aus, wenn es nicht schneiden sollte. Halten Sie es in einem anderen Winkel oder schleifen Sie es neu. Am besten beides. Schneidet es gut, ist keine Anstrengung nötig. Ihre Aufmerksamkeit sollte sich darauf richten, die Schneide in der gewünschten Richtung zu bewegen und keine Abweichungen zuzulassen. Ich bin der Meinung, daß man die ersten 50 mm so sauber schneiden kann, daß man sie anschließend schleifen kann. Danach entstehen Rillen und Unregelmäßigkeiten durch flatterndes Werkzeug, die man am besten mit dem Schrotstahl entfernt.

Mit wachsender Tiefe der Aushöhlung schneidet die Röhre immer weiter von der Auflage entfernt. Sie müssen mehr Gewicht hinter das

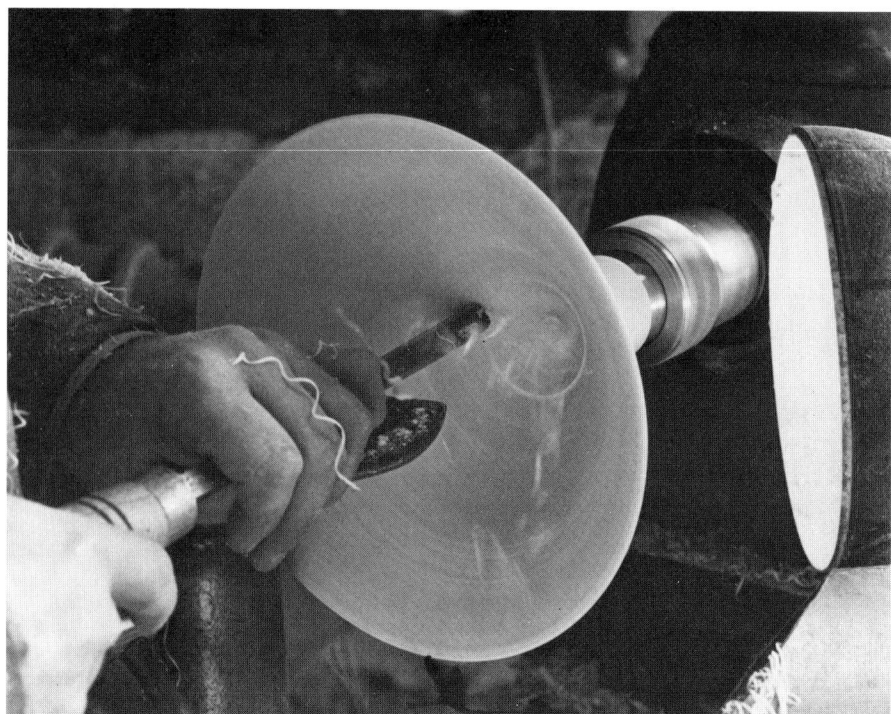

Sie brauchen eine schwere Ausführung der Röhre, wenn Sie tiefe Aushöhlungen in großer Entfernung zur Auflage schneiden wollen. Setzen Sie die Röhre so weit wie möglich entlang der Innenkurve ein, bis die Fase nicht mehr gleiten kann. Dann arbeiten Sie mit einem Schrotstahl weiter.

Schrotstähle

Ich betrachte Schrotstähle hauptsächlich als Werkzeuge für das Finish. Für ihren wirkungsvollen Einsatz ist eine gleichmäßig flüssige und sehr zarte Berührung des Holzes erforderlich, die nur Sägemehl und kleine lockige Späne abschält, wie links zu sehen ist. Die Schale auf dem Foto wurde aus schlagfrischer Stechpalme gedrechselt. Die Späne zeigen ihr typisches Aussehen.

An meine Schrotstähle schleife ich eine nach links abgerundete Schneidekante. Sie eignet sich gut für das Finish von Aushöhlungen. Ich mache damit streichende Schnitte zum Zentrum hin (A, A-1 und A-2 in der Zeichnung unten rechts). Der Radius des Schrotstahles sollte etwas kleiner als der der Holzoberfläche sein. Den Grund der Schale schneidet man mit einem rechtwinkligen Schrotstahl, dessen Schneide vom Mittelpunkt aus nach beiden Seiten zurückgeschliffen wurde (B). Man kann diese flacher angeschliffenen Schrotstähle besser durchziehen. Sie schneiden auf einem größeren Teil der Schneide als die in Nasenform angeschliffenen Schrotstähle. Für konvexe Wölbungen (wie der Innenbereich die-

Werkzeug bringen, um die Kontrollmöglichkeit aufrechtzuerhalten. In solchen Fällen sind lange und schwere Werkzeugausführungen besonders wichtig, die belastbarer sind. Es gibt speziell für diesen Zweck Auflagen mit einem balkonartigen Vorsprung. Mich haben ihre Einsatzmöglichkeiten nie sonderlich befriedigt. Ich besitze deshalb auch keine. Beim Aushöhlen benützte ich die Röhre so lange einer Wölbung entlang, bis es nicht mehr geht. Entweder hört die Fase auf zu gleiten oder die Hebelkraft übersteigt meine Kontrollmöglichkeit. Dann wechsle ich auf Schrotstähle.

Wenn Sie tiefer in die Schale vordringen, können Sie auch eine Röhre mit steilerer Fase anstatt eines Schrotstahles benutzen. In diesem Fall wird der Kontakt zur Fase aufrechterhalten und man kann nach der Schneidmethode im 90°-Winkel zur Drehachse – selbst quer über den Grund der Schale – arbeiten. Viele Drechsler haben zu diesem Zweck Röhren mit nahezu vertikal angeschliffenen Fasen, aber

ich wende sie nicht so gerne an, weil man im rechten Winkel zur Oberfläche keine so genaue Linienführung aufrechterhalten kann. Die schweren Schrotstähle sind meiner Meinung nach leichter zu kontrollieren. Bei vorsichtiger und präziser Anwendung erhält man eine exzellente Oberfläche. Es wird wahrscheinlich eine Weile dauern, bis Sie Ihre handwerklichen Fertigkeiten so weit perfektioniert haben, um ein glattes Innenausdrehen mit der Röhre zu erhalten. Also werden Sie die Arbeit in der Endphase mit Schrotstählen glätten müssen.

Ein 38-mm-Schrotstahl wird für den letzten Schabschnitt an dieser saftfrischen Schale aus Apfelbaum benützt. Der Schnitt streicht vom Rand zum Zentrum.

ser Schale) benützen Sie einen Schrotstahl mit geradem schrägem Anschliff (C). Die Schrotstähle unten zeigen die grundlegenden Anschliffsarten für das Aushöhlen. Sie werden so gut wie mit jeder Schalenform fertig.

Wenn nur eine kleine Öffnung, durch die ausgehöhlt werden soll, vorhanden ist, sind die schmalen Schrotstähle (6–12 mm) im Nasenanschliff normalerweise am besten geeignet. Ein gerade angeschliffener Schrotstahl mit einer scharfen Ecke würde denselben Zweck erfüllen, jedoch wird die Oberfläche entsetzlich. Schrotstähle mit geradem Anschliff sollten nur zum Schruppen benützt werden. Meine Schrotstähle haben alle einen Anschliffswinkel von 45° und werden alle auf dieselbe Weise eingesetzt. Meiner Meinung nach erhält man die beste Schneide nach einem leichten Schleifgang auf der 60er-Scheibe. Wie bei anderen Werkzeugen in noch stärkerem Maße, vermeiden Sie bitte auch bei Schrotstählen einen höheren Druck, wenn sie nicht schneiden wollen. Schleifen Sie sie lieber noch mal.

Wenn ich es irgendwie vermeiden kann, nehme ich keine Schrotstähle zum groben Aushöhlen. Aber manchmal sind sie eben doch das beste Mittel für grobes Innenausdrehen in weiterer Entfernung zur Auflage, wo Röhren beim besten Willen nicht mehr arbeiten können. Schrotstähle für diesen Zweck sollten ca. 10 mm stark und 35 mm breit sein (gelegentlich sogar 50 mm breit). Sie benötigen diese Breite aus Gründen des Gewichtes und der besseren Druckausübung. Aber wenn Sie so eine breite Schneide, selbst schon eine 15 mm breite Schneide, auf einmal an das Holz halten, bekommen Sie einen Schlag, den Sie nicht mehr kontrollieren können. Schneiden Sie also nur mit einem kleinen Teil der Schneide (ca. 10 mm). Schrotstähle müssen vorsichtig aufgesetzt werden, weil ja keine gleitende Fase vorhanden ist. Die normale Technik des Schnittbeginns, bei der man das Werkzeug in einem Bogen nach

Schrotstähle sind das beste Werkzeug, wenn es um einen weit von der Auflage entfernten Einsatz geht, wo die Fase der Röhre nicht mehr gleiten kann. Wenn man das Holz nur ganz zart berührt, erhält man einen feinen lockigen Span, wie bei dieser schlagfrischen Stechpalmenschale.

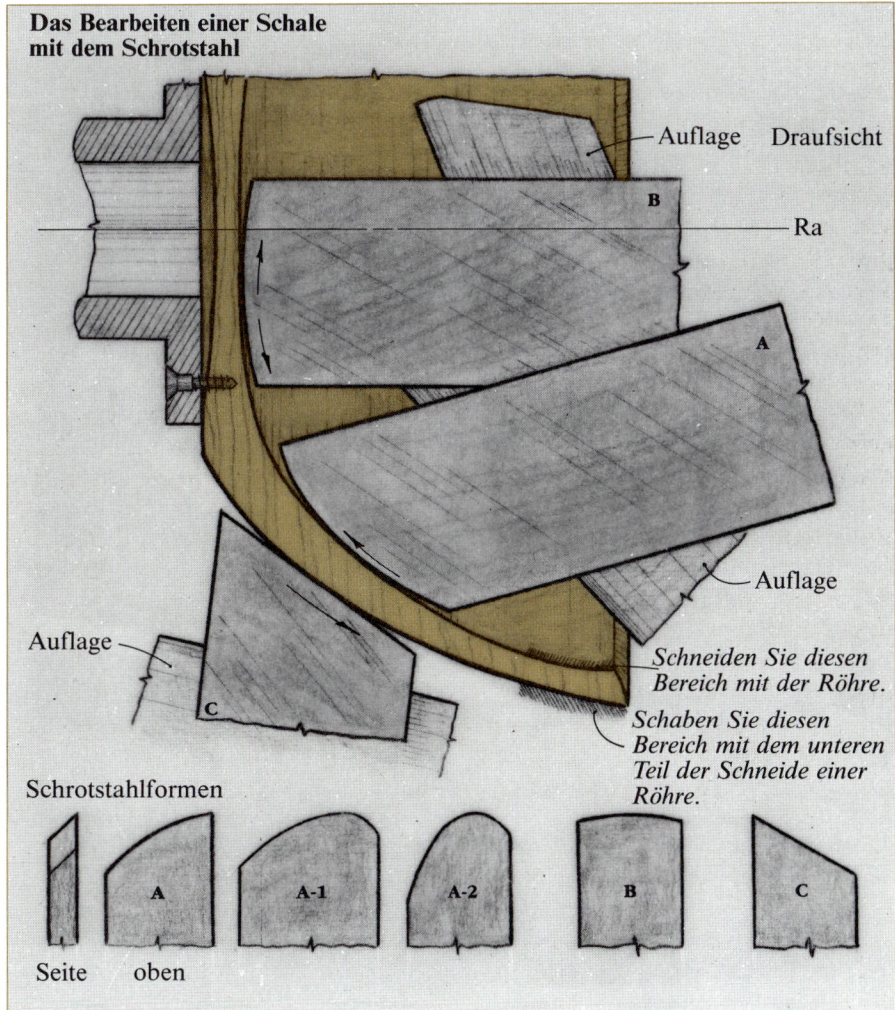

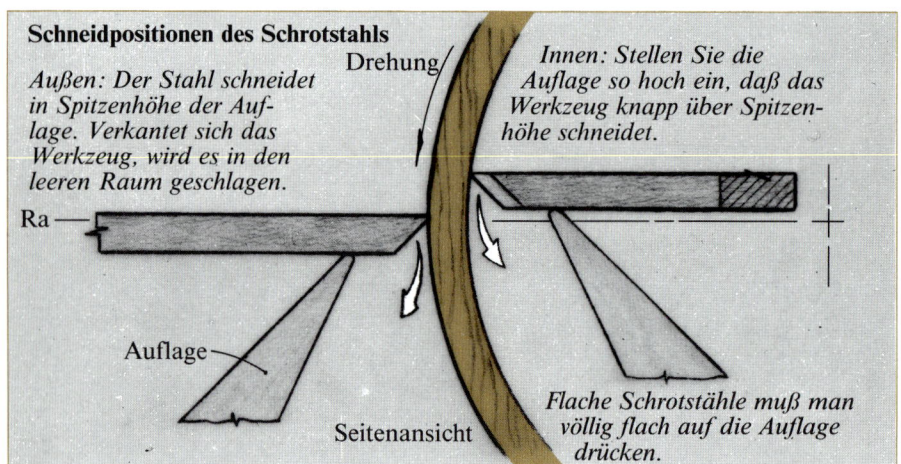

Schneidpositionen des Schrotstahls

Außen: Der Stahl schneidet in Spitzenhöhe der Auflage. Verkantet sich das Werkzeug, wird es in den leeren Raum geschlagen.

Drehung

Innen: Stellen Sie die Auflage so hoch ein, daß das Werkzeug knapp über Spitzenhöhe schneidet.

Ra

Auflage

Seitenansicht

Flache Schrotstähle muß man völlig flach auf die Auflage drücken.

unten führt und die Fase aufsetzt, gilt nur für Röhren und Flachmeißel, nicht aber für Schrotstähle. Sobald Holz und Schrotstahlschneide miteinander in Berührung kommen, kann es wegen des plötzlichen Drucks einen Schlag geben.

Als goldene Regel für Schrotstähle mit rechtwinkligem Querschnitt gilt, sie flach auf die Auflage zu drücken. Die Tendenz geht dahin, daß sich das Werkzeug an einer Seite abhebt, sich verkantet und wieder hinuntergeschlagen wird. Das schadet dem Werkstück und meist auch den Fingern. Sie tun also gut daran, ständig Druck auf die Oberseite des Werkzeugs auszuüben, damit es vollständig aufliegt. Wie beim Abdrehen von Außenflächen sollten Sie auch hier die Schrotstähle so anlegen, daß sich direkt unterhalb der Werkzeugschneide kein Holz befindet, wie oben zu sehen ist; auf Innenflächen also knapp über Spitzenhöhe. An Innenflächen arbeiten Sie vom größeren zum kleineren Durchmesser, an Außenflächen vom kleineren zum größeren.

Mit dem Schrotstahl ebnen Sie die durch die Röhre auf Grobform geschnittene Wölbung. Halten Sie das Werkzeug fest und sicher und klemmen Sie das Heft zwischen Körperseite und Unterarm. Machen Sie die Bewegung mit dem Körper mit. Die obere Hand sichert das völlige Aufliegen der Flachzone des Werkzeugs und regelt die Feinabstimmung während des Schnittes.

Bewegen Sie die Schneide vorsichtigt, das Holz saust eigentlich nur daran vorbei, es wird kaum berührt. Ein richtiger Druck würde einen Schlag verursachen oder ein Tick-Tick vernehmen lassen, was auf (meist an Hirnholzstellen) herausgerissenes Holz deutet. Wenn die Stelle sehr dünn ist und vibriert, braucht sie zusätzliche Unterstützung und einen noch leichteren Schnitt. Das größte Problem bei den Schrotstahltechniken ist, daß insbesondere an Innenformen der Schneidepunkt vom Auflagepunkt weit entfernt ist - vielleicht bis zu 200 mm. Je größer der Abstand, desto größer muß die Kontrolle über die Hebelkraft sein. Die meisten meiner Schrotstahlhefte haben eine Länge von 350–460 mm. Diese kann ich zur besseren Unterstützung und Kontrolle an meinem Unterarm anlegen. Je weiter Sie von der Auflage entfernt schneiden, desto vorsichtiger muß die Schneide bewegt werden und desto weniger davon darf mit dem Holz in Berührung kommen.

Neben der Kontrolle der Hebelkraft müssen Sie darauf achten, daß die Schneide eine flüssige Kurve erzeugt. In einer symmetrischen Kurve müssen Sie nur das Werkzeug um den Angelpunkt auf der Auflage drehen; aber das wird äußerst selten vorkommen. Meistens macht man eine Parabolkurve, wo man das Werkzeug in einem Streich längs und quer zur Auflage schiebt. Sie brauchen für diesen

komplexen Arbeitsgang eine gut entwickelte Koordinationsfähigkeit. Während Sie das Werkzeug (mit der unteren Hand) herumschwenken, bildet die obere Hand einen flexiblen Anschlag und achtet darauf, daß die Schneide ihre Bahn zur Entfernung der Rillen einhält.

Den Einsatz der Schrotstähle habe ich an Hunderten von Brottellern, Servierplatten und flachen Platztellern erlernt. Sie können ja dasselbe versuchen. Nehmen Sie 300 × 30 mm große Rohlinge für Brotteller, 250 × 25 mm große für Servierplatten und 250 × 20 mm große für Platzteller. Scheiben dieser Ausmaße machen weniger Schneideprobleme als größere, wo Sie gegen Gewicht und veränderte periphere Geschwindigkeiten anzukämpfen haben. Die Scheiben sollten an ihrer späteren Standfläche plangedreht und geschliffen werden. Dann schraubt man sie an der Standfläche für gewöhnlich auf ein Scheibenfutter und dreht sie fertig, ohne sie nochmals neu einzuspannen.

Das Schneiden von zylindrischen Innenformen

Abb. 1: **Draufsicht**

Wenn Sie die Auflage nach innen schwenken können, lassen sich die Seiten mit der Röhre schneiden. Die Röhre schneidet in Spitzenhöhe (oder knapp darunter) und sie wird um 2–3° nach oben geneigt.

Abb. 2: **Draufsicht**

Der Schrotstahl wird etwa 25 mm an seiner linken Seite angeschliffen, so daß er sowohl an der Seite als auch an der Schneidekante schneidet.

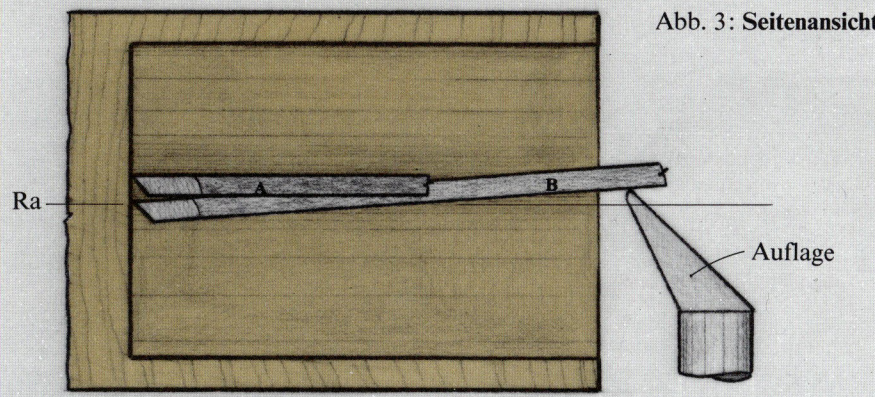

Abb. 3: **Seitenansicht**

Der Schnitt in die Ecke (A) wird über der Spitzenhöhe ausgeführt, während die Schnitte am Boden (B) genau auf Spitzenhöhe gemacht werden.

Anmerkung: Der seitlich angeschliffene Bereich von 25 mm in Abb. 2 und 3 wurde der Deutlichkeit halber übertrieben dargestellt.

Zylinder

Der inwendige Boden eines Zylinders ist immer mit den größten Schwierigkeiten verbunden. Schläge passieren leicht. Wenn Sie die Auflage nach innen drehen können, läßt sich die Innenwand des Zylinders mit der Röhre schneiden (siehe Abb. 1 links); wenn nicht, dann nehmen Sie am besten die scharfe linke Spitze eines 24-mm-Schrotstahls in schwerer und langer Ausführung. Ich bewege die Ecke quer über die Grundfläche, wie Abb. 2 zeigt. Die Schneide rundet sich hinter der Spitze ab, damit nicht zuviel in Berührung mit dem Holz kommt. Der Schrotstahl wird entlang seiner linken Seite auf einer Länge von ca. 25 mm angeschliffen, so daß er sowohl an seiner Seite als auch an der Schneidekante schneiden kann (Abb. 2 und Abb. 3). Innenkanten in Zylindern sind eine unangenehme Angelegenheit und sollten sehr sachte angegangen werden. Arbeitet das Werkzeug vom Zentrum nach außen, verkantet es sich wahrscheinlich an der Seitenwand. Arbeitet es an der Innenwand nach unten, verkantet sich die Schneide wahrscheinlich auf dem Boden. Drücken Sie in jedem Falle das Werkzeug nur leicht ein und passen Sie auf, daß nicht ein zu großer Teil der Schneide oder der angeschärften Seite das Holz auf einmal erwischt.

Ich habe einmal eine Serie von Küchenbehältern mit einer Breite von 200 mm und einer Tiefe von 150 mm gedreht. Diese Zylinder erwiesen sich als sehr zeitaufwendig und in der Herstellung als zu teuer. Häufig traten Schläge auf, als ich so weit von der Auflage entfernt den Boden der Aushöhlung fertigarbeiten wollte. Wenn ich sie noch einmal herstellen müßte, umginge ich das schreckliche Aushöhlen, indem ich einfach einen Boden aufleimen würde. (Ich könnte auch die Innenseite unregelmäßig lassen und nur die Außenseite drehen.) Die Behälter würden sich dann auch nicht so stark werfen.

Verfeinern der Form

Wenn Ihnen die Arbeit Spaß macht und Sie die Gestaltung der Außen- und Innenseite einer Schale mit Röhren und Schrotstählen ziemlich sicher beherrschen, können Sie folgendes ausprobieren: Spannen Sie die Schale in ein Klemmfutter, um den Fuß und die Standfläche feiner zu bearbeiten. Die Fotos auf dieser Seite zeigen die Herstellung eines Klemmfutters zur Aufnahme des Randes einer Schale aus Esche.

(Näheres über Klemmfutter finden Sie auf den Seiten 32–33.)

Messen Sie als erstes den Außendurchmesser des Schalenrands mit einem Greiftaster und übertragen Sie ihn auf eine flache Scheibe, die auf eine Planscheibe montiert wurde. Stechen Sie auf der Zirkellinie eine 12 mm tiefe Nut ein, die sich nach hinten um 1°–2° verjüngt. Sie können dafür den Flachmeißel als Schruppstahl einsetzten, aber probieren Sie es einmal mit einer 6-mm-Röhre, wie auf dem Foto auf

Für die Herstellung eines Klemmfutters müssen Sie den Schalendurchmesser auf die Stirnseite des Futters übertragen (oben und rechts). Innerhalb der Linie stechen Sie entweder mit dem Flachmeißel in Schrupptechnik oder mit der 6-mm-Röhre (unten) eine Nut ein, die um 1–2° konisch zuläuft. Klopfen Sie die Schale in die Nut und überzeugen Sie sich durch ein paar Umdrehungen von Hand, daß sie zentrisch läuft.

S. 134 links unten. Dies ist eine gute Übung für einen genauen Einstich aus der Luft. Ihre obere Hand muß dazu einen sicheren Rückanschlag auf der Auflage bilden. Halten Sie die Röhre zur Seite (die Klingenoberkante zeigt zum Zentrum) und führen Sie sie entweder in einem Bogen ins Holz oder drücken Sie sie unter genauer Kontrolle gerade ins Holz hinein.

Nachdem Sie die Schale eingepaßt haben, beginnen Sie mit leichten Schnitten, die Standfläche zu bearbeiten. Sämtliche Schläge bei dieser Einspannmethode führen dazu, daß die Schale aus dem Futter schnellt. Ich versuche, meine obere Hand im Sinne eines beweglichen Reitstockes gegen die Mitte der Schale zu drücken (siehe Foto rechts unten), während mein Daumen auf der Auflage bleibt und den Kontakt zum Werkzeug herstellt. Für all diese Arten von Arbeiten benütze ich eine flache 6-mm-Röhre mit Fingernagelschliff. Ich dringe mit der Schneide in einer Reihe von kleinen Bögen ein und schabe mit dem unteren Teil der Schneide. Meine untere Hand dreht das Werkzeug (gegen den Daumen meiner oberen Hand) und garantiert durch einen sicheren Griff des Hef-

tes, daß das Werkzeug immer im selben Winkel gedreht bleibt.

Achten Sie darauf, daß der obere Teil der Schneide das Werkstück nicht berührt, sonst gibt es einen Schlag. Obwohl ein Schälschnitt das beste Oberflächenfinish ergibt, nehme ich häufig hier lieber den weniger riskanten feinen Schabschnitt, bei dem das Werkzeug an seiner Seite schneidet und ein Schlag am wenigsten wahrscheinlich ist. Es ist ebenfalls eine gute Technik, um die Schraubenlöcher einer Planscheibe oder die Abdrücke vom Backenfutter zu entfernen.

Wenn Sie einmal mehrere geöffnete Schalen mit einer Wandstärke von 10 mm gedreht haben und Sie sich nach einer Herausforderung sehnen, versuchen Sie sich doch an einer dünneren Version derselben Form. Nehmen Sie die Wandstärke auf 6 mm oder 3 mm ab. Dies erfordert von Ihnen einen wesentlich genaueren und disziplinierteren Umgang mit denselben Techniken. Wenn es Ihnen gelingt, haben Sie eine Bestätigung für Ihre Leistung. Meine Workshop-Teilnehmer kann ich meistens zu einer superdünnen Schale überreden. Ich sehe darin eine Art Stärkung des Selbstbe-

wußtseins. Nach dieser Arbeit ist die Herstellung einer etwas dickeren (meist auch praktischeren) Schale ein Kinderspiel. Ansonsten sehe ich keine Veranlassung für hauchdünne Schalen, da sie technische Probleme aufwerfen. Die bloße Zurschaustellung alleine ist noch kein Grund dafür. Machen Sie eine oder zwei zur Stärkung Ihres Selbstbewußtseins und kehren Sie dann in die Realität zurück.

Sobald die Wand dünner wird, fängt das Ganze an zu schlingern. Dies wird ausgelöst durch ein Übermaß an Druck des Werkzeugs auf das Holz. Es beginnt sich zu biegen und zu vibrieren und es entstehen die typischen parallelen Furchen (diesen Effekt können Sie natürlich gezielt als Oberflächengestaltung einsetzen, wenn Sie den Dreh heraushaben!). Lange bevor Sie das Schlingern optisch wahrnehmen, können Sie es hören. Wenn Sie zu kraftvoll schneiden, erhöht sich das Laufgeräusch in ein schrilles Kreischen. Je dünner die Wand, desto durchdringender der Lärm. Sie können dies abstellen, indem Sie weniger Druck auf das Werkzeug ausüben und Ihre Finger von hinten her die Schneidestelle unterstützen.

Wenn es Ihnen keine Mühe mehr bereitet, eine offene, nach außen fließende Schalenform herzustellen, steigern Sie den Schwierigkeitsgrad und stellen eine geschlossene Form her, deren Wände sich zu einer engen Öffnung schließen. Die normalen Werkzeuge sind bei dieser Angelegenheit unpraktisch, da die Arbeitswinkel durch die Form sehr eingeschränkt sind. (Meine Kurzbettdrehbänke, bei denen ich den Reitstock abmontieren kann, sind hierfür geradezu ideal, denn ich kann ungehindert um die Stirnseite herumgehen und aus jedem Winkel arbeiten.) Der Fasenanschliffswinkel ist hier besonders bedeutsam. Die Fase muß um so länger sein, je mehr ich den Rand unterschneide. Ich verwende eine enge Röhre mit einer lang angeschliffenen Fase auf der linken Seite und einer ausgesprochenen Führungsspitze am Fasenansatz. Damit mache ich

Nachdem die Schale im Klemmfutter sitzt, drehen Sie den Fuß mit einer 6-mm-Röhre mit Fingernagelschliff. Mit Ihrer oberen Hand können Sie die Schale zusätzlich abstützen.

einen Spezialschnitt vom Rand nach außen bis zu dem Punkt, wo die Wandkurve wieder in Richtung Standfläche zurückschwingt. Nach diesem Punkt verwende ich Schrotstähle oder Röhren mit einer steileren Fase. Zur besseren Unterstützung sollten Sie die Auflage im 90°-Winkel zum Werkzeug einstellen. Wenn die Auflage in einem anderen Winkel zum Schrotstahl steht und das Werkzeug geneigt wird, schneidet die Schneide das Holz ebenfalls in einem anderen Winkel. Zwar übt dann das Werkzeug einen schälenden Schnitt aus, läßt sich aber weniger gut kontrollieren.

In einem Stadium wie diesem, wo Sie noch die Grundlagen des Handwerks erlernen, ist es sehr wichtig, das Profil einer Wand nachzuarbeiten. Sie können ja das eine oder andere Frühwerk aufbewahren – sozusagen als Beweismittel für später. Aber ich fordere Sie mit allem Nachdruck dazu auf, einige Ihrer ersten Versuche in der Mitte durchzusägen, wie Sie es unten sehen können. Auf diese Art und Weise sind Sie in der Lage zu prüfen, inwiefern Wunschvorstellung und tatsächliche Ausführung auseinanderklaffen. Schleifen Sie das Profil mit der Maschine oder von Hand und übertragen Sie notfalls die

Außenlinien auf Papier. Sie erkennen nun deutlich, wie die Linien fließen (oder ob sie überhaupt fließen), ob Innen- und Außenkurve miteinander harmonieren und wo man mehr Holz hätte belassen oder entfernen müssen, um das Gleichgewicht oder die haptischen Eigenschaften zu verbessern. Heute noch halbiere ich von Zeit zu Zeit Schalen. Schalen mit etwas bedenklicher Qualität schneidet man besser auseinander und lernt aus den Fehlern, als daß sie einem bei einer öffentlichen Präsentation den Ruf verderben.

Sie lernen viel, wenn Sie Schalen in zwei Hälften sägen, um ihren Querschnitt zu analysieren. Das versetzt Sie in die Lage, die Beziehung von Innen- und Außenkurve zu klären und Anhaltspunkte für die Verbesserung Ihrer Technik zu bekommen.

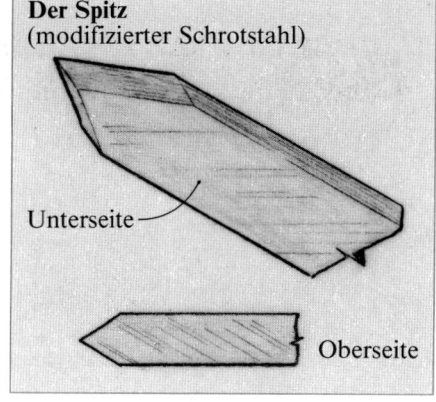

Der Spitz
(modifizierter Schrotstahl)

Unterseite

Oberseite

Mit dem zur Seite gehaltenen, wie einen Schrotstahl benutzten Flachmeißel stechen Sie kleine Nuten ein.

Dekorationen

Es gibt Fälle, wo dekorative Nuten, Hohlkehlen oder fortlaufende Rundstabprofile nicht fehlen sollten. Nuten und Hohlkehlen sind relativ einfach, da sie in eine fertige Oberfläche eingestochen werden. Bei Rundstäben ist das etwas anderes. Ich bin der Meinung, daß Profilbänder so aussehen müssen, als ob sie auf einer fertigen Oberfläche nachträglich angebracht worden wären. Die Form, auf der das Band sitzt, muß sich flüssig durchziehen, bis auf den Fall, wo das Band an einem abrupten Richtungswechsel des Schalenprofils sitzt. Wenn die Grundform nicht überzeugend genug unter dem Rundstab oder einem anderen erhabenen Profil durchfließt, schaut das Ganze unbefriedigend aus. Unter kommerziellen Gesichtspunkten sind Nuten und Hohlkehlen interessanter. Sie unterbrechen eine Oberfläche optisch recht wirkungsvoll und sind leichter zu schneiden als Rundstabprofile.

Nuten und Hohlkehlen

Das einfachste wäre eigentlich, einen flachen Schrotstahl gerade ins Holz zu drücken, und man hätte eine Nut oder eine Hohlkehle. Aber ein elegant geführter Schälschnitt sieht bei weitem besser aus. Da aber Schälschnitte im rechten Winkel zur Oberfläche ausgeführt werden, können viele normale Werkzeuge an Innenkurven nicht eingesetzt werden. Wo Sie eine Nut an gewölbten Innenformen einstechen müssen, ist möglicherweise das Zurechtschleifen eines Spezialwerkzeugs erforderlich. Zu diesem Zweck hebe ich alte Flachmeißel, Abstechstähle und Schrotstähle auf. Glücklicherweise kommt man an Außenflächen leichter bei und kann nahezu jede Dekoration anbringen.

Hohlkehlen schneiden Sie mit Röhren auf dieselbe Art wie beim Langholzdrehen. Nuten schneidet man in konvexe oder plane Flächen mit dem zur Seite gehaltenen Spitzstahl (modifizierter Schrotstahl) oder dem Flachmeißel. Die lange Spitze des Flachmeißels eignet sich besser, wenn man auf genau dieselbe Art Nuten einstechen will, wie in Langholzspindeln. Wegen der veränderten Maserungsrichtung an der Außenseite einer Schale ist die Möglichkeit eines Rückschlages größer. Halten Sie deshalb das Werkzeug in festem Griff und achten Sie darauf, daß es nicht seitwärts in die eine oder andere Richtung abweicht. Beim Einstechen von Nuten oder Hohlkehlen in die ebene Fläche einer Servierplatte muß Ihr Griff außerdem noch der Zentrifugalkraft standhalten, die das Werkzeug nach außen schleudern kann. Natürlich ist es weniger riskant, Nuten mit dem Schrotstahl einzustechen, aber die saubere Oberfläche, die Sie nur mit dem Flachmeißel erhalten, ist es wert, beharrlich und ausdauernd weiterzuüben.

Rundstabprofile

Ich lasse einen rechtwinkligen Vorsprung geschruppt stehen (siehe Foto unten), während ich die umliegende Oberfläche zu Ende arbeite.

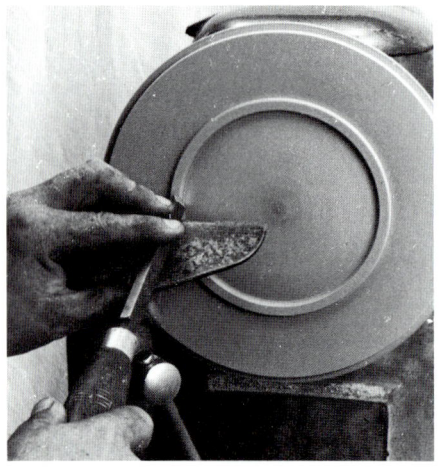

Lassen Sie einen rechtwinkligen Vorsprung für das Rundstabprofil stehen, während Sie die umliegende Fläche fertig arbeiten (oben). Mit der langen Spitze des Flachmeißels legen Sie die Seiten der Rundstäbe fest (Mitte). Dann legen Sie das Werkzeug um und runden die Ecken der kleinen Rundstäbe in einem Schabschnitt ab.

Es ist schwierig, Rundstabprofile zu schälen, da sie meist klein sind und die Fase keine befriedigende Gleitfläche hat. Fangen Sie mit Profilen von mindestens 10 mm Breite an.

Wo zwei oder mehr Bänder zusammentreffen, lege ich zunächst ihre Seiten mit der langen Spitze des Flachmeißels fest. Diesen Vorgang sehen Sie in der Mitte links. Danach runde ich die Ecken mit der Röhre ab. Falls die Profilbänder sehr klein sind, verwende ich nur den Flachmeißel. Ich schneide die Seiten mit der langen Spitze, dann lege ich das Werkzeug wie einen Schrotstahl um und runde die Ecken ab (unten links).

Größere Profilbänder können Sie mit der Röhre schneiden, wie auf der Zeichnung unten zu sehen ist. Sie müssen dazu das Werkzeug in einem festen Übergriff halten, damit Sie die Schneide zu Beginn des Schnittes in einem Bogen schwenken können. Der Vorgang ist derselbe wie das Einstechen von Bändern in Langholz mit der Röhre (S. 87). Lassen Sie zu Beginn des Schnittes das Werkzeug nach oben zeigen, drehen Sie es dann, so daß es am Ende des Schnittes auf der Seite liegt. Schließt das Werkzeug nicht auf seiner Seite den Schnitt ab, bekommen Sie keinen sauberen Abschluß des Bandes. Wenn die Seite des Profilbandes Gestalt annimmt, muß das Werkzeug nicht nur quer über die Auflage bewegt, sondern auch gedreht werden. Wie immer sollten Sie gegen Ende des Schnittes etwas langsamer werden und die Schneide leicht nach vorne drücken, damit Sie am Auftreffen des Bandes auf der Oberfläche eine scharfe Kante erhalten.

Meistens schneide ich einen Rundstab in einer Reihe von Bögen (entweder seitwärts oder nach unten). Das Werkzeug bewege ich auf einem fixen Angelpunkt auf der Auflage. Es schwingt wie ein Ruder im Dollen. Dadurch habe ich mehr Kontrolle über die Schneide, denn das Werkzeug dreht sich nur auf der Auflage und bewegt sich nicht quer darüber oder an ihr entlang.

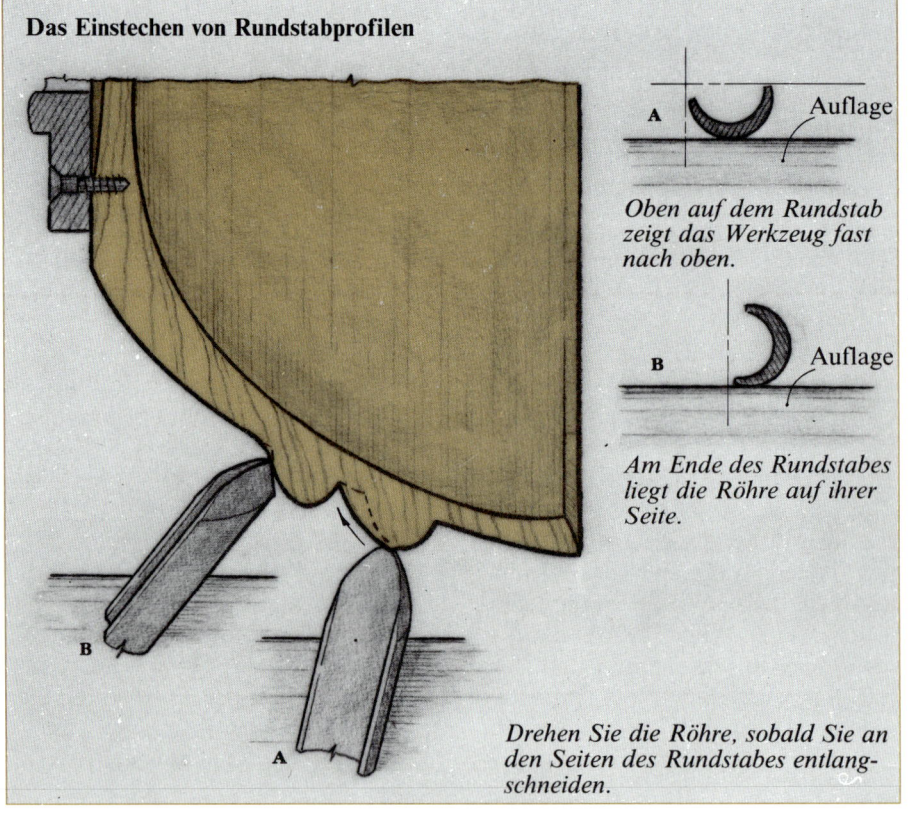

Das Einstechen von Rundstabprofilen

A — Auflage

Oben auf dem Rundstab zeigt das Werkzeug fast nach oben.

B — Auflage

Am Ende des Rundstabes liegt die Röhre auf ihrer Seite.

Drehen Sie die Röhre, sobald Sie an den Seiten des Rundstabes entlangschneiden.

Trocknen von Schalen

Meine Schalen trockne ich folgendermaßen. Ich drehe sie aus grünem Holz grob heraus, mit einer Wandstärke von ¹⁄₁₀ des Schüsseldurchmessers; z. B. 25 mm Stärke bei einem Schalendurchmesser von 250 mm. Die Wand sollte vom Rand zum Boden eine gleichmäßige Stärke haben, damit sie auch gleichmäßig abtrocknet. Dann staple ich die Schalen an einem luftigen Ort (ohne direkte Sonneneinstrahlung) mindestens drei Monate locker aufeinander. Das funktioniert eigentlich ganz gut. (Ein Verwerfen findet kaum statt, da durch das Ausdrehen so gut wie keine Spannung mehr vorhanden ist. Deshalb drehe ich oft auch trockenes Holz grob ab und gebe ihm ein paar Tage Stabilisierungszeit, bevor ich es fertigdrehe.)

Profis können sich einen Vorrat grob gedrechselter Schüsseln halten. Amateure, insbesondere Anfänger, könnten beim Grobdrechseln die Techniken mit der Röhre üben und später, wenn sie ihre handwerklichen Fertigkeiten weiterentwickelt haben, mit wahrscheinlich größerem Erfolg die Schalen fertigdrechseln. (Schreiben Sie immer das Datum auf eine Grobform.)

Polyethylenglykol (PEG) wird weithin als einziges Gegenmittel gegen Werfen empfohlen. Ich selbst habe es niemals angewendet, denn viele Profis, die ich kenne, haben den Gebrauch bald wieder eingestellt. Sie haben herausbekommen, daß der Vorgang genausoviel Zeit in Anspruch nimmt wie der Lufttrocknungsprozeß und daß PEG die Möglichkeiten der Oberflächenbehandlung stark einschränkt. Und was mich am meisten stört: Sobald das im Holz eingelagerte Wasser durch PEG vollständig ersetzt wurde, besteht die Schale praktisch zur Hälfte aus Kunststoff.

Seit Ende der 70er Jahre experimentierten Drechsler mit dem Mikrowellenherd als Holztrocknungsmittel. Ich habe auch versucht, damit das Trocknen grober Schalen zu beschleunigen. Doch ich finde, die Mikrowellen-Trocknung eignet sich nicht zum kommerziellen Einsatz. Ich kann sie niemandem als gängige Methode empfehlen. Es scheint so, als ob die meisten Mikrowellenherde nur etwa 25 mm Holz ausreichend durchdringen können. Dünneres Holz können Sie ohne weiteres trocknen, aber der Prozeß ist zeitaufwendig. Man muß die einzelnen Stücke mehrmals für kurze Zeit in den Ofen schieben.

Ich benutze den Mikrowellenherd nur, um ganz zarte, grün gedrechselte Schalen zu trocknen (viele Schalen im Bildteil sind mikrowellengetrocknet). Der dickste Teil dieser Stücke liegt im Fuß, ist aber immer noch dünner als 25 mm. Das Wasser im schlagfrischen Holz erhitzt sich schnell und obendrein noch gleichmäßig. Eine 150 × 75 mm große Schale mit einer Wandstärke von 5 mm wird innerhalb von 2½–3 Minuten heiß und biegsam. In diesem Zustand läßt sie sich in eine andere Form biegen und wird während des Erkaltens (ca. 5 Minuten) so festgehalten. Mit dieser Technik habe ich ovale Schalen hergestellt (wie die Stechpalmenschale auf S. 166). Dadurch akzentuiere ich die natürliche Verformung. Aber am liebsten verlasse ich mich auf das natürliche Verwerfen des Holzes. Um zu der gewünschten Form zu kommen, schneide ich den Rohling mit großer Sorgfalt und richte ihn dann an der Drechselbank aus. (Das geschieht normalerweise zwischen Spitzen.) Ich wähle ein Holzstück mit ebenmäßiger Maserung, wo die Ringe symmetrisch um den Kern verlaufen. Eine nach außen fließende S-Form bekommt einen welligen Rand; eine Parabolkurve wird oval.

Diese Schalen wurden aus feuchtem Holz in Grobform gedreht. Sie werden für mehrere Monate zur Lufttrocknung beiseite gestellt und anschließend fertig gedrechselt.

Herstellen einer Schale

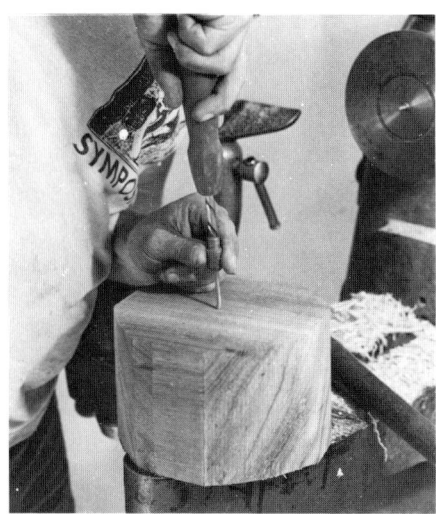

1. Wählen Sie einen 100 × 200 mm großen Holzblock aus (jedes dichte Hartholz
ist geeignet) und bohren Sie ein Schraubenloch für das Scheibenfutter vor. Sägen
Sie auf einer Bandsäge den groben
Abfall an den Seiten ab. Die Seite, die
auf dem Scheibenfutter befestigt wird, ist
später die Oberseite.

2. Schneiden Sie zuerst die Kante ab und
drehen Sie dann die Standfläche mit
einer 12-mm-Röhre plan. Bearbeiten Sie
die untere Kurve mit einem leichten
Schabschnitt.

3. Die Standfläche wird mit einem
Schälschnitt gearbeitet.

4. Sobald etwas mehr Holz entfernt ist
und die Form sich entwickelt, glätten Sie
die Kurve mit einem Schälschnitt mit
dem unteren Teil der Schneide.

5. und 6. Formen Sie allmählich den Fuß
und entwickeln Sie die Kurve mit einem
Schabschnitt weiter.

8. Mit einer flachen 6-mm-Röhre schälen Sie die Kurve in Richtung Fuß. Das ist einer der wenigen Augenblicke, wo Sie gegen die Maserung schneiden. Seien Sie also vorsichtig, schälen Sie nur feine Späne ab und halten Sie das Werkzeug fest und sicher. Bei diesem Schneidevorgang können Sie auch den Absatz des Fußes für die Aufnahme in ein Dreibakkenfutter speziell bearbeiten (ca. 6 mm).

7. Fahren Sie mit einem schälenden Spezialschnitt fort. Die Klingenoberkante zeigt nach oben. Die Röhre schneidet mit einer an die vertikale Seite der Schneide angeschliffenen Spitze.

10. Nehmen Sie nun wieder die 6-mm-Röhre und schneiden Sie im schälenden Spezialschnitt rund um die gesamte Kurve. (Vergessen Sie nicht, die Kante auf der gesamten Länge abzuschneiden, sonst splittert sie ab.) Mit diesem Schneidvorgang sollte die Außenfläche beendet sein. Die Form ist glatt und fließend.

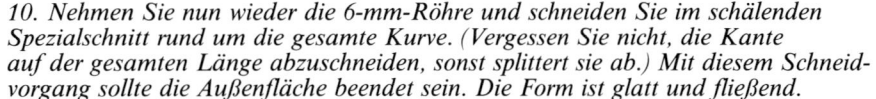

9. Nehmen Sie einen Schabschnitt mit dem unteren Teil der Schneide einer 12-mm-Röhre vor und glätten Sie die Kurve. Entfernen Sie auch die Werkzeugspur aus dem letzten Schneidvorgang.

Herstellen einer Schale (Fortsetzung)

12. Die Schalenaußenform ist nun fertig und kann ins Zangenspannfutter eingespannt werden. An der Kurve ist kein aufgestelltes Hirnholz zu sehen. Kleinere Werkzeugspuren können nachträglich geschliffen oder mit einem leichten Schabschnitt entfernt werden.

11. Wenn Sie die Schale nicht in ein Dreibackenfutter, sondern in ein Zangenspannfutter spannen wollen, übertragen Sie den Durchmesser des Futters mit dem Zirkel auf den Schalenfuß und stechen Sie eine Nut für die Spannzange ein. Dann drehen Sie den Fuß mit demselben Schabschnitt wie beim größeren Fuß kleiner.

14. Legen Sie die Tiefe der Schale mit einem Bohrer (oder einer kleinen Röhre) im Loch im Zentrum an.

13. Nun befindet sich die Schale im Zangenspannfutter. Drehen Sie die Stirnseite mit einer tiefen 12-mm-Röhre plan.

15. bis 17. Höhlen Sie die Schale mit einer tiefen 6-mm-Röhre aus. Schneiden Sie vom Rand zum Zentrum, vom größeren zum kleineren Durchmesser, und drücken Sie gegen das Futter.

18. Verfeinern Sie die Innenform mit Röhren, bis sie übergangslos glatt ist und die Beziehung zur Außenkurve stimmt. Stützen Sie eine dünne Wand durch Ihre Hand ab.

19. Arbeiten Sie die Innenseite durch leichte Schnitte mit einem abgerundeten Schrotstahl fertig. Das Werkzeug liegt flach auf der Auflage und schneidet knapp über Spitzenhöhe.

Herstellen einer Schale (Fortsetzung)

20. Stellen Sie ein Klemmfutter für die Aufnahme des Schalenrandes her. Damit wird die Schale für die Endformung des Fußes umgekehrt wieder eingespannt. Drehen Sie die Scheibenfläche plan und übertragen Sie den Außendurchmesser der Schale mit dem Zirkel auf die Fläche.

21. und 22. Stechen Sie eine leicht konisch zulaufende Nut ein (oben) und passen Sie die Schale ein (rechts).

23. bis 25. Drehen Sie den Fuß mit einer flachen 6-mm-Röhre weg, mit deren unterer Schneide Sie eine Reihe von Schabschnitten ausführen. Drehen Sie das Werkzeug auf der Auflage, damit die Schneide in einem Bogen arbeitet.

26. und 27. Nach einem letzten Schabschnitt (links) arbeiten Sie die runde Standfläche durch einen leichten Schälschnitt fertig (rechts), der gegen die Maserung ausgeführt wird.

28. und 29. Die fertige Schale schneiden Sie in zwei Hälften, um die Güte Ihrer Arbeit überprüfen zu können. Dann starten Sie einen nächsten Versuch. Achten Sie auf fließende Kurven und prüfen Sie mit Greiftastern den Fortschritt Ihrer Arbeit.

8

Bemerkungen zum Finish

Viele Holzgegenstände in unserer Umgebung erhalten allein durch ihren Gebrauch eine schöne Oberfläche. Denken Sie zum Beispiel an die Handläufe alter Treppen, an das altgediente Heft einer Gartensichel, eines Rechens oder eines Holzhammers oder an die Armlehne oder den Sitz eines geliebten Stuhles. Alles bekam durch schweißige Hände eine gläzende und angenehme Patina.

Falls Sie hier ein Kapitel erwarten, das vollgepackt ist mit Informationen über Politurzusammensetzungen, chemischen Formeln und Versiegelungen, muß ich Sie enttäuschen. Wenn Sie eine Schale haben wollen, die wie Kunststoff aussieht, dann sollten Sie sich auch eine solche kaufen. Mißhandeln Sie nicht Holz mit Polyurethan. Ich mag auch keine Behandlung mit Hartwachsen. Die synthetische Oberflächenbehandlung vollbringt Wunder für den Augenblick, in dem das Stück die Werkstatt verläßt, aber nach vielen Jahren sieht es immer noch gleich aus. Nichts kann durch die Oberfläche eindringen, also kann das Holz seinen Charakter nicht entwickeln und bekommt niemals die Patina eines naturbelassenen, in Gebrauch befindlichen Stücks.

Ich neige dazu, die Oberfläche ungeschliffen und sogar ohne Finish zu belassen – so wie sie durch das Werkzeug entstanden ist –, weil ich weiß, wie gut Holz in seinem ausgetrockneten, altehrwürdigen Zustand aussieht. Aber die Kunden kommen vermutlich mit der Vorstellung von einer hochglanzpolierten Polyurethan-Oberfläche zu mir. Also habe ich den goldenen Mittelweg eingeschlagen und verwende ein Finish aus Öl und Wachs, das die sinnliche Qualität des Holzes akzentuiert, aber nicht zudeckt. Dann bleibt es dem zukünftigen Besitzer freigestellt, ob er das Stück entweder ölen oder polieren möchte.

Schleifmittel

Obwohl mein Finish aus Öl und Wachs in jede Oberfläche eingelassen werden kann, schleife ich im allgemeinen das Werkstück mit Schmirgelpapier glatt, hauptsächlich, um der Erwartung meiner Kundschaft Genüge zu tun. Schleifpapiere werden gemäß ihres Körnungsgrades und der Dichte der Streuung auf dem Papier gekennzeichnet. Meine gebräuchlichsten Papiere liegen zwischen P40 (grob) und P220 (fein). Ich halte sie mit der Hand an das drehende Holz. Man kann mit den einzelnen Körnungsgraden verblüffende Ergebnisse erzielen. Manchmal sieht es so aus, als ob sie genauso schnell wie Flachmeißel schneiden, aber sie hinterlassen eine rauhe und zerkratzte Oberfläche. Ich benütze am häufigsten Papiere mit den Körnungen P80, P100 und für dichte Hölzer P180 und P220. Normalerweise beginne ich mit dem P80-Papier, aber aufgestelltes Hirnholz auf Querholzarbeiten wird damit nicht glatt; dafür nehme ich alte, z. T. verschlissene Schleifbänder auf Leinengrund. Die P40-Schleifbänder glätten fast alles, hinterlassen aber

tiefe Kratzer. Nach dem P40-Schleifband gehe ich über zu P50-, dann zu P80-, P100- und zuletzt zu P180-Papieren. Mit dem P180-Papier schleife ich so lange, bis die Reibfläche ganz abgetragen ist. Dies verleiht der Oberfläche einen gewissen Glanz. Meiner Meinung nach reicht ein Finish mit dem P180 völlig aus. Auf manchen feinporigen oder härteren Hölzern wie afrikanisches Blackwood, Mulga, indisches Laurel oder Cocobolo verwende ich noch das P220-Papier oder die allerfeinste 0000-Stahlwolle.

Die Kardinalregel beim Schleifen: Gehen Sie erst dann auf eine feinere Körnung über, wenn alle Kratzer des letzten Schleifvorgangs entfernt sind. Auf der gleichmäßig geschliffenen Fläche dürfen keine tieferen Kratzer mehr zu sehen sein. Leider passiert es manchmal, daß ein hervorstehendes Korn einen tieferen Kratzer verursacht. Deshalb ziehe ich das Papier in einem letzten, gleichmäßigen und langsamen Durchgang noch einmal über die Stirnseite oder entlang der Mittelachse eines Werkstücks, bevor ich

Ein fachgerechter Einsatz eines scharfen Werkzeugs hinterläßt eine saubere Oberfläche, wie auf dem rechten Abschnitt dieser Scheibe. Die linke Seite sollte nachgeschnitten werden.

Die Abstufungen der Körnungsgrade sehen Sie hier auf dieser Scheibe aus Tasmanischer Myrte. Vom Rand nach innen: P40, P80, P100, P180 und P220.

zum nächst feineren Papier übergehe. Eine Zickzackbewegung gibt mehr Kratzer. Ich schleife immer mit dem größtmöglichen Druck; aber wenn Sie zu fest und zu lange auf einer Stelle schleifen, entstehen eine hohe Reibungswärme und Risse in fast allen Hölzern (Eibe und afrikanischer Nußbaum sind prädestiniert dafür). Oft ist es besser, Sie schleifen bei niedriger Drehzahl, besonders bei großen Querholzarbeiten, wo die peripheren Geschwindigkeiten sehr hoch sind. Bei zu hoher Drehzahl streicht das Papier mehr über die Oberfläche, als daß es schleift. Wenn ich an einer stufenlos regulierbaren Drechselbank arbeite, senke ich die Geschwindigkeit um 10–15%.

Häufig wische ich nach dem ersten Schleifgang mit dem P80-Papier etwas Öl auf das Holz, um die Maserung aufzustellen. Das Papier verstopft schnell, man kann es aber am Bett der Drechselbank leicht abklopfen. Allerdings verwende ich kein Öl mehr bei einer feineren Körnung als P100, weil sich das Papier in Windeseile verstopft und unbrauchbar wird. Ich habe schon Granat- und Aluminiumoxid-Papier benutzt, aber heute verwende ich am liebsten das Siliziumkarbid-Papier mit der höheren Effektivität und Lebensdauer. Ich kaufe es in Blättern und nicht in den abgepackten Rollen, weil ich eine leichte Ausführung des Papiers bevorzuge. Das Sandpapier auf der Rolle ist schwerer und besser für professionelle Schleifmaschinen und Schleifböcke geeignet. Diese schweren Papiere hinterlassen hartnäckige Ecken und Kanten und vergrößern die Wahrscheinlichkeit von Kratzern, besonders an konkaven Flächen.

Ich viertle die Blätter in etwa 100 × 150 mm große Stücke und falte jedes jeweils zu einem Drittel zusammen, so daß keine Schleifseite mit der anderen in Berührung

Gehen Sie erst auf ein feineres Papier über, wenn alle Schleifspuren vom vorigen Körnungsgrad entfernt sind. Auf diesem Rundstab aus Sassafras (nordamerikanischer Lorbeer) sehen Sie die Kratzer der unterschiedlichen Schleifmittel. Von links nach rechts: P24, P40, P80, P100, P180 und P220 sowie 0000-Stahlwolle.

kommt. Obendrein bildet es eine Art Polster und läßt sich leichter greifen. Nur einmal zusammengefaltetes Papier faltet sich gerne auf und wird schneller abgenutzt. Wickeln Sie niemals Schleifpapier um einen Holzstab oder um Ihre Finger! Halten Sie das gefaltete Blatt zwischen Ihren Fingern und dem Daumen und drücken Sie es gegen das sich drehende Holz.

Passen Sie auf, daß Ihre Hand nicht in den Bereich A (in der Zeichnung auf S. 148) abrutscht, wenn Sie inwendig oder an flachen Formen schleifen. Die nach oben

gerichtete Drehung des Holzes erfaßt ganz leicht das Schleifpapier und reißt womöglich Ihre Hand auf der Umdrehungsbahn nach oben. Von hier aus schnellt Ihre Hand nach vorne und wird nochmals durch den Aufwärtsschwung erfaßt. Ihre Fingerspitzen schlagen auf und werden zurückgebogen, so als ob Sie einen Kopfsprung auf Ihre gespreizten Finger machen würden. All das passiert in einem Sekundenbruchteil. Auf diese Art habe ich mir zweimal drei Knöchel gebrochen, und ich kenne auch andere Leute, denen dasselbe passiert ist.

Schleifvorgang an einer zerbrechlichen Schale aus Stechpalme. Beachten Sie, daß das gefaltete Schleifpapier nicht um den Finger gewickelt ist und daß die freie Hand die dünne Wand der Schale von hinten unterstützt.

Jeder Druck auf die Außenseite muß durch einen Gegendruck auf der Innenseite ausgeglichen werden.

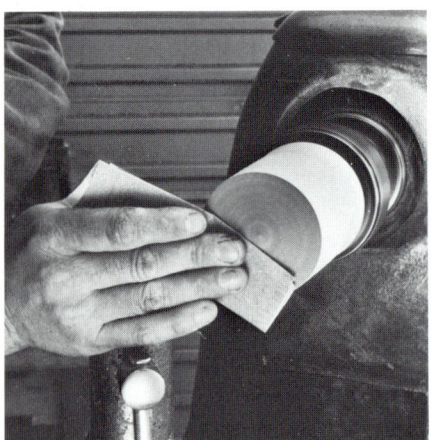

Schleifen Sie Hirnholz an Langholzarbeiten im linken unteren Viertel des Werkstückes. Dadurch wird verhindert, daß das Schleifpapier von der Drehung erfaßt und nach oben gezogen wird.

Aus Sicherheitsgründen sollten Sie beim Schleifen von Innenflächen das Papier zu sich her drücken, an Außenflächen von Querholz den Druck von oben her kommen lassen. Sehr dünnes Holz bedarf der Unterstützung durch Ihre freie Hand, genauso wie beim Drechseln sehr zarter Wandstärken. Sie sehen den Vorgang in den Fotos oben links. Langholz wird grundsätzlich entweder oben oder unten (C auf der Zeichnung) und Hirnholz im linken unteren Viertel (B) geschliffen. Passen Sie auf, daß sich das Schleifpapier nicht um das Drehgut wickelt. Um dies zu vermeiden, halten Sie den Papierstreifen an beiden Enden rund um den unteren Teil des Werkstückes fest und üben Sie Druck aus, indem Sie es nach oben ziehen, wie auf dem Foto unten. Das Wichtigste dabei: Die beiden Enden des Schleifstreifens dürfen sich nicht überlappen. Sie sollten auch daran denken, den Absaugstutzen möglichst nahe an der Schleifarbeit festzumachen.

Während des Schleifens kann die ursprünglich gedrechselte Form schnell verlorengehen. Eine Schale mit vormals entschiedener Form wird unentschlossen und fade. Runden Sie nicht solche Ecken ab, die besser als klare Kontur stehenbleiben sollten, wie z. B am Schalen- oder Tellerrand. Schleifen Sie deshalb zuerst die eine, dann die andere Seite – niemals beide gleichzeitig. Die daraus entstehende scharfe Kante sollten Sie aus Sicherheitsgründen entschärfen. Dies geschieht mit einer leichten Berührung durch das P180-Papier. Eine klare Kontur ist nicht gleichzusetzen mit einer scharfen Kante!

Wenn Sie mit Schleifen fertig sind und mit der Hand über die Holzoberfläche streichen, fühlt sich das Hirnholz oft noch ein wenig rauh an. Dies liegt daran, daß die Drechselbank sich in die eine Richtung dreht, die Fasern aber in die entgegengesetzte Richtung aufgestellt werden. Normalerweise schleife ich solche Partien bei ausgeschaltetem Motor, aber ein Schalter für Vor- und Rücklauf erleichtert

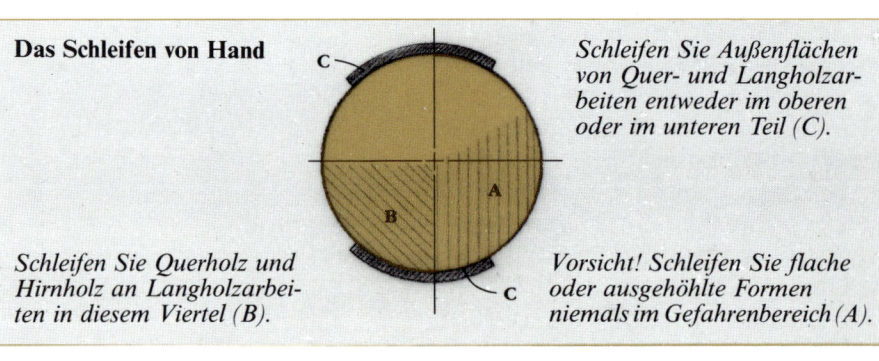

Das Schleifen von Hand

Schleifen Sie Außenflächen von Quer- und Langholzarbeiten entweder im oberen oder im unteren Teil (C).

Schleifen Sie Querholz und Hirnholz an Langholzarbeiten in diesem Viertel (B).

Vorsicht! Schleifen Sie flache oder ausgehöhlte Formen niemals im Gefahrenbereich (A).

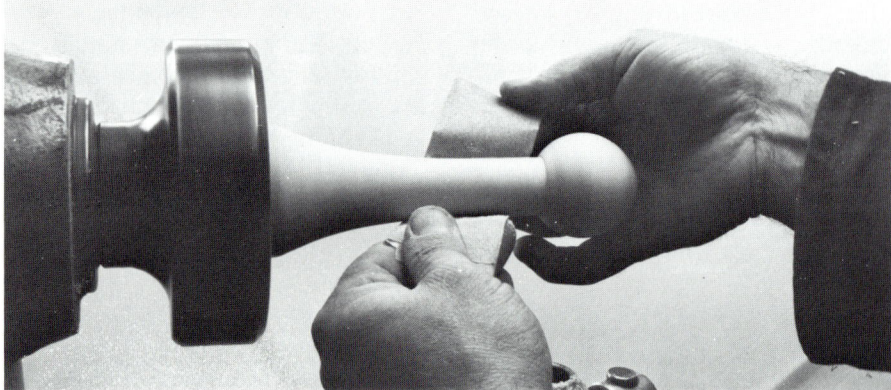

Sie können auch beide Enden des Schleifpapierstreifens festhalten und von unten her den Druck aufs Werkstück ausüben.

die Sache. (In der Regel ist eine Polumschaltung bei 380-V-Maschinen möglich.) Wenn das Werkstück sich in die entgegengesetzte Richtung dreht, können Sie all jene aufgestellten Fasern abschleifen. Der Schleifvorgang lautet dann: P80 vorwärts/rückwärts; P100 rückwärts/vorwärts; P180 vorwärts/rückwärts; Politur vorwärts. Problematisch sind lediglich die auf das Gewinde der Drehspindel aufgeschraubten Einspannfutter; selbst ein fester Sitz lockert sich während des Rücklaufs. Durch Drehen des Handrades (an der Außendrehvorrichtung) gebe ich der Drehbank eine Art Starthilfe in der umgekehrten Laufrichtung, während ich gleichzeitig den Motor einschalte. Sie können ebenso einen dünnen Metallbolzen in ein Bohrloch durch das Gewinde des Futters und durch die Drehspindel stecken.

Zwar bevorzuge ich den Kontakt zum Holz und die Kontrolle beim Schleifen von Hand, doch erziele ich mit den Schleifmaschinen – mit der Ausnahme von Rundstabprofilen, Hohlkehlen, Ecken und anderen feinen Details – ein ebenso gutes und vor allem schnelleres Ergebnis. Der Einsatz von Schleifmaschinen am drehenden Holz ist nichts Neues, aber er ist in den letzten Jahren immer beliebter geworden.

Eine Schleifpapierscheibe wird auf eine Moosgummischeibe aufgeklebt oder geklettet, das Ganze wird auf einen Winkelschleifer oder eine leichte Allround-Bohrmaschine montiert, wie Sie auf den Fotos unten rechts sehen können. Mit dem Winkelschleifer läßt sich die Arbeit besser kontrollieren, da das Maschinengehäuse sich in einem flachen Winkel zur Oberfläche befindet, die gerade geschliffen wird. Sie kann unter Ausnützung der Hebelkraft leichter bedient werden als die normale Bohrmaschine, die im 90°-Winkel zur Oberfläche steht und leicht seitlich wegschnappt.

Sowohl Schleifscheibe als auch Stützteller müssen elastisch sein, damit es, besonders in engen Hohl-

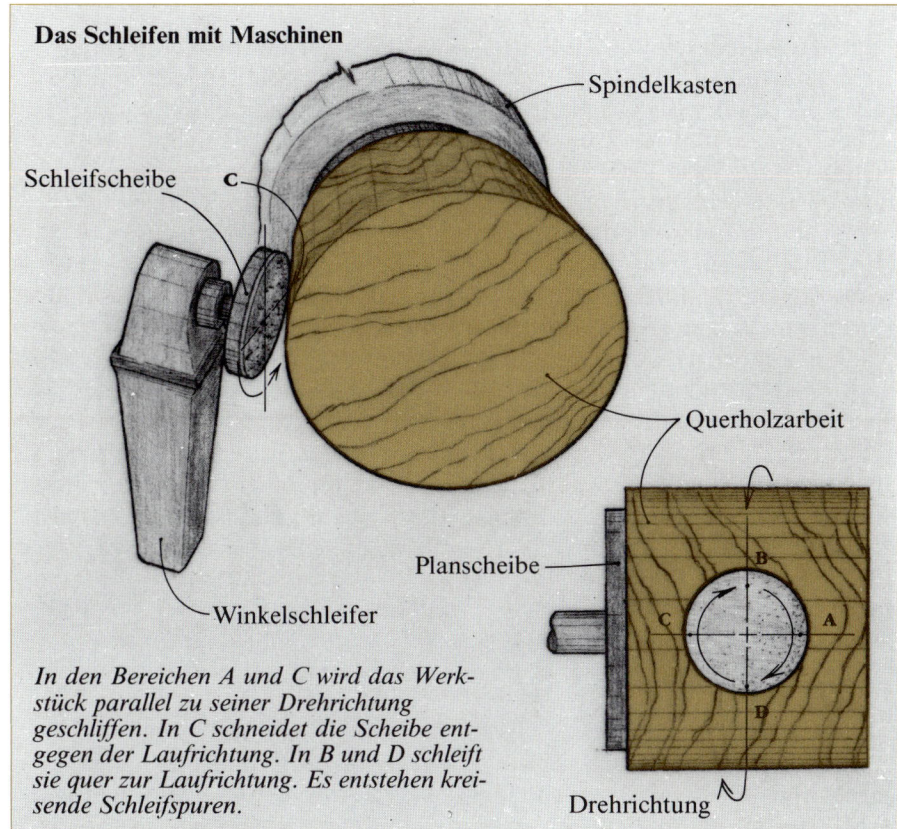

In den Bereichen A und C wird das Werkstück parallel zu seiner Drehrichtung geschliffen. In C schneidet die Scheibe entgegen der Laufrichtung. In B und D schleift sie quer zur Laufrichtung. Es entstehen kreisende Schleifspuren.

kehlen, keine Scharten gibt. (Verwenden Sie nur Haftscheiben und keine Scheiben, die mit einer Mittelschraube angebracht werden – diese lösen sich schnell in ihre Bestandteile auf.) An konvexen Flächen genügt ein steifer Haftstützteller oder auch ein runder Sander (Schwingschleifer). Wenn die Oberfläche rauh ist, fange ich mit Haftscheiben mit einem Durchmesser von 50–75 mm und P60 an. Ansonsten beginne ich mit P120 und finishe mit P180. Diese Schleifscheiben arbeiten so wirkungsvoll, daß Sie weniger Schleifdurchgänge brauchen als von Hand.

Da Schleifscheibe und Werkstück sich gleichzeitig drehen, ergeben sich je nach Position der Maschine in bezug auf das Holz ein unterschiedlicher Schleifaufwand und eine veränderte Qualität der geschliffenen Fläche. Das Holz dreht sich normalerweise an der Innendrehvorrichtung entgegen dem Uhrzeigersinn. Die meisten Winkelschleifer drehen sich im Uhrzeigersinn, aber Sie können mit jedem Teil der Schleifscheibe arbei-

Beim Schleifen einer Außenfläche mit der Maschine (oben) halten Sie die Schleifscheibe unter die Spitzenhöhe. Beim Schleifen von Innenflächen (unten) neigen Sie die Maschine vorsichtig, sodaß nur die untere Hälfte der Schleifscheibe das Werkstück im linken unteren Viertel berührt.

ten. Wenn Sie oben oder unten schleifen, schneidet die Körnung quer zur Laufbahn des Holzes - wie in B und D auf der Zeichnung S. 149 - und hinterläßt kreiselnde Schleifkratzer. Beim Schleifen von Hand entstehen Schleifspuren immer in Laufrichtung des Holzes. Um dasselbe Ergebnis mit der Maschine zu erzielen, schleifen Sie auf der einen oder anderen Seite, so daß der Lauf der Körnung und der Lauf des Holzes aufeinandertreffen (A und C auf der Zeichnung). Jedoch schleift Seite C, die sich gegen die Laufrichtung des Holzes dreht, viel schneller als Seite A, die in Richtung der Drehung des Holzes verläuft. Setzen Sie die Schleifscheibe in Spitzenhöhe oder knapp darunter an. Bewegen Sie sie ständig über die Oberfläche, um einen Hitzestau und einseitiges Schleifen auf einer Stelle zu verhindern. Sie erreichen so ein gutes Finish mit ganz wenig sichtbaren kreiselnden Schleifspuren. Beim Schleifen einer Querholzinnenseite, wie auf dem Foto unten, S. 149, drücken Sie mit dem unteren Teil der Schleifscheibe gegen das linke untere Viertel des Werkstückes oder mit dem oberen Teil gegen das untere rechte Viertel. Obwohl die Scheibe im rechten Winkel zur Laufrichtung des Holzes schleift, riskieren Sie einen Schlag an der Innenfläche, wenn Sie mit dem seitlichen Teil der Scheibe wie an Außenflächen schleifen.

Neben der Geschwindigkeit liegt der Hauptvorteil der Schleifmaschinen darin, daß schwierige Bereiche mit weniger Anstrengung als von Hand gezielt behandelt werden können. Bei den ganz rauhen und aufgerissenen Oberflächen, wie sie bei krankem Holz auftreten, ist beispielsweise eine P36-Schleifscheibe mit die letzte Rettung, um eine saubere Oberfläche zu erhalten. Schalen mit naturbelassenem Rand schleife ich mit dem Winkelschleifer. Ich lasse das Holz auf der ausgeschalteten Drechselbank mit der einen Hand vor- und zurückschwingen, während ich mit der anderen das Werkzeug in unveränderter Position halte. Dies ist mit dem Winkelschleifer wesentlich einfacher als mit der Bohrmaschine. Der Zweck der gleichbleibenden Maschinenhaltung bei sich drehendem Holz ist, daß sich die erhöhten Kanten des ungleichmäßigen Randes nicht stärker als die anderen abschleifen. Dies passiert häufig, wenn man es übertreibt. Die Vorsichtsmaßnahme verhindert, daß die Kanten ungleichmäßig abgeschliffen werden.

Die Entscheidung über ein akzeptables Finish in einer bestimmten Situation kann zum Dilemma ausarten: Es gibt kein allgemeingültiges, ideales Finish für Drehgüter. Fein geschliffene Holzrundstäbe für eine Stuhlfläche aus Weidengeflecht können möglicherweise unvereinbar sein mit dem rustikalen Charakter der dazugehörigen Sitzfläche.

Andererseits reicht bei einer Miniaturdose aus Ebenholz ein Finish durch P180 noch nicht aus, wenn P220 oder eine feinere Körnung dem Holz ein glänzendes, elegantes Aussehen verleihen und es zu einem kostbaren Gegenstand machen würden. Wenn ich Holzrundstäbe im Auftrag von Antiquitätenhändlern kopieren muß, verwende ich so gut wie keine Schleifmittel; gelegentlich bearbeite ich das Stück auch mit einem stumpfen Werkzeug ziemlich grob, so daß es möglichst echt aussieht. Ich habe schon ganze Berge von Stuhlbeinen für Möbelschreiner gedrechselt, die das fertige Produkt anschließend mit Firnis behandeln; diese schleife ich mit dem P150-Papier als Ausgangsbasis für ein weiteres Finish. In solchen Fällen schleife ich bei abgeschaltetem Motor ein letztes Mal der Länge nach über die Oberfläche, damit die Schleifspuren in Richtung der Maserung verlaufen. Die meisten meiner Schalen finishe ich mit P180, was meiner Meinung nach ihrem funktionellen Charakter voll und ganz entspricht. Werden die Schalen zu fein geschliffen, gebraucht man sie aus Angst um die Oberfläche nicht mehr. Nur die kleineren, eleganteren oder weniger funktionellen, eher dekorativen Stücke bekommen einen feineren Schliff mit Papier oder Stahlwolle.

Manchmal schleife ich auch eine Schale besonders gründlich mit P50 oder P80, um das Weichholz stärker abzutragen. Dadurch entsteht eine wellige Oberfläche. Das Resultat erzeugt die Illusion einer durch jahrzehntelangen Gebrauch etwas abgenutzten Oberfläche. Sie sieht aber nicht so aus, als ob sie künstlich auf »alt« getrimmt worden wäre, sondern vermittelt lediglich die Assoziation eines alten Treppenhandlaufs oder eines in die Hand gewachsenen, liebgewonnenen Werkzeugheftes.

Finish aus Öl und Wachs

Alles, was ich mache, ist für den
Gebrauch bestimmt; meine Schalen
bestätigen dies. Im Laufe ihrer
Lebensdauer werden sie gespült
und im Zuge der Möbelpflege mit
Politur behandelt, um die Maserung
stärker hervorzuheben. Die meisten
meiner Arbeiten - seien es nun
Handläufe, Wellhölzer, Salatschalen, dekorative Schalen oder Tür-
griffe - behandle ich folgendermaßen: Sie werden je nach ihrer
Bestimmung geschliffen oder nicht
und dann mit Pflanzenöl eingelassen. Darüber kommt ein Mantel aus
Wachs, der sich mit dem Öl verbindet und zumindest so lange einen
Schutzfilm bildet, wie die Schale im
Regal einer Galerie oder eines
Ladens steht. Eine gewachste Oberfläche bleibt länger schön als eine
geölte, die den Staub anzieht.

Ich benütze normales Koch- oder
Salatöl, weil das für denjenigen, der
letztlich die Schale pflegen muß,
jederzeit erhältlich ist. Das Öl wird
großzügig mit einem weichen Lappen über das drehende Holz ver-
teilt. Wenn es nicht völlig einzieht -
bei offenporigen Holzarten wie
Esche und Eiche kommt das häufig
vor -, halten Sie die Maschine an
und reiben es richtig hinein. Als
nächstes drücke ich einen Klumpen
Wachs gegen das drehende Holz.
Durch die Reibungswärme schmilzt
das Wachs und legt sich als dünner,
aber sichtbarer Überzug auf die
Oberfläche. Während sich das
Werkstück weiterhin dreht, reibe ich
mit einem Lappen fest darüber, so
daß das Wachs schmilzt und sich
entweder mit dem Öl verbindet oder
im Lappen hängenbleibt. Mit der
Zeit ist der Lappen so von Öl und
Wachs getränkt, daß sogar nur ein
Einreiben damit ausreicht. Am
besten eignen sich Unterwäsche
oder T-Shirts aus Baumwolle für
solche Lappen. Wenn Sie diffizile
Werkstücke bearbeiten, fangen Sie
den Druck des Wachses und des
Lappens in gleicher Weise auf, wie
Sie ein dünnes Werkstück beim
Drechseln oder Schleifen unterstützen. Denken Sie daran, niemals den

*Die Oberflächen dieser Schalen wurden
mit den einfachen links abgebildeten
Materialien behandelt. Salatöl, Paraffin
oder Bienenwachs ergeben ein
attraktives, sehr dauerhaftes und
funktionelles Finish.*

Lappen um die Finger zu wickeln;
stellen Sie sich vor, er wird von der
Drechselbank erfaßt!

Sie können jede Art von Wachs
verwenden, vorausgesetzt es ist
weich, von blasser Farbe und
undurchsichtig. Bienenwachs eignet
sich gut, eine flachgedrückte Paraf-
finkerze ist hervorragend; der
durchgängige Docht in der Mitte
verhindert, daß sie in Stücke zer-
bröckelt. Ich verwende weiches
Wachs, da es eine gute Grundlage
für spätere Pflege und weiteres
Finish jeglicher Art darstellt. Nehmen wir zum Beispiel einen kleinen
Behälter, in dem man von Briefmarken bis Currypaste alles aufbewahren kann; die Dose für Briefmarken
wird mit Möbelpolitur gepflegt,
während die Currydose hin und
wieder gespült und neu eingeölt
wird. Salat-, Reis- oder Müslischalen

müssen häufig gespült werden. Man spült sie unter heißem Wasser (nicht in der Spülmaschine!) ab, wie jedes andere Küchen- oder Tischgeschirr. Die intensive und lang anhaltende Hitze eines Geschirrspülers spaltet oder verwirft das Holz. Sobald sich das weiche Wachs mit der Zeit herausgewaschen hat, wird mit Öl wieder nachbehandelt. Harte Wachsarten, wie Karnaubawachs, werfen jedoch Probleme auf. Solange das Holz immer poliert bleibt, ist es ganz gut, obwohl es für meinen Geschmack einen zu harten Hochglanz entwickelt. Aber es mag kein Wasser. Durch Wasser oder Feuchtigkeit bilden sich auf der Oberfläche Flecken, die abgeschliffen und mit Öl nachbehandelt werden müssen. Also halte ich an meiner bescheidenen Technik fest und überlasse es dem Besitzer, wie die Schale in Zukunft aussehen soll.

Ich kann mich an zwei Kollektionen von Schalen erinnern, die auf Grund ihrer unterschiedlichen späteren Funktion auch nach unterschiedlicher Oberflächenbehandlung verlangten. Eine Reihe von Kompottschalen aus englischem Bergahorn mit einem Durchmesser von 150 mm war für den täglichen Gebrauch gedacht, sie werden oft gespült und gelegentlich mit Öl nachbehandelt. Anfangs waren sie weiß, nun tragen sie an der Außenseite einen glänzenden Goldton, im Innern einen warmen Braunton, der zum Rand hin verblaßt. Das häufige Umrühren mit dem Löffel hat eine Schleifarbeit verrichtet, wie sie von Hand mit dem Papier nicht besser hätte sein können. Die Außenfläche ist völlig glatt. Die etwas größeren Salat- und Servierschalen derselben Produktionsreihe sind auf dem besten Weg, das gleiche hübsche Finish und die Qualität der Oberfläche zu bekommen.

Die zweite Gruppe von Schalen gehört einem Sammler. Die Schalen wurden zu Dutzenden gleichmäßig mit Bienenwachs behandelt. Sie wurden mindestens eine Woche lang täglich liebevoll mit einem wachsgetränkten Lappen eingerieben. Die Maserung wurde prächtig

hervorgehoben, das Holz bekam eine wundervolle Tiefe und Farbigkeit. Es ist interessant, daß alle Schalen in ein tiefes Gold bzw. Bernstein oder tiefes Rosa nachgedunkelt sind; die Maserung wirkt dadurch unaufdringlich. In 100 Jahre alten Schalen, die ich gesehen habe, läßt sich die Holzart oft kaum mehr identifizieren, egal, welche Behandlung sie erfahren haben. Sie sind alle sehr dunkel: entweder rötlichbraun, wenn sie poliert sind, oder grau, wenn sie natürlich belassen wurden. Rufen Sie sich diesen Tatbestand in Erinnerung, wenn Sie geschäftig darum bemüht sind, die Maserung herauszuarbeiten. Es ist wohl ein Pluspunkt beim Verkauf, aber am Ende wird nur die optische Form und das haptische Gleichgewicht der Nachwelt überliefert – nicht irgendein aufgeputztes Finish.

Schleifen und Finish sind zwei der subjektivsten und kontroversesten Angelegenheiten beim Drechseln. Im allgemeinen sind Sie am besten bedient, wenn Sie mit Flachmeißel, Röhre oder Schrotstahl eine saubere Oberfläche herstellen können und nur minimal Schleifmittel einsetzen müssen. Ich empfehle Ihnen, lieber möglichst viele variationsreiche Oberflächen herzustellen, als das Holz mit einer platten, uniformen Schicht aus Kunststoff zu überziehen. Solche Oberflächen haben eher den Beigeschmack von technischer Großtat als von ästhetischer Leistung. Perfektion kann unter Umständen sehr langweilig sein.

9

Galerie

Schale; 1979; Apfelbaum;
150 × 330 mm, 3 mm Wandstärke; feucht gedrechselt.

Schale; 1980; Rüstermaser;
125 × 150 mm.

Schaufel; 1977; Kiefer;
100 × 50 mm.

Schale; 1980; Englische Esche;
120 × 350 mm; feucht gedrechselt und geschnitzt.

Schale; 1981; Stechpalme;
75 × 150 mm.

Dosen; 1984; (von links nach rechts)
Tasmanische Gummitanne, Sassafras, Leatherwood;
Durchmesser 60–70 mm.
Fotos: Concept Photo, Hobart.

Schale; 1984: Leatherwood;
110 × 110 mm; feucht gedrechselt und mit Mikrowellen getrocknet. Foto: Concept Photo, Hobart.

Schalen und Schaufeln; 1980; (im Uhrzeigersinn von oben links)
Palisander,Eibe,Indisches Ebenholz (zwei Schalen); Durchmesser 50–75 mm.
Foto: Chris Chapman.

Nadeletuis; 1977; Black Bean (oben) und Carolina Pine; 75 mm lang.
Foto: Richard Brecknock.

Schale; 1980 (Detail der Standfläche)
Esche, 460 mm Durchmesser.

Schalen; 1983; Australisches Bisamholz (Eukalyptus-Art); Durchmesser 65–100 mm;
feucht gedrechselt und durch Mikrowelle getrocknet.

Schale; 1983; Irische Rüster;
110 × 330 mm.

Schalen; 1983; Goldregen;
70 × 120 mm.

Schale; 1982; Rüstermaser;
100 × 270 mm.

Teller; 1978; Rüster; 30 × 250 mm.
Foto: Chris Chapman.

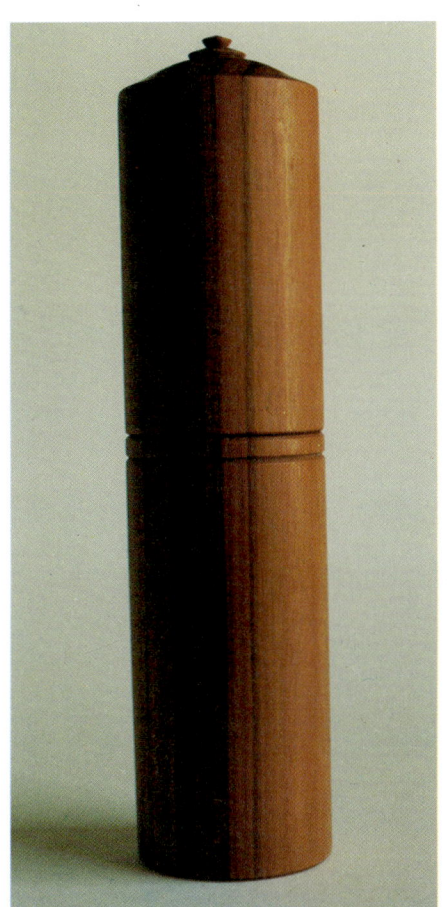

Mikadostäbe; 1981
(gegenüberliegende Seite);
Arariba; 180 mm lang.
Mikadodose (oben); 200 × 40 mm.

Schale; 1981;
Stechpalme; 60 × 110 mm;
feucht gedrechselt und
durch Mikrowelle getrocknet.

Schale; 1981; Esche; 120 × 460 mm.

Schale; 1982; Lawsonzypresse; 150 × 350 mm. Detailansicht der Patina nach zwei Jahren ständigen Gebrauchs und häufigen Spülens mit heißem Wasser und Spülmittel. Selten eingeölt (oben rechts und unten).

Schalen; 1984; Tasmanische Zwergsträucher;
50–60 × 100 mm.

Schale; 1984 (oben links und unten); Tasmanisches Blackwood; 150 × 270 mm.
Foto: Consept Photo, Hobart.

Schöpflöffel, 1977; eine Auswahl australischer Hölzer; Durchmesser 15–100 mm. Foto: Richard Brecknock.

Dosen; 1977; Carolina Pine (hinten) und Tasmanische Gummitanne; Durchmesser 50–100 mm.
Foto: Richard Brecknock.

Schale; 1981 (links und oben);
Stechpalme; 120 × 300 mm;
feucht gedrechselt und durch Mikrowelle getrocknet.

Wellholz und Fleischklopfer; 1980;
Englischer Maulbeerfeigenbaum;
300 mm und 350 mm lang.

Schale; 1984; Sally Wattle;
120 × 180 mm.
Foto: Concept Photo, Hobart.

Schalen; 1981, 1982;
(links) Stechpalme. 70 × 180 mm; feucht gedrechselt und durch Mikrowelle getrocknet;
(rechts) Buchsbaum-Maser; 70 × 200 mm.
Foto: Ian D. Goodwin.

Anhang

Störungen

Problem: Auswirkungen	Werkzeug	Hilfsmaßnahmen
Flatterndes Werkzeug: Schlingerspuren	Flachmeißel/Röhren	Sicherstellen, ob die Fase gleitet. Einen leichteren Schnitt, aber mit festerem Griff versuchen.
	Schrotstähle	Das Werkzeug flach auf die Auflage drücken.
	Alle Werkzeuge	Einspannfutter überprüfen. Eine niedrigere Drehzahl einstellen. Die Auflage näher ans Werkstück schieben. Spannknebel der Auflage nachziehen. Das Werkzeug in festem Griff halten. Schwere Werkzeugausführung ausprobieren. Direkt über dem Schaft der Auflage schneiden. Dünne Werkstücke zusätzlich unterstützen. Unter einem anderen Winkel schneiden.
Schläge: Aufgerissene oder aufgestellte Maserung	Flachmeißel/Röhren	Prüfen, ob die Fase gleitet. Schneidepunkt an seitliche Werkzeugkante verlagern.
	Schrotstähle	Das Werkzeug flach auf die Auflage drücken. Das Werkzeug so abwinkeln, daß es an Außenflächen unter der Spitzenhöhe, an Innenflächen oberhalb der Spitzenhöhe schneidet. Am Boden einer Aushöhlung Schneide so halten, daß sie entweder in Spitzenhöhe oder knapp darunter schneidet.
	Alle Werkzeuge	Die Auflage näher an den Schneidepunkt heranschieben. Einen soliden Stützpunkt/Anschlag herstellen; damit das seitliche Wegrutschen verhindern. Aus einer anderen Richtung schneiden. Einen festen, aber vorsichtigeren Schnitt ausprobieren. Den Schnittwinkel neu festlegen. Ein anderes Werkzeug ausprobieren. Mit Schleifmaschine glattschleifen (wenn alle Stricke reißen).
Werkzeug schneidet nicht	Alle Werkzeuge	Schärfe der Schneide überprüfen. Schneidewinkel verändern.
Vibrationsgeräusche: Tick-Tick	Alle Werkzeuge	Das Holz auf Risse, herausgerissene Fasern und lose Äste überprüfen. Prüfen, ob es die Auflage oder das Bett streift. Oberfläche plandrehen. Auf eventuell herausragende Befestigungsschrauben überprüfen.
Hoher quietschender Laut	Alle Werkzeuge	Extra Unterstützung für dünne Werkstücke herstellen. Einen leichteren Schnitt ausführen, den Druck auf das Holz vermindern.
Knattern oder andere Geräusche	Alle Werkzeuge	Drechselbankbefestigung überprüfen. Kugellager überprüfen. Einspannvorrichtung überprüfen. Den Reitstock enger heranfahren. Auflagenspannknebel anziehen. Das Werkstück zentrieren. Eine niedrigere Drehzahl ausprobieren.
Schleifspuren/Kratzer	Alle Werkzeuge	Eine gröbere Körnung verwenden. Schleifmaschine ausprobieren.

Scheiben für Querholzarbeiten werden auf der Bandsäge oder mit der Stichsäge herausgesägt. Der Rohling für diese Schale wurde grob aus dem Maserknollenbrett herausgeschnitten, in Form gesägt und dann gedrechselt.

Die Auswahl des Holzes

Hölzer werden in Harthölzer (Laubhölzer) und Weichhölzer (Nadelhölzer) eingeteilt, obwohl man eine Fülle von sowohl weichen Harthölzern als auch harten Weichhölzern findet. Im allgemeinen wachsen Weichhölzer schneller, entwickeln breitere Jahresringe und haben deshalb eine grob strukturierte Maserung. Dadurch läßt sich das Hirnholz weniger gut schneiden, weshalb man Weichhölzer lieber für Langholzarbeiten verwendet, wie z. B. Geländersprossen, wo das Hirnholz nicht bearbeitet wird. Harthölzer wachsen langsamer und haben eine dichtere Maserung. Man verwendet sie sowohl für Langholz- als auch für Querholzarbeiten.

Wenn Holz grün ist, d. h. schlagfrisch, enthält es eine große Menge an Feuchtigkeit; man muß das Holz trocknen lassen. Während des Trocknungsprozesses schwindet das Holz zwar kaum in der Länge, dafür um so mehr in der Breite. Das verursacht gröbere Risse und Schwindungshaarrisse. (Da diese Risse hauptsächlich an den Enden des Holzes auftreten, werden diese oft mit einer Schicht aus Wachs oder Farbe bestrichen, damit sie nicht so schnell austrocknen.) Holz kann man auf natürliche Art an der Luft trocknen lassen. 2 cm Dicke benötigen etwa ein Jahr, etwas mehr oder weniger je nach Holzart. Holz kann man auch künstlich im Ofen trocknen – oft unter Zuhilfenahme von Chemikalien mit konservierender Wirkung. Ich bevorzuge jedoch

luftgetrocknetes Material, weil es sich besser drechseln läßt und weil ich sichergehe, keine unbekannten Schädlingsbekämpfungsmittel, die möglicherweise im Trockenofen verwendet worden sind, zu inhalieren.

Sie können sowohl grünes als auch trockenes Holz drechseln. Mit zunehmendem Trockenheitsgrad wird Holz jedoch immer härter und schwieriger in der Verarbeitung, weswegen es in vielen traditionellen holzverarbeitenden Handwerksbetrieben in feuchtem Zustand verwendet wird.

(In Stuhlmanufakturen werden Holzspindeln verschiedenen Trockenheitsgrades zu Stuhlsitzen und Rückenlehnen verarbeitet. Die Teile schwinden oder dehnen sich aus und stellen eine paßgenaue satte Verbindung untereinander her.) Wenn Sie feuchtes Holz drechseln, müssen Sie mit einer Formveränderung durch das Trocknen rechnen. Sie können diese im Sinne der Gestaltung der Form vorteilhaft ausnutzen.

Wenn Sie mit dem Drechseln beginnen, brauchen Sie einen großen Vorrat an preisgünstigem Material (damit Sie der Verlust, der am Anfang unvermeidbar ist, nicht reut). Aber die Wahl der Holzart hängt davon ab, was Sie herstellen wollen und ob Sie Lang- oder Querholzarbeiten machen. Für die Langholzübungen benötigen Sie gerade Astabschnitte von 50 × 75 mm. Nehmen Sie nach Möglichkeit feuchtes Holz. Es ist nicht zu früh, wenn Sie es eine Stunde nach dem Schlagen des Baumes verarbeiten, aber Sie werden von der Feuchtigkeit während des Drechselns besprizt. (Vor lauter Freude über die langen Späne, die Sie produzieren, vergessen Sie bestimmt, auf andere Dinge zu achten.) Langholzarbeiten wie z. B. kleine Dosen, Schalen oder Behältnisse mit Deckel, Eierbecher, Kerzenleuchter, Türknaufe, Rundstäbe und Wellhölzer benötigen kurze Rohlinge. Die Arbeit geht schnell und einfach, aber wird am besten aus trockenem Holz herstellt, damit sich das Holz im fertigen Stück so wenig wie möglich verändert.

Scheiben für Querholzarbeiten schneiden Sie aus aufgesägten Brettern oder runden Stämmen. Für flache Sachen wie Teller, Zifferblätter und Küchenbrettchen benötigen Sie trockenes Material, das sich nicht mehr wirft. Wenn Sie keinen Platz zum Trocknen von Brettern haben, müssen Sie bereits getrocknete Ware kaufen. Kurze Bretter mit weniger als 2 m Länge sind oft zu haben und normalerweise billiger als längere Bretter. Untersuchen Sie das Holz auf Hirnholzrisse und Schwindungshaarrisse an der Oberfläche, bevor Sie es kaufen. Feine Risse in der Oberfläche können während des Drechselns leicht entfernt werden, Hirnrisse jedoch müssen herausgeschnitten werden. (Das bedeutet natürlich Abfall, aber viele Holzhändler lassen dann mit dem Preis etwas nach.)

Material für tiefere und größere Querholzarbeiten, wie z. B. Schalen, ist ziemlich schwierig zu bekommen (das klingt erstaunlich in Anbetracht der Vielzahl gefällter Bäume). Hierfür verwendbares Material ist bei den meisten Sägereien und Holzlieferanten eine Seltenheit. Nach meiner Erfahrung findet man dort kaum getrocknetes Holz über 200 mm Breite und 50 mm Stärke, ebensowenig Bretter von mehr als 300 mm Breite. Die Frage nach Material breiter als 200 mm und stärker als 75 mm wird meist mit einem etwas verwunderten Blick beantwortet. Wenn Sie welches bekommen sollten, ist es mit ziemlicher Sicherheit nicht trocken – egal, was man Ihnen erzählt. Für einen Sägereiinhaber ist Holz mit 20% Feuchtigkeitsgehalt schon trocken. Der annähernde Wert in den meisten Innenräumen liegt aber bei 12–14%.

Da das Holz für tiefe Schalen so lange zum Trocknen braucht und es obendrein feucht leichter zu drehen ist, drehen viele Drechsler ihre Schalen aus grünem Holz grob heraus, lassen sie trocknen und sich werfen und drehen sie anschließend

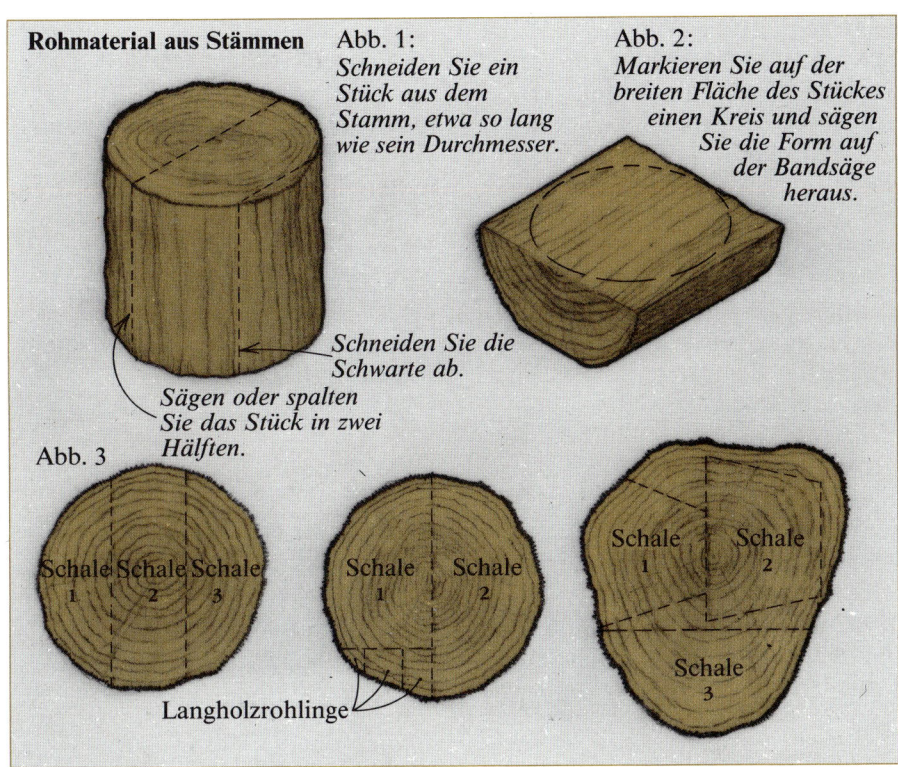

Rohmaterial aus Stämmen

Abb. 1: Schneiden Sie ein Stück aus dem Stamm, etwa so lang wie sein Durchmesser.

Abb. 2: Markieren Sie auf der breiten Fläche des Stückes einen Kreis und sägen Sie die Form auf der Bandsäge heraus.

Schneiden Sie die Schwarte ab.

Sägen oder spalten Sie das Stück in zwei Hälften.

Abb. 3

Schale 1 · Schale 2 · Schale 3

Schale 1 · Schale 2

Schale 1 · Schale 2 · Schale 3

Langholzrohlinge

fertig. Alle Schalen im Bildteil (S. 153–168) wurden grün gedreht. Sie wurden entweder im Mikrowellenherd getrocknet oder zunächst in Grobform gedreht, zum Lufttrocknen ein paar Monate (oder Jahre) zur Seite gestellt und anschließend vollendet. Zwar ist es sehr bequem, Schalenrohlinge aus Dielen zu sägen, aber die Dielen bieten nicht diese Möglichkeit, den Maserungsverlauf zu bestimmen wie bei Stämmen. Darüber hinaus sind sie teurer. Die meisten meiner Schalenrohlinge schneide ich heutzutage direkt aus dem Stamm; ich folge dabei den Schneidvorgängen, wie sie auf der Zeichnung zu sehen sind. Sägen Sie die Borke parallel zum Durchmesser ab, stellen Sie den Stamm auf seine Hirnholzseite und spalten Sie ihn entlang des Marks oder entlang eines Risses. Ich nehme dazu meine Kettensäge, aber eine Axt oder ein Spaltbeil tun es auch. Die Hälfte des Stammes läßt sich gut zwischen Spitzen einspannen oder auf eine Planscheibe montieren, wenn Sie die flache Seite plandrehen. Abb. 3 zeigt mehrere Möglichkeiten zur Aufteilung eines Stammes in verschiedene Rohlingformen. Dies ist die grundlegende Art, wie Sie zu Holzmaterial kommen. Sie brauchen dazu nur ein waches Auge. Sie bekommen auf diese Art Schalenrohlinge bereits von Stämmen von 180-200 mm Durchmesser. Warten Sie nicht ab, bis ganze Stämme trocken sind. Sie reißen oft ganz tief auf und geben nur eine geringe Ausbeute. Deshalb schneide ich Stämme generell so bald wie möglich auf und drehe sie in Schalen- oder Rundstabrohlinge.

Holz ist im Handel, in Sägereien, Holzfachmärkten bei Holzindustriebetrieben sowie Bau- und Heimwerkermärkten erhältlich. Die beiden letzteren sind meist teurer als die ersteren, die näher an der Quelle sitzen. Wenn Sie ein Sägewerk in Ihrer Nähe haben, nehmen Sie dessen Abfallstoß genauer unter die Lupe, und Sie werden wahrscheinlich all das finden, was Sie brauchen. Auch Holzfachhändler werfen möglicherweise unbrauchbare Stücke auf einen gesonderten Haufen. In beiden Bezugsquellen müßte man in der Lage sein, Ihnen fachmännische Ratschläge zu erteilen und Ihnen zu sagen, welches Holz für welche Arbeit geeignet ist, welches Holz sich leicht drechseln läßt und welches nicht. Sie sollten Ihnen ebenfalls mitteilen können, ob das Holz trocken ist und welchen Feuchtigkeitsanteil es enthält. Diesen kann man an einer Stelle des Holzes mit einem Meßgerät ermitteln. (Ob man sich mit Ihnen abgibt, ist freilich eine andere Geschichte - vielen großen Sägewerken und Industriebetrieben liegt nichts an kleinen Aufträgen.)

Es gibt auch eine Reihe von Betrieben, die speziell auf die Bedürfnisse des Amateurs oder der Kunsthandwerker eingestellt sind und eine breite Auswahl an verschiedenen Hölzern führen, wie Ebenholz, Cocobolo, afrikanisches Blackwood, Mulga, Veilchenholz und viele andere. Viele dieser Hölzer wachsen in Trockenzonen oder in den Tropen, werden aber nach Europa oder Nordamerika exportiert, wo sie zu Gebrauchsgegenständen verarbeitet werden. Tatsache ist, daß heutzutage eine Ausstellung von Drechselarbeiten in Sydney genauso aussieht wie eine in Kalifornien, Toronto, London oder Hamburg: dieselben Formen in identischen Hölzern. Deshalb verwende ich mit Vorliebe heimische Holzarten. Wo bliebe sonst die nationale und kulturelle Identität eines Volkes? Ganz zu schweigen vom Raubbau, der in tropischen Regenwäldern betrieben wird.

Die große Menge an Holz, die herumliegt, stellt ebenfalls eine Fülle von brauchbarem Material, speziell für Übungszwecke, dar. Abgerissene Gebäude liefern ebenfalls große Mengen an Bauholz, obwohl Nägel ein gewisses Problem darstellen und sorgfältig entfernt werden müssen. Städtische Bäume, die ausgelichtet werden, sind eine weitere Quelle; achten Sie auf die städtischen Gärtner in den Parkanlagen und schauen Sie sich in der Deponie für Gartenabfälle um, sofern sie in der Nähe ist und Sie eingelassen werden. Nachbars Garten ist womöglich ebenfalls ein beträchtlicher Fundus für Ihren Vorrat.

Anfänger brauchen ein Holz mit dichter Maserung, das sich leicht bearbeiten läßt. (Schöne Texturen im Holz sind noch eine Geldverschwendung; eine wilde Maserung bereitet mehr Schwierigkeiten, als ihnen lieb ist.) Viele Ziersträucher oder Obstbäume sind ideal - Apfelbaum, Birnbaum, Kirschbaum, Ahorn, Liguster oder Goldregen. Aber zuerst sollten Sie möglichst eine Vielzahl von Hölzern ausprobieren - alles, was Sie bekommen können. Für die aus erster Hand gewonnene Erfahrung gibt es keinen Ersatz, und Sie werden schnell lernen, was Sie vermeiden oder nach was Sie Ausschau halten müssen. Mit der Weiterentwicklung Ihres handwerklichen Könnens werden Sie auch interessanteres Material auswählen; Farbe und Textur spielen dann eine größere Rolle.

Diejenigen unter Ihnen, die Amateure oder angehende Profis in einer etwas angespannten finanziellen Situation sind, sollten keine Hemmungen haben, den einen oder anderen Händler um seine Endabschnitte zu bitten. Als ich zu drechseln begann, machte ich mir um die Anlage eines Holzvorrats große Sorgen. Ein paar Monate später wußte ich nicht mehr, wohin damit. Ich fuhr zu den umliegenden Holzbetrieben und kaufte billig Abfälle auf - meist tat ich dabei den Holzhändlern einen Gefallen, indem ich das nahm, was sie ohnehin loswerden wollten. Ich schnitt das trockene Holz auf den maximal möglichen Durchmesser in Scheiben und rechtwinkliges Material für Langholzarbeiten zurecht und bewahrte auch alle übrigen Abschnitte auf. Bald war ein Dutzend Säcke gefüllt. Die kleinen Rohlinge wurden schließlich zu meinem größten Lagerproblem, als ich mich auf das Drechseln größerer Stücke zu konzentrieren begann. (Zweimal habe ich bisher mehrere Tonnen von kleinen Rohlingen verkauft.) Sie sollten also in der Lage sein, das benötigte Holz ohne Lagerprobleme zu sammeln und anzuhäufen.

Herstellen eines Werkzeugheftes

Dies ist eine ausgezeichnete Langholzübungsaufgabe. Wählen Sie dazu ein gerade gefasertes, astfreies Hartholz, wie z. B. Hickory oder Esche. Achten Sie darauf, daß das Langholz der Stabilität und Einfachheit halber der Länge nach im Heft liegt. Ein Heft mit querliegender Faser bricht beim Arbeiten leicht auseinander. Um garantiert eine Faserrichtung der Länge nach zu erhalten, nehmen sie als Rohling ein stabiles Holzscheit.

Schneiden Sie das Rohmaterial auf der Kreissäge, der Bandsäge oder von Hand zu einem rechteckigen Stück mit ca. 40 × 50 mm im Querschnitt und ca. 330 mm Länge zu. Das reicht für die Standardausführung. Das Stück hat dann ein Rohmaß von ca. 3 mm über dem fertigen Durchmesser und ca. 6 mm überstehendes Maß an beiden Enden – für alle Fälle.

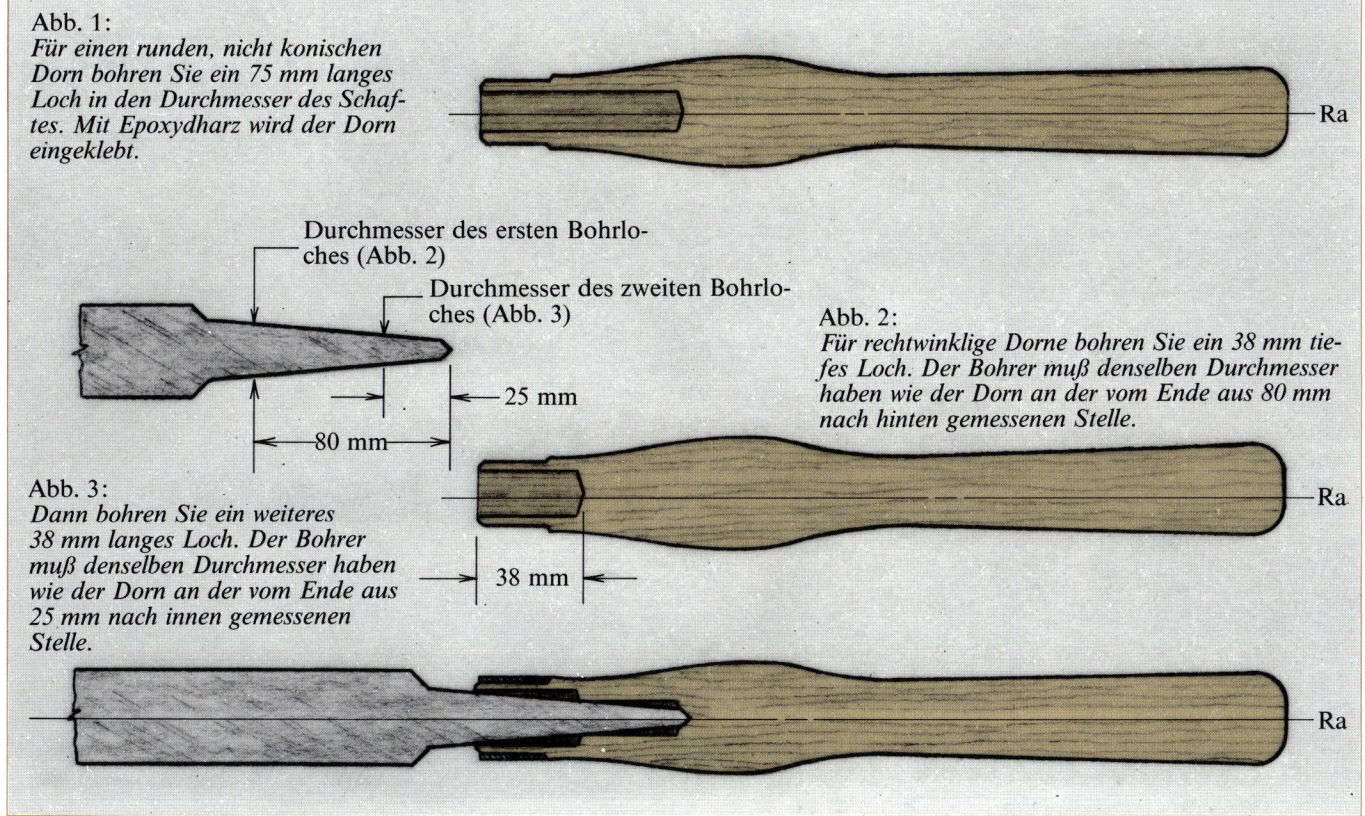

Abb. 1:
Für einen runden, nicht konischen Dorn bohren Sie ein 75 mm langes Loch in den Durchmesser des Schaftes. Mit Epoxydharz wird der Dorn eingeklebt.

Durchmesser des ersten Bohrloches (Abb. 2)

Durchmesser des zweiten Bohrloches (Abb. 3)

25 mm

80 mm

Abb. 2:
Für rechtwinklige Dorne bohren Sie ein 38 mm tiefes Loch. Der Bohrer muß denselben Durchmesser haben wie der Dorn an der vom Ende aus 80 mm nach hinten gemessenen Stelle.

Abb. 3:
Dann bohren Sie ein weiteres 38 mm langes Loch. Der Bohrer muß denselben Durchmesser haben wie der Dorn an der vom Ende aus 25 mm nach innen gemessenen Stelle.

38 mm

Ra

Herstellen eines Werkzeugheftes

1. Spannen Sie das Rohmaterial zwischen Spitzen ein. Drehen Sie das rechtwinklige Stück zu einem glatten Zylinder mit größtmöglichem Durchmesser rund. Arbeiten Sie mit einer tiefen oder flachen 20–38 mm breiten Röhre.

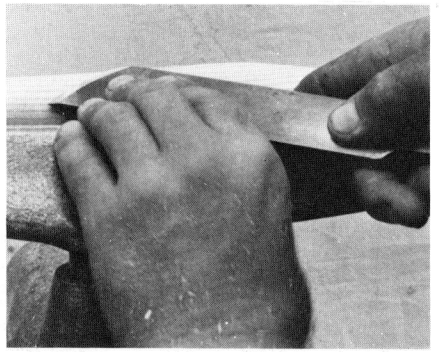

2. und 3. Mit einem 24-mm-Schrotstahl oder einem 6-mm-Abstechstahl schneiden Sie einen Flansch für den Klemmring. Der Klemmring wird aus einer Kupfer- oder Stahlröhre mit 24 mm Durchmesser und einer Länge von 24 mm hergestellt (nicht vergessen, die Kanten abzufeilen!). Mit der Schieblehre messen Sie den Innendurchmesser des Ringes (oben rechts) und bringen den Flansch auf diesen Durchmesser (rechts). Dann fasen Sie den Flansch auf den ersten 6 mm an, so daß sich der Klemmring leicht darüberschieben läßt. Der Ring hinterläßt dort eine Druckstelle, wo er fest sitzt. Drehen Sie den Rest des Flansches auf diesen Durchmesser herunter. Ist der Körner kleiner als der Klemmring, schieben Sie ihn zunächst über den Körner, bevor Sie das Holz einspannen, und lassen Sie ihn dort sitzen, bis Sie den Flansch abgedreht haben. Auf diese Weise müssen Sie den Motor nicht abschalten, um die Paßgenauigkeit zu prüfen.

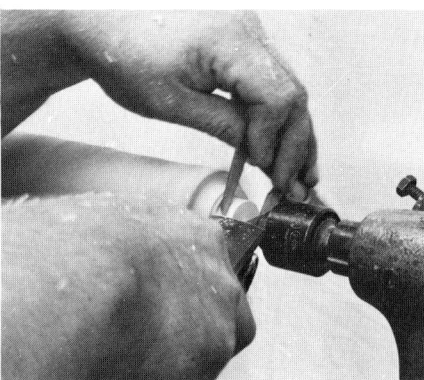

4. Drehen Sie das Heft mit der Röhre in Rohform und finishen Sie es mit dem Flachmeißel im Schälschnitt.

5. Während der Entwicklung der Form halten Sie die Maschine an und prüfen Sie, ob sie gut in der Hand liegt. Stechen Sie das dickere Ende teilweise ab, hören Sie bei ca. 12 mm Holzstärke auf.

6. Lassen Sie die Markierung des Körners an dem Ende mit dem Klemmring stehen, damit Sie die Bohrspitze im nächsten Arbeitsschritt leichter zentrieren können.

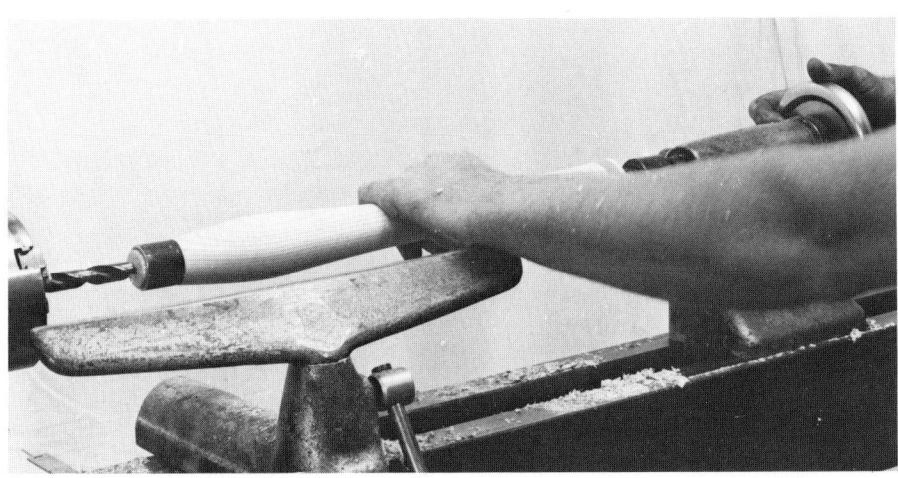

7. *Bohren Sie ein Loch für die Aufnahme des Dornes an dem Klemmringende. Spannen Sie dazu eine Bohrspitze ins Dreibackenfutter oder in ein Zahnkranzbohrfutter ein. Zentrieren Sie das Holzheft zwischen Bohrspitze und Körner und ziehen Sie den Reitstock an, während Sie das Heft fest in Position halten (Sie können ebenso das Heft von Hand auf die Bohrspitze drücken - ähnlich der Technik des Bohrens eines tiefen Loches auf S. 79. Achten Sie darauf, daß Sie das Heft parallel zur Drehachse halten. Lockern Sie den Griff etwas, so daß sich das Holz in Ihrer Hand drehen kann. Das Heft sollte sich selbst zentrieren, wenn Sie es auf den Bohrer drücken.)*

8. *Folgen Sie einem der Arbeitsvorgänge aus S. 175 zum Bohren des Loches. Spannen Sie das Heft zwischen Spitzen (oder das Ende mit dem Klemmring in ein Backenfutter) ein und beenden Sie die Arbeit, indem Sie das dickere Ende abstechen.*

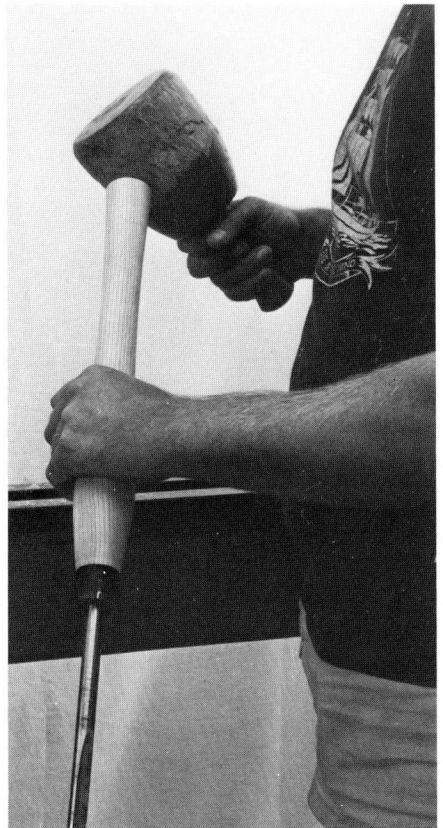

9. *und* 10. *Bei aufgeschobenem Klemmring stoßen Sie den Dorn fest in das Bohrloch. Dann halten Sie das Heft in der Nähe des Klemmrings und treiben es mit einem Klüpfel tief auf den Dorn. Röhren mit rundem Dorn brauchen vermutlich Epoxydharz für ihren festen Sitz. Sie können dem Dorn aber auch eine rauhe, abgestufte Anflachung anschleifen (oben); somit wird kein Epoxydharz benötigt und Sie können das in die Hand gewachsene Holzheft wiederverwerten. Dorne mit rechtwinkligem Querschnitt benötigen ein Stufenloch, wie auf S. 175. Wenn sich der Dorn gelockert hat, treiben Sie ihn einfach wieder in das Heft hinein. Falls er immer noch hin und her wackelt, treiben Sie kleine Keile zwischen den flachen Dorn und die runde Lochöffnung. Wenn das Werkzeug abgenutzt und unbrauchbar geworden ist, können Sie es aus dem Heft schlagen und ein neues einpassen.*

Herstellen
eines Scheibenfutters

Größere Scheibenfutter mit mehr
als 150 mm Durchmesser sind sehr
nützlich zum schnellen Drehen größerer Schalen.
Leider werden sie nur von wenigen
Herstellern produziert. Der größte
erhältliche Durchmesser beträgt ca.
100 mm. Die meisten mir bekannten
Drechsler haben selbst eines hergestellt oder ließen sich ein Scheibenfutter anfertigen; ich habe beides
ausprobiert. Hier zeige ich Ihnen,
wie es geht.

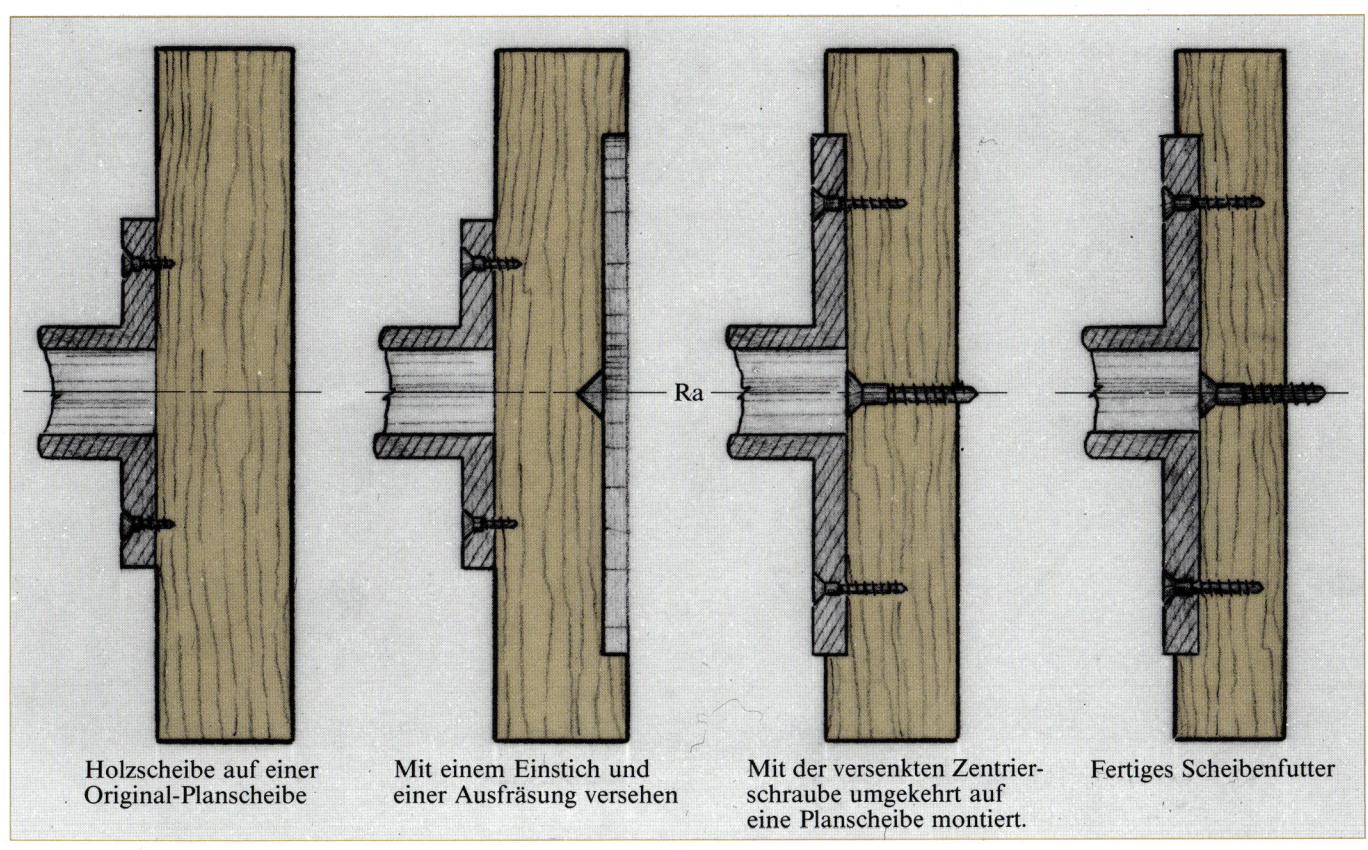

Holzscheibe auf einer
Original-Planscheibe

Mit einem Einstich und
einer Ausfräsung versehen

Mit der versenkten Zentrierschraube umgekehrt auf
eine Planscheibe montiert.

Fertiges Scheibenfutter

Herstellen eines Scheibenfutters

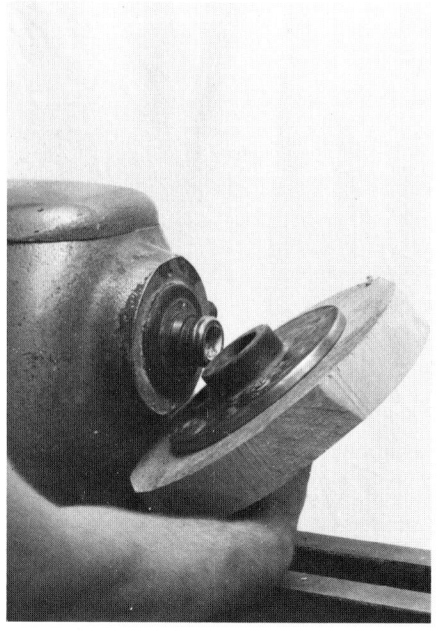

2. und 3. Drehen Sie Seite und Stirnfläche der Scheibe mit der 6-mm- oder
12-mm-Röhre plan. Dann übertragen Sie
den Durchmesser einer anderen Planscheibe, die geringfügig kleiner ist als der
Durchmesser der Holzscheibe, auf die
Stirnfläche des Holzes.

1. Befestigen Sie eine 200 × 40 mm große
Hartholzscheibe mit zwei kurzen Schrau-
ben (max. 12 mm) auf einer Planscheibe.
Schrauben Sie die Planscheibe auf die
Drehspindel. Benutzen Sie dafür kein
Scheibenfutter!

4. und 5. Drehen Sie einen 3–6 mm tiefen
Einstich in die Stirnfläche der Scheibe für
die Aufnahme der zweiten Planscheibe.
Arbeiten Sie die Oberfläche mit einem
Schrotstahl mit geradem Anschliff fertig.
Mit einem Lineal prüfen Sie nach, ob der
Einstich eine plane oder leicht konkave
Oberfläche hat, auf der sich die Plan-
scheibe nicht zu drehen beginnt (links).
Dann schneiden Sie mit dem Flachmeißel
ein flaches Loch für den Senkkopf der
Zentrumsschraube (oben).

6. Entfernen Sie die Scheibe von der ersten Planscheibe und montieren Sie die zweite Planscheibe im Einstich. Befestigen Sie sie mit vier höchstens 20 mm langen Schrauben. Bohren Sie kleine Löcher für die Schrauben vor.

7. Befestigen Sie die Planscheibe zusammen mit der Holzscheibe auf der Drechselbank und drehen Sie die Stirnseite plan. Bohren Sie mit einem 12er oder 14er Bohrer einen Schaft, der in der Ausfräsung für den Senkkopf der Schraube auf der anderen Seite endet. Sie können das Loch von Hand bohren, indem Sie die Bohrspitze mit einer Zange halten oder in einem Zahnkranzbohrfutter. Sie können das Bohrfutter auch in den Reitstock einspannen und die Pinole ausfahren. Schrauben Sie eine 40 mm lange 10er oder 14er Holzschraube in das Mittelloch, so weit es geht. Sie sollte ca. 6 mm überstehen. Ich habe es niemals für nötig gehalten, die Schraube einzuleimen, die Reibung allein genügt.

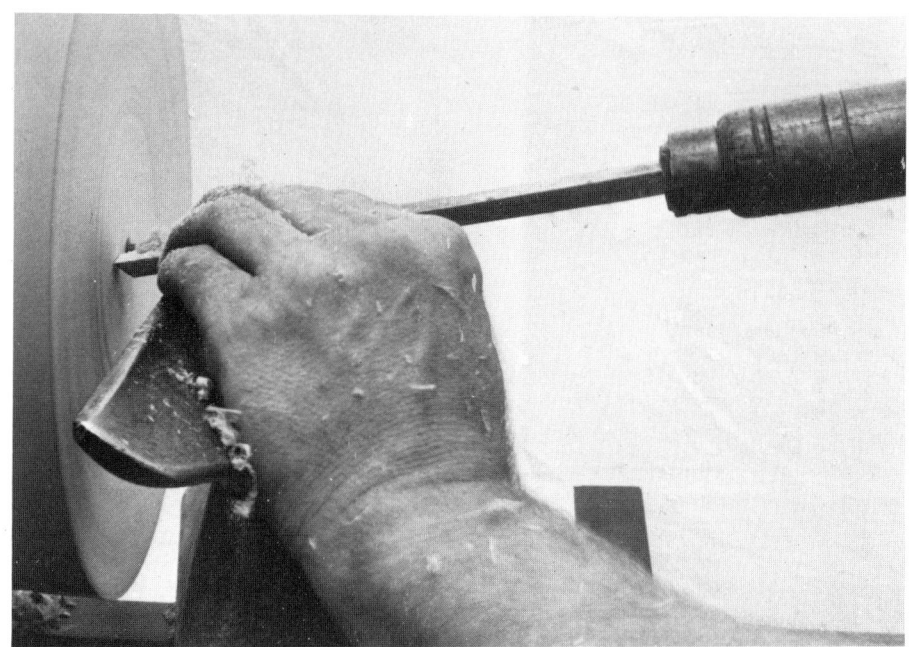

9. Das Scheibenfutter wird nun vollends fertiggestellt. Eine dekorative Nut entfernt die Schraubenlöcher der ursprünglichen Planscheibe.

8. Drehen Sie die Stirnseite der Holzscheibe plan oder leicht konkav, so daß die in das Bohrloch eingesetzte Schraube ca. 12 mm, wenn nötig etwas mehr, hervorsteht. Sollten Sie Schwierigkeiten haben, das Holz um die Schraube herum zu schneiden, versuchen Sie es mit einem Schabschnitt mit dem Flachmeißel oder der 6-mm-Röhre. Die geringe Konkavität der Stirnseite vermittelt einen guten Kontakt zwischen der Holzscheibe und dem daraufmontierten Rohling.

Register